Heidi Troi

FEUERTAUFE

Heidi Troi

FEUERTAUFE

Lorenz Lovis ermittelt

Ein Brixen-Krimi

Servus

FSC
www.fsc.org
MIX
Papier aus verantwortungsvollen Quellen
FSC® C014496

Tatsächlich existierende Personen, örtliche Gegebenheiten und Firmen wurden verändert und/oder erfunden, Geschehnisse anderen und/oder fiktiven Personen zugeordnet. Verbleibende Übereinstimmungen mit etwaigen realen Personen wären somit rein zufällig und sind nicht gewollt.

1. Auflage 2020

Dieses Werk wurde vermittelt durch die agentur literatur gudrun hebel, Berlin.

Medieninhaber, Verleger und Herausgeber:
Red Bull Media House GmbH
Oberst-Lepperdinger-Straße 11–15
5071 Wals bei Salzburg, Österreich

Satz: MEDIA DESIGN: RIZNER.AT
Gesetzt aus der Palatino, Courier, Bauer Bodoni
Umschlaggestaltung: www.b3k-design.de, Andrea Schneider, diceindustries
Umschlagmotiv: © picturedesk.com (Weinreben), © Heidi Troi (Schloss Pallaus, Brixen)

Printed by GGP Media GmbH in Germany
ISBN: 978-3-7104-0214-2

»Du Lump«, entfuhr es Lovis.

Er ließ den Brief sinken und musterte Onkel Sebastian, der unbeweglich in dem Krankenhausbett lag. Sein Gesicht hatte dieselbe Farbe wie die schmucklose Wand hinter ihm und wirkte in dem großen, weißen Kissen winzig. Die Maschinen, an denen er in den letzten Wochen gehangen hatte, waren verschwunden. Lovis wusste, was das bedeutete. Der Alte war ihm immer wie das blühende Leben vorgekommen. Voller Runzeln und Falten zwar, aber stets ein wahres Bündel an Energie und Kraft. Lovis hatte seinen Onkel um seine pure und ungebrochene Lebensfreude immer beneidet. Bis in den Herbst hinein hatte er trotz der fortschreitenden Krankheit alle Arbeiten auf seinem geliebten Hof verrichtet, von frühmorgens bis spätabends hatte er sich um seine Tiere, Weiden und Weinstöcke gekümmert. Nun lag er in einem sterilen Bett auf der onkologischen Abteilung im Brixner Krankenhaus mit Blick auf den Landeplatz des Rettungshubschraubers, ein Schatten seiner selbst.

Lovis schluckte.

Der Alte hatte die Augen geschlossen. Das Atmen fiel ihm schwer. Ein leichtes Stirnrunzeln zeichnete sich auf seinem Gesicht ab, und über die Lippen kam nur ein kaum hörbares Flüstern.

Lovis beugte sich vor. »Möchtest du etwas trinken?«

Sein Onkel deutete ein Kopfschütteln an. Liebevoll strich Lovis ihm über die fleckige Hand. »Soll ich die Schwester rufen?«

Wieder versuchte der Alte, etwas zu sagen. Aber er brachte nur ein unartikuliertes Stöhnen heraus.

Lovis musste raten. »Ich soll zusehen, was ich draus mache?« Die Gesichtszüge des Alten glätteten sich ein wenig. »Ach, Sebastian. Ich bin kein Bauer. Das weißt du doch. Ich wirtschafte den Hof schneller in den Ruin, als ich ›Piep‹ sagen kann.«

Kaum merklich bewegten sich die papierenen Lippen.

»Paul? Angelika?«, erriet Lovis.

Der Alte nickte.

Lovis rang mit sich. Wie konnte er versprechen, den Messner Hof weiterzuführen? Als Angestellter der italienischen Staatspolizei hatte er von Landwirtschaft etwa gleich viel Ahnung wie der Hahn vom Eierlegen.

»Dir ist es ernst, oder?«, fragte er seinen Onkel leise.

Ein schwaches Nicken war die Antwort.

»Ach, Onkelchen ...«

Kaum hörbar öffnete sich die Tür. Schritte quietschten leise über das Linoleum des Krankenzimmers.

»Er hat dir den Brief gegeben, stimmt's?«

Lovis musste sich nicht umdrehen, um zu erraten, wer den Raum betreten hatte. Angelika, seit ihrer Jugend Sebastians besonderer Schützling und Pflegerin auf der onkologischen Station, umrundete das Krankenbett, prüfte den Tropf und zog mit einigen sparsamen Bewegungen das Laken unter dem Patienten zurecht. Dann steckte sie die Hände in die Taschen ihrer Schwesterntracht und setzte sich Lovis gegenüber auf die Matratze.

»Was machst du denn für Sachen, Sebastian?«, fragte sie den Alten mit gespieltem Vorwurf. »Den Brief wolltest du ihm doch erst geben, wenn du spürst, dass es Zeit für dich ist, zu gehen. Dabei schaust du aus wie das blühende Leben.«

Unwillig schüttelte Lovis den Kopf. Das war alles andere als die Wahrheit. Den Alten hingegen schien es nicht zu stören. Ein Lächeln huschte über sein eingefallenes Gesicht.

»Und was sagt er dazu?«, wollte Angelika wissen.

Sebastian stöhnte leise.

»Er will nicht?« Sie sah Lovis vorwurfsvoll an.

»Er kann nicht«, antwortete der entschuldigend. »Ich hab doch überhaupt keine Ahnung von Landwirtschaft. Und das weißt du, Onkelchen. Denk bloß daran, wie ungeschickt ich mich immer beim Mähen angestellt habe.«

Wieder verzogen sich Sebastians Mundwinkel leicht nach oben.

Auch Angelika grinste. »Na ja, als Bauer kannst du zumindest bestimmen, wer die Mähmaschine führen darf, und musst nicht mit der Sense herumfuhrwerken.«

Das Gesicht des Alten nahm wieder einen gequälten Ausdruck an. Seine Augenlider flatterten, und die Lippen bewegten sich. Angelika strich ihm beruhigend über die Hand. »Natürlich lassen wir ihn nicht allein. Das haben wir dir doch versprochen. Wir werden ihm alles zeigen und erklären, ihm sogar die Nase putzen und die Windeln wechseln, wenn es sein muss.« Spitzbübisch warf sie Lovis einen Luftkuss zu.

Er verdrehte die Augen. Wie konnte sie in dieser Situation scherzen? Außerdem führte sie sich auf wie eine Matrone, mit ihrer etwas zu engen Krankenschwesterntracht, in der sie hier das Kommando übernahm. Früher war immer er es gewesen, der ihr gesagt hatte, wo es lang ging, schließlich war er der Ältere und sie wie eine jüngere Schwester für ihn. Er kannte sie jetzt seit fast zwanzig Jahren, seit sie als Vierzehnjährige ihr Pferd Diablo auf dem Messner Hof untergestellt hatte. Er hatte sie wegen ihrer Pickel aufgezogen, und sie war rot angelaufen. Aus dem unsicheren, immer leicht melancholischen Mädchen von damals war inzwischen eine selbstbewusste Frau geworden, die Lovis seine Scherze in gleicher Münze heimzahlte. Er war ihr zutiefst dankbar dafür, dass sie sich in Sebastians letzten Stunden um ihn kümmerte. Sie strahlte immer eine positive Energie aus, und obwohl sie Tag und Nacht von Tod und schwerer Krankheit umgeben war, lag auf ihrem Gesicht ständig ein schelmisches Augenzwinkern.

»Das bisschen Bauersein ist doch kein Problem, sagt Sebastian«, sang sie und fuhr fort: »Lollo packt das schon, nicht wahr?« Auffordernd sah sie ihn an und formte mit ihren Lippen überdeutlich die Worte: »Na los! Versprich's ihm!«

Lovis gehorchte. »Also gut. Wenn du dir so sicher bist, dass ich der Richtige dafür bin, deinen Hof weiterzuführen …« Er seufzte. »… dann werde ich es versuchen.«

»Siehst du, Sebastian«, sagte sie mit Genugtuung in der Stimme. »Wie ich dir gesagt habe. Und jetzt kannst du aufhören mit dem Theater und aus dem Bett steigen. Am Sonntag ist das Ostereiersuchen bei den Cavagnas. Da musst du doch wieder fit sein.«

Über Sebastians ausgemergeltes Gesicht flatterte die Andeutung eines Lächelns, dann erschlafften seine Wangen, und die Atemzüge beruhigten sich.

Angelika beugte sich über ihn. »Er ist eingeschlafen«, flüsterte sie.

Sie richtete sich auf und legte die Hand auf Lovis' Schulter. »Du hast das Richtige gesagt. Das hat ihm keinen Frieden gelassen, weißt du?«

Er nickte. Doch das Versprechen fühlte sich wie eine Lüge an. »Wie lange wird es noch dauern?«

»Ich denke, er wird diese Nacht gehen.«

Lovis spürte, dass sie recht hatte. In den nächsten Stunden würde Onkel Sebastian, der seit seinem fünfzehnten Lebensjahr Vater- und Mutterstelle an ihm vertreten hatte, ihn verlassen.

Mit einem Knoten im Magen bog Lovis in den Feldweg ein, der von der Hauptstraße abging und zum Messner Hof führte. Sein froschgrüner VW Golf, Baujahr 1977 und damit dieselbe Altersklasse wie er selbst, rumpelte gnadenlos in jedes Schlagloch, und genau in der Kurve mit der gemeinen Steigung starb der Motor ab. Lovis drehte den Zündschlüssel einmal, zweimal, doch außer einem müden Husten gab der »Kübel«, wie er seinen Oldtimer liebevoll nannte, kein Lebenszeichen von sich.

Dann eben nicht, dachte Lovis. Er stieg aus, schlug die Autotür zu und fixierte sein Ziel mit zusammengekniffenen Augen. Ein paar Hundert Meter bergwärts lag der Messner Hof. Friedlich schmiegte er sich in eine schattige Mulde. Daneben verlief ein kleines Bächlein, das jetzt zur Schneeschmelze noch munter vor sich hinplätscherte. Im Sommer würde es ausgetrocknet sein. Bis an den Weg standen Apfelbäume, die Knospen schon ganz dick und heute von einer glänzenden Eisschicht umhüllt. In prallen Tropfen hingen kleine Eiszapfen von den Ästen. Wenn die Sonne gegen zehn Uhr hinter der Plose hervorkam, würden die Bäume wie verzaubert glitzern, und die Apfelwiese wäre wie aus einem Märchen anzuschauen.

Schnaufend wanderte Lovis den Feldweg hinauf zum Hof. Aus dem Stall klangen die typischen Geräusche der Morgenfütterung. Paul war also schon an der Arbeit. Einen kurzen Moment lang zögerte Lovis. Sollte er ihm beim Melken zur Hand gehen? Doch er entschied sich dagegen. Ein leerer Magen und Stallgeruch – das vertrug sich nicht.

Er wandte sich dem Wohnhaus zu und stapfte den schmalen Weg hoch zum Eingang, wo er von einem schwanzwedelnden Bernhardiner freudig empfangen wurde.

»Na, Barnabas, alter Junge«, begrüßte er den betagten Hofhund und streichelte ihm über den Kopf. »Hast du auch Hunger?«

Barnabas vollführte eine Art Tanz, tappte von einer Pfote auf die andere und drehte sich wild im Kreis. Lovis interpretierte das als eindeutiges Ja. Er drückte die Klinke der Haustür herunter, und der Hund schoss wie der Blitz hinein, direkt auf seinen leeren Napf zu, der in dem dunklen Flur auf den Steinfliesen stand.

»Warte einen Moment.« Lovis füllte die Schüssel des Hofhundes mit Trockenfutter, das er in der Abstellkammer fand, und schmunzelte über die Begeisterung, mit der sich Barnabas über sein Fressen hermachte. Ein Grummeln erinnerte Lovis daran, dass auch sein eigener Magen leer war. Höchste Zeit für ein Frühstück.

Er fühlte sich wie ein Eindringling, als er die Küchentür aufzog. Beim Anblick des leeren Stuhls am Herd fühlte er einen Stich in der Magengrube. Er sah sich auf der Suche nach Essbarem um. Ein Graukäse schimmelte im Kühlschrank vor sich hin, daneben lag eine Flasche Bier. Sieht schlecht aus für mein Frühstück, stellte Lovis missmutig fest. Er hätte sich dafür ohrfeigen können, dass er nicht daran gedacht hatte, bei einer Bäckerei vorbeizufahren. Bisher war das nie nötig gewesen. Egal zu welcher Tageszeit er auf dem Messner Hof aufgekreuzt war: Der Kühlschrank und die Speisekammer waren immer gut bestückt gewesen. Lovis schluckte den Kloß hinunter, der sich in seinem Hals bildete. Sein Blick fiel auf den Stapel mit Gedenkkärtchen. Sebastian lachte ihm entgegen, so wie man ihn vor der Krankheit gekannt hatte, mit Strohhut, Zahnlücke und tausend Fältchen um die Augen.

Lovis kam es nach wie vor unwirklich vor, dass der Onkel nicht mehr auf seinem angestammten Platz in der Küche saß, einen Zigarettenstummel im Mundwinkel und ein Glas Rotwein vor sich.

Auf dem Herd entdeckte Lovis eine Mokkamaschine. Ein Kaffee wäre ein guter Anfang, dachte Lovis, und so schraubte er die Kanne auf. Der Kaffeesatz darin war angeschimmelt. Er kippte ihn in den Müll und spülte den Filter gründlich aus. Die Kaffeedose war leer. Natürlich.

Entnervt fuhr sich Lovis durchs Haar und ließ sich auf einen der weiß lackierten Stühle sinken. Onkel Sebastian war tot. Auch wenn er es noch so oft dachte, es kam ihm immer noch unwirklich vor.

Es war nicht nur Trauer, die er empfand. Mehr noch erdrückte ihn ein Gefühl völliger Einsamkeit. Nun gab es auf der Welt keinen mehr, zu dem er gehörte. Als seine Eltern gestorben waren – da war er gerade mal fünfzehn – hatte Sebastian ihn mit offenen Armen aufgenommen und ihm ein zweites Zuhause gegeben. Und als Lovis dann nach der Matura vom Hof weggegangen war, hatte die Tür immer offen gestanden. Jetzt war dieses Zuhause leer. Lovis spürte einen Stich im Herzen. Wie damals. Er hatte zum zweiten Mal seine Familie verloren.

Mit einem Schwall kalter Luft öffnete sich die Tür, und Angelika betrat die Küche. Sie zog mit der rechten Hand den Reißverschluss ihrer Fließjacke auf, mit der linken wuchtete sie eine Einkaufstüte auf den Tisch.

Unwillkürlich musste Lovis grinsen. Auf Angelikas Brust stand groß und in bunten Lettern: »Scheiß auf alles, scheiß auf jeden. Ich bin Reiterin, was dagegen?« Sie verbreitete einen leichten Stallgeruch. Vermutlich hatte sie ihrem Wallach bereits einen Besuch abgestattet.

»Na, auch schon wach?«, fragte sie und kam händereibend auf ihn zu. »Frisch ist es heute wieder. Höchste Zeit, dass das Frühjahr endlich anfängt.« Sie legte ihm eine Hand an die Wange, und Lovis fuhr zusammen.

»Kalt, ja«, brummte er.

»Alles ein bisschen leer ohne ihn«, stellte sie mit einem mitfühlenden Blick auf Sebastians Stuhl fest.

Lovis schluckte. »Ich hab das Gefühl, er müsse jeden Moment zur Tür reinkommen, einen Witz reißen ...«

Angelika ließ sich auf die Bank sinken und legte ihm eine Hand auf die Schulter. »Mir fehlt er auch.« Eine Weile lang starrten sie beide schweigend auf den leeren Stuhl. In Lovis' Kopf wurde das regelmäßige Ticken der Uhr, die über einem schmalen Sims voller Emailletassen hing, zu einem Se-bas-tian, Se-bas-tian ... Er seufzte, und Angelika tat es ihm gleich. Dann schob sie ihren Stuhl mit einer energischen Bewegung zurück. »Ich mach uns erst mal ein schönes Frühstück. Mit was Warmem im Magen schaut die Welt schon gleich ein bisschen besser aus.«

Sie förderte Kaffee aus ihrer Tüte und befüllte die Mokkamaschine mit dem Pulver. Brot, Butter und Marmelade folgten und landeten auf dem Tisch vor Lovis. Bald erfüllte der Geruch von frisch aufgebrühtem Kaffee die Küche.

»Was hast du jetzt vor?«

»Um ehrlich zu sein, keine Ahnung.«

»Der Hof gehört dir. Du hast Sebastian ein Versprechen gegeben.«

»Das stimmt.«

»Und wirst du es halten oder ...?« Forschend sah sie ihn an.

»Wie soll das denn gehen?« Lovis zuckte die Schultern. »Ich werde wohl verkaufen.«

Er sah den enttäuschten Ausdruck auf ihrem Gesicht und versenkte den Blick in seiner Tasse. Was erwartete sie von ihm? Dass er seinen Job aufgab? Dass er den Hof in den Ruin wirtschaftete? Denn darauf würde es unweigerlich hinauslaufen. Auch wenn er in seiner Jugend drei Jahre auf dem Messner Hof gelebt hatte, so hatte er doch null Ahnung davon, was ein Bauer eigentlich tat. Er konnte vielleicht den Stall ausmisten oder bei der Apfelernte helfen, aber das war's auch schon. Sebastian hatte ihn geschont damals, nie etwas von ihm eingefordert – zuerst aus Rücksicht auf seine Trauer, dann weil er Lovis' Widerstand gegen die Arbeiten bemerkt hatte. In den Jahren danach hatte er höchstens mal bei der Mahd geholfen oder bei der Apfelernte. Aber meistens hatte er seine sporadischen Besuche auf dem Messner Hof damit verbracht, seinem Onkel das Leben bei der italienischen Staatspolizei in den schillerndsten Farben zu schildern, bei einem Glas Leps, Schüttelbrot und Speck. Sämtliche Versuche seines Onkels, ihn in die Belange des Hofs miteinzubeziehen, hatte er abgeblockt. Der Beruf des Bauern hatte noch nie zu seinen Traumberufen gehört. Die harte körperliche Arbeit, der Gestank im Stall, vor allem aber das schlechte Image der Bauern in der Gesellschaft ... Und jetzt sollte er Sebastians Platz hier einnehmen?

»Hab ich was verpasst?«, kam es von der Tür.

Lovis und Angelika wandten ihre Köpfe. Ein junger Mann in einem verdreckten Overall füllte die Türöffnung aus. Der Stallgeruch in der Küche verstärkte sich.

»Morgen, Paul«, grüßte sie. »Kaffee?«

Der Knecht zog sich einen Stuhl heran. Ein Blondschopf etwa im selben Alter wie Angelika und genau wie sie eines von Sebastians guten Werken. Er war an seinem achtzehnten Geburtstag nach einem Krach mit seinen Eltern von zu Hause ausgezogen, hatte die Schule geschmissen und auf dem Messner Hof ein neues Zuhause gefunden.

Lovis konnte sich noch an den Tag erinnern, an dem er Paul zum ersten Mal auf dem Hof getroffen hatte. Gut fünfzehn Jahre war das her.

»Chef?«, hatte der junge Mann ihn mit einem Kopfnicken begrüßt und eine Karre voller Mist an ihm vorbeimanövriert.

»Des isch der Paul«, hatte Sebastian ihn vorgestellt. »Dr nuie Knecht.«

»Wo ist Zeno hin?«, war alles, was Lovis darauf eingefallen war. Der alte Knecht gehörte für ihn zum Inventar des Messner Hofs.

»Oltersheim. Schlagl«, war die Antwort. »Mir werden olle net jünger.«

In den letzten Jahren war Paul eine große Stütze für Sebastian gewesen, hatte immer mehr Aufgaben übernommen, bis er schließlich den ganzen Hof managte.

Seine Stimme riss Lovis aus seinen Gedanken. »Wie schaut's aus? Muss ich mich nach einem neuen Job umschauen, oder übernimmst du den Hof?«

Forschend sah er erst Lovis, dann Angelika an. Sie zog unbehaglich die Schultern hoch.

»Alles klar«, schnaubte er. »Du verkaufst also.«

Lovis wand sich. Hatten die beiden wirklich in Erwägung gezogen, dass er sich hier als Bauer aufspielen würde?

»Was bleibt mir anderes übrig? Ich hab überhaupt keine Ahnung ...«

»Ich hab überhaupt keine Ahnung von Landwirtschaft«, äffte Paul ihn nach. »Du hast doch auf dem Hof gelebt! Wie kannst du sagen, dass du keine Ahnung hast? Alles faule Ausreden!«

»Und wenn es einfach die Wahrheit ist?« Trotzig hob Lovis das Kinn.

»Dein Onkel hat keine Ahnung von Latein gehabt und doch voriges Jahr auf der Volkshochschule einen Lateinkurs belegt.«

»Das hat er? Wozu?«

Paul machte eine wegwerfende Handbewegung. »Der Dr. Latzen hat ihm halt erklärt, dass Denkarbeit vorbeugend gegen Demenz wirkt. Auf Kreuzworträtsel hat er noch nie was gegeben und so ...«

Vor Lovis' inneres Auge schob sich das stoppelige Gesicht seines Onkels, über ein Lateinbuch gebeugt. »Latein«, murmelte er noch immer ungläubig vor sich hin.

»Was ich dir damit eigentlich klarmachen will: Wenn der Waschtl von etwas keine Ahnung gehabt hat, hat er halt geschaut, dass er etwas dagegen getan hat, net wohr?«

Lovis fühlte, wie das Grinsen auf seinem Gesicht erstarb. »Ich bin nicht Sebastian«, sagte er. »Und ich habe einen Job. Ich bin ...«

»... bei der Polizei, ich weiß, ich weiß. Viele Bauern hier in der Gegend haben einen Zweitjob. Der Hof als Nebenerwerb – schon mal was davon gehört?«

Lovis hob abwehrend die Hände. »Danke, mir reicht ein Job!«

Paul und Angelika rollten gleichzeitig die Augen. Lovis ahnte, was in ihren Köpfen vorging, was sie in ihm sahen: einen Zauderer, der zu feige war für das Geschenk, das ihm in den Schoß gefallen war. Ein Hof in bester Tallage, seit vielen Generationen in Familienbesitz, die Stadt in direkter Reichweite und trotzdem abseits von dem ganzen Rummel. Obstwiesen, Wein, Gemüsefelder, sogar eine Alm gehörte zu den Liegenschaften. Sicher beneideten ihn viele Menschen um die Möglichkeit, die sich ihm hier bot. Aber sie waren es ja auch nicht, die diese Entscheidung treffen und diese Verantwortung übernehmen mussten. Und sie ahnten auch nicht, dass es nicht allein der Umstand war, dass er keine Ahnung von Landwirtschaft hatte, der es ihm unmöglich machte, den Hof zu übernehmen. Sebastian hatte einmal ganz nebenbei fallen lassen, dass Anna wieder im Dorf lebte. Anna, seine ehemalige Verlobte …

Mit einem Seufzen erhob sich Paul. Er ging auf die Kommode zu und wedelte mit Onkel Sebastians Abschiedsbrief. »Und was ist hiermit?«

»Was schon?«, entgegnete Lovis gereizt.

»Er hat sich gewünscht, dass du den Hof übernimmst. Zählt das nicht?«

»Na ja, er kriegt es ja nicht mehr mit.« Lovis sah Paul herausfordernd an, aber er konnte dem Blick des Knechts nur kurz standhalten. »Ich kann das einfach nicht.« Verzweifelt vergrub er das Gesicht in den Händen.

Ein paar Minuten lang schwiegen alle drei. Dann fühlte Lovis eine sanfte Berührung am Arm. Er blickte auf, direkt in Angelikas grün-braune Augen. In ihrer Iris tanzten kleine schwarze Punkte wie Sommersprossen. Sein Herz machte einen Satz. »Du bist doch nicht allein«, sagte sie. »Paul kennt den Hof in- und auswendig, und ich bin auch noch da. Wir haben es ihm versprochen. Aber du musst es auch wollen.«

Plötzlich hatte er das Gefühl, alles zu können, wenn sie nur nicht diese grün-braunen Augen von ihm abwandte. Er hielt die Luft an, völlig gebannt von ihrem Blick. Wenn du mir hilfst, schaffe ich alles, wollte er sagen. Er räusperte sich.

Da wedelte eine Hand vor seinem Gesicht. »Lass mal die Butter rüberwachsen, Chef!«

Angelika wandte den Kopf ab, und das Knistern, das den Raum erfüllt hatte, verflüchtigte sich. Die Küche war plötzlich wieder grau und düster, und die niedere Decke schien ihn erdrücken zu wollen. Lovis hatte nur noch den Wunsch zu entfliehen.

»Ich muss zur Arbeit«, sagte er und erhob sich.

Bevor er bei der Tür war, meinte Paul noch: »Ja, Geld verdienen wäre nicht schlecht. Der Hof ist ...«

Lovis unterbrach ihn mit einer Handbewegung. »Onkel Sebastian ist seit gestern unter der Erde. Ich ... kann einfach noch nichts entscheiden.« Entschuldigend breitete er seine Arme aus. »Ich muss zur Arbeit. Und das schleunigst ...«

Damit floh er aus der Küche.

Nachdem Paul ihm noch Starthilfe gegeben hatte, war der Kübel doch wieder angesprungen und Lovis eine Viertelstunde später dabei, seine froschgrüne Karre in den kleinen Parkplatz des Polizeikommissariats zu manövrieren, als ihm ein silbergrauer Maserati die Vorfahrt nahm. Lovis trat hart auf die Bremse und fluchte. Mit einem überheblichen Grinsen zog sein Vorgesetzter Fernando Botta an ihm vorbei, die blanke Glatze glänzte mit der Lackierung seines Protzwagens um die Wette. Lovis reihte sich nach ihm ein, nur um Zeuge zu werden, dass der Commissario Capo sich den letzten Parkplatz schnappte.

»Mist, verdammter«, fluchte er, legte den Rückwärtsgang ein und machte sich auf die Suche nach einer Parklücke mit unbegrenzter Parkzeit – ein aussichtsloses Unterfangen in Brixen. Er kurvte alle Straßen rund um das Kommissariat ab und entschied sich schließlich seufzend für einen 90-Minuten-Parkplatz vor dem Franziskanerkloster. Die Kaffeepause würde er dann wohl damit verbringen, die Parkuhr weiterzustellen.

Teilnahmsvolle Blicke begegneten Lovis, als er mit deutlicher Verspätung durch die automatische Eingangstür des Kommissariats trat. Hinter der Glasscheibe der Portiersloge flachste Scatolin mit einer Kollegin herum, einen Kaffeebecher in der Hand. Bei Lovis' Eintreten wurde seine Miene ernst, er erhob sich vom Schreibtisch und verließ das Kabuff.

»Condoglianze, Lovis«, sagte er und schloss ihn in die Arme.

»Danke, amico.«

Seit ihrer gemeinsamen Zeit in der Polizeischule war Lovis mit Scatolin befreundet. Er war das totale Gegenteil von Lovis und damit das Idealbild eines italienischen Polizisten: groß, durchtrainiert und gepflegt. Das schwarze Haar hatte er mit Gel nach hinten gekämmt, und sein Kinn war glatt rasiert.

»Muss ich was wissen?«

Scatolin wiegte den Kopf. »Der Alte hat entsetzliche Laune. Er hat bereits ein paarmal nach dir gefragt ...«

Lovis verdrehte die Augen. Der Commissario Capo hatte immer entsetzliche Laune – vor allem, wenn er mit Lovis zusammentraf. Sein festes Abonnement auf die Wutausbrüche von Commissario Capo Fernando Botta war legendär.

»Na toll ...« Wieder schluckte er. Er überlegte, ob er einfach wieder zurück auf den Messner Hof flüchten und sich irgendwo verkriechen sollte, bis er wieder stabil genug war, um es mit dem Chef aufzunehmen.

Irgendwann musst du es ja doch tun, sagte er sich. Bring es hinter dich.

Hilfe suchend sah er Scatolin an. Doch der zuckte nur die Schultern. »Se potessi ...«, meinte er. Wenn er könnte, würde Scatolin ihm beistehen. Aber es würde nichts bringen. Das wusste Lovis. Das wussten sie beide.

Auf dem internen Telefon leuchtete ein roter Knopf auf.

»Das wird er sein. Soll ich?«

Lovis winkte ab und straffte seinen Rücken. Langsam stieg er die Treppe empor und wappnete sich gegen das, was ihn erwartete.

»Beehren Sie uns auch wieder einmal im Kommissariat?«, empfing ihn der Alte mit ätzender Höflichkeit. Wie ein Batzen Pizzateig klebte er auf einem viel zu kleinen Bürosessel hinter einem Schreibpult aus Stahl.

Der Qualm von Millionen Zigaretten hatte die Wände vergilben lassen. Ein Kalender der *Polizia di Stato* zeigte den Monat August an, aus welchem Jahr er stammte, war nicht mehr zu erkennen. Die Neonröhren summten leise. Der Gestank nach kaltem Zigarettenrauch hing in der Luft. Ein kurzer Blick genügte Lovis, um den überquellenden Aschenbecher auszumachen, der auf einem Aktenschrank und dort auf einem Stapel zusammengebundener Dokumente stand.

Lovis musterte den verhassten Vorgesetzten mit ausdrucksloser Miene, die gewienerte Glatze und den affigen Kinnbart des Commissario Capo. Noch mehr hasste er dessen perfekte Aufmachung. Den perfekten Krawattenknoten, der unter der knitterfreien Uniform hervorschaute, die blank gewichsten Schuhe. Unauffällig senkte er den Blick auf seine eigene Aufmachung – die Schuhe waren staubbedeckt, der Schnürsenkel des rechten Schuhs schon seit Wochen gerissen. Die Uniform selbst hatte eine Behandlung in der Wäscherei dringend notwendig – aber wann in den letzten Wochen hätte er dafür Zeit gehabt?

Noch einmal stählte er sich vor der unausweichlichen Gardinenpredigt.

»Mein Onkel ist vor drei Tagen ver…«, setzte er an, doch der Commissario Capo ließ ihn nicht zu Wort kommen.

»Soviel ich weiß, haben Sie Ihren Urlaub für dieses Jahr bereits aufgebraucht.«

»Es war ein Todesfall. Mein Onkel …«

»Ich habe von Ihnen kein Gesuch für die Genehmigung von Sonderurlaub erhalten – abgesehen davon, dass ich den höchstwahrscheinlich nicht genehmigt hätte. Anrecht auf Urlaub aus schwerwiegenden persönlichen Gründen haben Sie nur in dem Fall, dass Verwandte ersten Grades …«

»Mein Onkel war meine einzige Familie …«

»… wenn Verwandte ersten Grades verscheiden.« Commissario Capo Fernando Botta richtete seinen Zeigefinger auf Lovis. »Was hier nicht der Fall ist. Wenn Sie mich noch einmal unterbrechen, leite ich ein Disziplinarverfahren ein und sorge dafür, dass Sie …«

»Es sind doch Sie, der mir die ganze Zeit ins Wort …«

»Ihre Respektlosigkeit ist beispiellos!« Der Commissario Capo knallte den Kugelschreiber, mit dem er seit Lovis' Eintreten gespielt hatte, auf die Tischplatte. »Ich sorge dafür, dass Sie suspendiert …«

Lovis sprang auf. »Aber mein Onkel …«

»Eine Woche lasse ich Sie suspendieren! Nein, zwei! Außerdem werde ich eine Zwangsversetzung nach Sizilien für Sie …«

Lovis ballte die Fäuste. »Ihre Suspendierung können Sie sich sonst wohin stecken! Ich kündige!«, brüllte er seinen Vorgesetzten an. Das Blut rauschte in seinen Adern.

Über das aufgedunsene Gesicht des Vorgesetzten legte sich ein zufriedenes Grinsen. Er lehnte sich zurück und zog die Augenbrauen spöttisch hoch. »Ich nehme Ihre Kündigung an. Packen Sie Ihre Sachen und verschwinden Sie von hier. Ihre Uniform geben Sie ab.« Mit hochgezogenen Augenbrauen ließ er seinen Blick demonstrativ über Lovis' Uniform gleiten. »Gereinigt! A non rivederci, signor Lovis.«

Verzweifelt suchte Lovis nach einem Wort, einem Satz, den er dem Alten ins Gesicht schleudern konnte. Aber sein Gehirn war gelähmt vor Wut. Er ließ den Stuhl gegen den Tisch krachen, dann verließ er ohne eine weitere Bemerkung den Raum.

Wütend stampfte er die Treppen hinunter zur Garderobe und schleuderte den Inhalt seines Spinds auf den Fliesenboden. Dann knallte er die Metalltür mit Wucht zu. Das Scheppern hallte leise nach, und Lovis sank auf die Holzbank in der Mitte des Raums. Was hatte er getan?

»Che cosa hai combinato? So schlimm?« Scatolin war ihm hinterhergekommen.

»Schlimmer noch«, antwortete Lovis. »Ich habe gekündigt.«

»Nein!«

»Doch.«

Plötzlich wurde ihm die Tragweite dessen bewusst, was er da gerade getan hatte. Er sah Scatolin entsetzt an. Er hatte gekündigt! Onkel Sebastian war tot, und er hatte gekündigt. Seine Welt lag in Trümmern.

Scatolin setzte sich neben ihn. »Du hast doch nichts unterschrieben?«

»Ich habe gekündigt«, wiederholte Lovis noch einmal. Es hallte in ihm nach. Was sollte er jetzt tun? Er hatte nach der Matura am Realgymnasium, der nutzlosesten Schule überhaupt, die Polizeischule gemacht, die nicht minder nutzlos war. Er konnte praktisch nichts außer dem, was im Polizeidienst verlangt wurde.

»Ihr habt doch nur herumgebrüllt«, sagte Scatolin. »Du hast doch sicher nichts unterschrieben, oder?«

Lovis schüttelte den Kopf. Seine Gedanken fassten nur einen einzigen Satz: »Ich habe gekündigt.«

»Dann geh noch mal hinauf und bitte ihn um Entschuldigung.« Scatolin sah ihn auffordernd an. »Wenn du willst, gehe ich mit dir …«

War das die einzige Möglichkeit? Lovis stellte sich vor, wie er in der Türöffnung stand, das feixende Gesicht seines verhassten Vorgesetzten vor sich, wie er ihn um Entschuldigung bat für … Ja wofür denn eigentlich? Dafür, dass er einmal in all den Jahren die Beleidigungen und Demütigungen, die er täglich zu ertragen hatte, nicht einfach so hingenommen hatte?

Er schüttelte den Kopf. »Nein. Das tue ich nicht. Soll er zusehen, woher er auf die Schnelle einen anderen Trottel herbekommt. Ich habe gekündigt. Und dabei bleibt's! Ich werde schon was anderes finden.«

»Amico …«

Er winkte ab. »Lass gut sein, Scatolo. Mein Onkel hat immer gesagt, wo eine Tür sich schließt, öffnen sich zwei …« Er unterbrach sich selbst, denn in seinem Hirn war ein Gedanke aufgeblitzt. Sein Onkel hatte ihm den Hof vermacht. Konnte das womöglich der Rettungsanker sein? Die Tür, die sich auftat, in dem Moment, in dem sich die eine, die Laufbahn bei der italienischen Staatspolizei, geschlossen hatte. Kam so alles zusammen?

»Ich werde Bauer«, platzte es aus ihm heraus. Und während er die Worte aussprach, wurde ihm bewusst, dass er tatsächlich eine Alternative hatte. Und es war nicht einmal nur eine Alternative. Dass ihm Sebastian den Hof hinterlassen hatte, konnte der Ausweg aus fünfzehnjähriger Knechtschaft sein, aus einem Dasein als Schuhabstreifer für diesen machtbesessenen Botta. Dass er sich bis jetzt geweigert hatte, Verantwortung für den Messner Hof zu übernehmen, sich vor der Mithilfe auf dem Hof gedrückt hatte, wo er nur konnte, verdrängte er.

»Weißt du überhaupt, wie man eine Heugabel hält?«, fragte Scatolin zweifelnd. Oft genug hatte er sich in der Vergangenheit anhören müssen, wie sehr Lovis das Leben auf dem Bauernhof gehasst hatte.

Lovis schnaubte. »Fürs Bauersein braucht man kein Unistudium, hab ich mir sagen lassen.« Er wunderte sich selbst darüber, wo er plötzlich diese Selbstsicherheit hernahm. Es konnte doch nicht wirklich so leicht sein?

»Glaubst du, ich krieche winselnd vor diesem Sklaventreiber im Staub? Ich habe gekündigt, und dabei bleibt's! Und wenn du mein Freund bist, hilfst du mir jetzt, eine Tüte für den ganzen Mist zu finden, damit ich das Zeug halbwegs ehrenvoll aus diesem miefigen Kasten tragen kann.«

Scatolin verließ wortlos den Raum und kam wenig später mit einem Karton zurück. Schweigend half er seinem Freund, dessen Sachen darin zu verstauen. Dann sah er Lovis zweifelnd an. »Ci vediamo, amico. Se ti serve aiuto, eine Schulter zum Ausweinen … Oder wenn du möchtest, dass ich noch mal mit ihm rede …«

Den besorgten Ausdruck auf dem Gesicht seines Freundes ignorierend, schob Lovis sich den Karton unter den Arm und verließ hocherhobenen Hauptes das Polizeikommissariat.

Na, zumindest muss ich jetzt nicht in meiner Kaffeepause die Parkuhr weiterstellen, dachte Lovis, als er in seinen Kübel einstieg. Erst als er saß, gestattete er sich, das Zittern seiner Hände und das Herzklopfen zu bemerken, das die Auseinandersetzung mit seinem Vorgesetzten – ehemaligen Vorgesetzten, verbesserte er sich in Gedanken – ausgelöst hatte.

Hör auf, so eine Memme zu sein, schimpfte er sich selbst. Du bist frei! Kein Botta, keine botte mehr … Kein Chef, keine Tiefschläge, die er einstecken musste. Frei, dachte er noch einmal und dann mit einem Stich in der Magengrube: und Bauer.

Mittlerweile hatte Lovis die Stadt hinter sich gelassen. Obstwiesen und Felder breiteten sich zu beiden Seiten der kaum befahrenen Straße aus. Einige davon gehörten zum Besitz seines Onkels. Genau in dem Moment, als er die ebene Strecke vor dem Dorf erreichte, blitzte der erste Sonnenstrahl hinter dem Bergrücken der Plose hervor und tauchte das kleine Hochplateau vor ihm in frühlingshaftes Licht. Die Eistropfen an den Obstbäumen zur rechten Seite der Straße funkelten und glitzerten. Links hüpften Krähen über einen frisch gepflügten Acker, an seinem Saum warteten uralte Kastanienbäume auf den Frühlingsanfang. Lovis verlangsamte seine Fahrt und atmete tief durch. Es war eine herrliche Gegend, in der er lebte, und eines war sicher: Als Bauer würde er mehr davon sehen als hinter der Glasscheibe in seinem Kabuff bei der italienischen Staatspolizei.

Du wirst halt schnellstens lernen müssen, wie man eine Heugabel anfasst, dachte er zynisch. Scatolin hatte mit seinem Einwand voll ins Schwarze getroffen. Natürlich wusste er, wie man eine Heugabel anfasste, doch recht viel weiter kam er mit seinen landwirtschaftlichen Kenntnissen nicht. Das war heute nicht anders als damals. Er erinnerte sich, es war die Zeit der Apfelernte gewesen. Tagelanges Schuften auf den Obstwiesen war angesagt und Lovis zum ersten Mal mit dabei.

»Schaug her, Bua«, hatte Sebastian gesagt und Lovis' Aufmerksamkeit auf den Apfel gelenkt. »Du nimmsch in Äpfl mit Somtfinger, kloppsch ihn aufi und nor drahnsch a wian. So.« Er drehte den Apfel ein wenig und löste ihn vom Baum. »Verstondn?«

Lovis hatte eine Grimasse gezogen, selbst nach einem Apfel gegriffen und ihn vom Zweig gerissen.

»Holt! Wos hon i grod gsog, Bua?«

»Drehen.«

»Und warum tuasch des nor net?« Sebastian langte nach dem Zweig, von dem Lovis gerade eben seinen Apfel gerissen hatte. »Schaug amol. Do drunter sein schun die Knoschpm vom nächsten Johr ungleg. Wenn du in Äpfl so norrat oarreisch, konnsch die Ernte im nächsten Johr vergessen. Do wochst koa Blüte mehr.«

Schuldbewusst hatte Lovis genickt und ein zweites Mal nach einem Apfel gegriffen. Aus dem Augenwinkel sah er, wie sein Onkel bei der wiederholten unsachgemäßen Behandlung zusammenzuckte.

»I glab, es isch besser, du laarsch die Säck von die Orbeiter aus.«

Onkel Sebastian steuerte auf einen der tschechischen Erntehelfer zu, der soeben ganz sanft einen Apfel in seinen Erntesack legte.

»Boll der Sock so voll isch wia der, nimmsch du nen und laarsch nen in die Groaßkischte do entn. Obr Obacht, dass die Apfelen koane Maggn kriagn. Sunscht taugn se lei mehr für die Softpresse.«

Und so war Lovis den ganzen Tag von Erntehelfer zu Erntehelfer gelaufen, hatte ihnen die vollen Erntesäcke abgenommen und in die Großkiste entleert. Ein Laufjunge war er gewesen, mehr nicht.

Lovis seufzte. Und jetzt wollte er sich als Bauer aufspielen … Wenn das nur mal gut ging.

Lovis fand Angelika und Paul in der Küche. Auf dem Tisch lagen mehrere Briefumschläge ausgebreitet. Stirnrunzelnd sahen sie ihm entgegen.

»Das war aber ein kurzer Dienst«, meinte Angelika.

Ihr Blick fiel auf den Karton mit Lovis' Habseligkeiten aus dem Büro, und ihre Augen weiteten sich. »Oh, oh! Sag nicht, es ist das passiert, was ich denke!«

»Doch. Jetzt habt ihr euren Willen. Ab heute bin ich Bauer. Also los, lasst uns die Mistgabeln schwingen.« Er grinste verlegen.

Angelika und Paul sahen jedoch alles andere als begeistert aus.

»Was ist?« Lovis sah irritiert von einem zum anderen. »War es nicht das, was ihr wolltet?«

Der Knecht kratzte sich hinterm Ohr. »Du hast mich ja in der Früh nicht ausreden lassen, Chef. Ich find's echt … löblich … dass du den Hof übernehmen willst, aber direkt zu kündigen ist jetzt grad … nicht die beste Entscheidung.« Er schob die Umschläge zusammen und reichte sie Lovis.

»Was ist das?«

»Rechnungen, Chef. Strom, Fernwärme, Futter, der Wirtschaftsberater, Tierarzt, das Bodenbewässerungskonsortium … Und der Leichenbestatter muss die Rechnung noch am selben Tag abgeschickt haben, an dem der Waschtl unter die Erde gekommen ist.«

»So viel wird's schon nicht ausmachen, oder?«

Paul verzog das Gesicht zu einer Grimasse. Wieder wechselte er einen Blick mit Angelika, unsicher diesmal, die nickte ihm jedoch ermutigend zu, und der Knecht gab sich einen Ruck.

»Die paar Rechnungen allein wären es nicht, aber … der Hof ist verschuldet. Wir haben letztes Jahr die Ferienwohnung ausgebaut, und für die Ernte haben wir mehr Saisonarbeiter anstellen müssen als sonst … Der Waschtl hat ja nichts mehr selber tun können. Und ich schaff halt auch nicht alles allein …« Mit einem Blick auf Lovis' versteinertes Gesicht verstummte er.

»Ferienwohnungen? Schulden? Wovon sprichst du?« Lovis' Stimme bekam einen schneidenden Tonfall.

»Ich hab's dir ja vorhin sagen wollen, aber du hast mich nicht hören wollen. Wer denkt denn, dass du deinem Chef gleich den Job vor die Füße schmeißt?«

Den letzten Satz warf ihm Paul wie einen Vorwurf entgegen.

»Wie viel?«, fragte Lovis tonlos.

»Genau weiß ich das auch nicht. Die Finanzen hat der Waschtl bis zum Schluss selber gemacht. Aber wenn du mich fragst, sind es eher hunderttausend als zehntausend …«

Ein heißer Knoten bildete sich in Lovis' Magen. Ein paar Tausender hätte er stemmen können. Aber eine Summe in der Höhe? »Mist«, stöhnte er.

Paul und Angelika nickten, und plötzlich schwankte der Boden unter seinen Füßen.

»Setz dich lieber hin«, meinte der Knecht kleinlaut und rückte einen Stuhl zurecht. Lovis ließ sich darauf fallen.

Ohne ihn zu fragen, füllte Angelika eine Tasse mit Kaffee und schob sie ihm zu.

Mechanisch griff Lovis danach. Sein Blick blieb auf den Sachen aus dem Büro hängen. Musste er nun doch beim Commissario Capo um den Job betteln, den er seit Jahren mit aller Inbrunst hasste? Er erinnerte sich an die Genugtuung des Alten und ballte unwillkürlich die Faust. Ganz gleich was passierte: Er würde sich von dem aufgeblasenen Kerl nicht noch weiter in den Staub treten lassen.

»Kopf hoch, Lovis«, sagte Angelika. »Es ist nie so schrecklich, wie es im ersten Moment aussieht.«

Er schüttelte den Kopf. Das war genau die Art von Plattitüden, die er jetzt gebrauchen konnte. »Du musst ja keine Hunderttausend aus dem Rockärmel zaubern!«

»Sieh dir das doch alles erst mal in Ruhe an. Wir werden dir dabei helfen. Das habe ich Sebastian doch versprochen«, sagte sie. »Die Summe schreckt mich nicht ab. Dich etwa?«

Auffordernd sah sie Paul an. Der schüttelte ebenfalls den Kopf. »Nein. Das kriegen wir schon hin ... Irgendwie.« Ein leichtes Zögern verriet seine Bedenken.

Ich möchte mal wissen, ob ihr denselben Optimismus zur Schau stellen würdet, wenn ihr diese Summe bezahlen müsstet, dachte Lovis bei sich.

»Durch Trübsalblasen hat sich jedenfalls noch kein Problem gelöst«, meinte Angelika und stand auf. »Ich reite jetzt aus, das hilft mir beim Denken am besten und ihr ... Mach doch mit dem neugebackenen Bauer einen Rundgang, Paul?«

»Ich kenne den Hof gut genug«, begehrte Lovis auf. Das Allerletzte, was er sich jetzt wünschte, war eine Hofbesichtigung. Er wollte sich irgendwo vergraben oder den Kopf gegen eine Wand schlagen. Oder doch seinen Chef anrufen und um Verzeihung bitten? Er zögerte und sah Angelika gehetzt an.

»Das glaube ich nicht. Du warst so selten hier, und wenn, dann bist du doch nicht weiter als bis zum Söller gekommen. Auf dem Hof hat sich vieles verändert über die Jahre.« Angelika lächelte. Kleine Grübchen erschienen neben ihren Mundwinkeln. Hatte sie diese Grübchen immer schon?, fragte sich Lovis und fühlte erstaunt, wie sein Herz schneller schlug.

»Außerdem bringt dich die frische Luft auf andere Gedanken. Nicht wahr, Paul?«

»Klarer Fall«, sagte der Knecht und zog den Reißverschluss seines Overalls zu. »Besser du wechselst die feinen Klamotten gegen etwas, das den Stallgeruch verträgt, Chef«, grinste er. »In fünf Minuten am Söller?«

Der Söller war Sebastians Lieblingsplatz gewesen. Auf der Hausbank vor der Eingangstür war er dort abends gesessen und hatte die Sonne verabschiedet, bei einem Glas Leps. Vielleicht sollte ich mir das auch angewöhnen, dachte Lovis noch und ergab sich in sein Schicksal.

Die Hofführung begann im Stall. Kaum hatte Lovis seinen Fuß in das dämmrige Dunkel gesetzt, holte ihn die Erinnerung ein. Immer wenn er mit seinen Eltern den Messner Hof besucht hatte, führte ihn sein erster Gang in den Stall. Er hatte die beschauliche Atmosphäre dort geliebt, das stete Mahlen der Kühe, hin und wieder unterbrochen von leisem Kettengeklirr oder einem Muhen.

»Die Kühe laufen ja alle frei herum«, stellte er beinahe erschreckt fest, als sich seine Augen an das dämmrige Licht gewöhnt hatten.

Das brachte ihm einen vorwurfsvollen Blick von Paul ein. »Sag nicht, dass du seit vier Jahren nicht mehr im Stall gewesen bist, Chef!«

Lovis zuckte nur mit den Schultern, worauf sein Knecht ein verächtliches »Pfff!« ertönen ließ. Was er anschließend vor sich hin grummelte, hörte sich für Lovis an, wie »Und so einem fällt dieser Hof einfach in den Schoß. Zum Schämen ist das …« Da konnte er Paul nur zustimmen.

»Dem Waschtl haben die Viecher immer leidgetan. So an der Kette«, erklärte Paul nun laut. »Und deswegen hat er den Stall ein bisschen umbauen lassen. Zu einem Laufstall eben. Eigentlich war er zu gut für einen Bauer … Aber die Viecher haben's ihm gedankt. Sind kaum krank, und Streitereien gibt's auch so gut wie nie.« Im Vorbeigehen streichelte Paul einer der Kühe wie beiläufig das Maul. »Alles Grauvieh übrigens. Gehört zu den gefährdeten Rassen. Sie geben halt nicht ganz so viel Milch wie die Rindviecher, die jetzt überall modern sind, aber das war dem Waschtl gleich. Er hat immer gesagt: ›Die Rinderrasse hat's schon gegeben, als die Römer unser Land überschwemmt haben. Wär' ja noch schöner, wenn unsere profitgierige Gesellschaft es schaffen würde, diese Rasse auszurotten.«

Vielleicht hättest du selbst ein kleines bisschen mehr aufs Geld schauen können, Alter, dachte Lovis im Stillen bei sich. Wegen Sebastians Tierliebe hatte er jetzt diesen hochverschuldeten Hof an der Backe.

Paul, der nicht bemerkte, was in Lovis vorging, fuhr fort: »Im Sommer sind sie auf der Alm, aber von September bis Anfang Juni wird dein Tag ab jetzt ein bisschen früher anfangen. Melken ist um sechs Uhr.«

Kann ich doch gar nicht, wollte Lovis einwenden, aber er biss sich auf die Lippe. Dieses Argument zog bei Paul nicht, hatte er gelernt.

»Anfang Juni ist der Almauftrieb, wie gesagt. Sie stehen immer droben auf dem Ackerboden. Da hast du ein schönes Stück Wiese – einen Wald übrigens auch. Und herunten im Tal dürfen sie raus, sobald die Temperaturen nicht mehr unter null fallen.«

Von mir aus, dachte Lovis, froh darüber, dass er keine Kuh war. Das Almgrundstück auf dem Ackerboden kannte er. Eine Lichtung mitten im Wald, kaum eine Menschenseele verirrte sich dorthin, und es war herrlich still da oben. Ob wenigstens dort alles beim Alten war? Lovis dachte sehnsuchtsvoll an lange Tage im Freien, an ausgedehnte Spiele im Wald, der nach Kiefern duftete.

»Wie viel würde man für die Rinder kriegen, wenn man sie verkaufen würde?«, erkundigte er sich. Vielleicht konnte man den Schuldenberg dadurch verkleinern, dass man den Viehbestand reduzierte.

Doch Paul machte seine Hoffnungen schnell zunichte. »Das vergiss besser gleich wieder, Chef. Mit dem, was wir für die Milch kriegen, kannst du meinen Lohn zahlen. Und noch was drüber raus.«

»Echt?« Lovis sah die Rinder jetzt mit ganz anderen Augen an. »So viel werfen die ab?«

»So 15 bis 17 Liter gibt jede von denen am Tag. Bei fünfzig Cent, die wir für einen Liter Milch kriegen, kannst du dir selber ausrechnen, was dir das am Monatsende einbringt.«

Schnell überschlug Lovis den Betrag und riss die Augen auf. »Du verdienst 3000 Euro?«

Paul verdrehte die Augen. »Brutto kommt das ungefähr hin, ja. Auf meinem Konto kommt dann leider nimmer so viel an. Auf jeden Fall verdank ich mein Gehalt den Kühen. Wollen wir weiter?«

Im hinteren Teil des Stalls standen zwei weiße Kälbchen. Als Paul einem davon liebevoll die Stirn kraulte und dafür mit einem zärtlichen Schlecken belohnt wurde, fühlte sich Lovis wieder in seine Kindheit versetzt. Die raue Zunge der Kälbchen, ihr vertrauensvoller Blick aus diesen sanften Augen. Sie schmecken nur das Salz auf deiner Haut, rief er sich in Erinnerung und war froh, als Paul seinen Vortrag wieder aufnahm.

»Der junge Mann hier weiß noch nicht, dass er nächste Woche in einen Mastbetrieb kommt und dann ... na ja ... wird er wohl als Tiroler Almochs auf den Speisekarten der feinen Restaurants auftauchen.« Paul zuckte die Schultern. »Die Hilde hier hat mehr Glück. Die wird mit Mutterkuhhaltung aufgezogen. Wenn sie nach ihrer Mutter kommt, wird eine gute Milchkuh aus ihr.«

In einem Auslauf vor dem Stall suhlten sich zwei Säue im Schlamm. Aufgeregt quiekend begrüßten sie Paul und drängten ihm mit ihren Rüsseln entgegen. Er kratzte beide ausgiebig am Hals.

»Speck für die Törggelesaison«, meinte Lovis grinsend.

Paul runzelte die Stirn. »Nur gut, dass das dein Onkel nicht mehr hören kann. Die Luise war für ihn wie ein Familienmitglied. Er hat Freud und Leid mit ihr geteilt. Abends ist er immer noch ein Weilchen bei ihr gestanden und hat ihr was erzählt.«

Verständnislos schüttelte Lovis den Kopf. Hoffentlich verlangte niemand von ihm, dass er seine Abende mit einer Sau verbrachte.

»Sie ferkelt in den nächsten Tagen. Die Ferkel werden wir dann verkaufen und ... die werden dann wohl wahrscheinlich wirklich Speck für die Törggelesaison. Erst ein paar Monate Urlaub in Holland, sich fett fressen, und dann wieder zurück zum heimischen Schlachter.«

Die Praktiken rund um den Südtiroler Speck waren ein offenes Geheimnis, das eigentlich nur die Frächter reich machte und über das jeder den Kopf schüttelte. Trotzdem änderte sich nichts daran. Lovis überlegte, was Paul zur Aufzucht der Ferkelchen auf dem Messner Hof sagen würde, und nahm sich vor, dies bei einer späteren Gelegenheit mit ihm zu diskutieren. Doch zuerst folgte er ihm weiter zum Hühnerstall, zur Weide und zum Beerengarten.

Der Messner Hof war ein typischer Hof mit Mischwirtschaft, wie sie in Südtirol über die Jahrhunderte vom Vater an den Sohn vererbt wurden. Ein bisschen Vieh, Obst- und Gemüsefelder – seit jeher hatten es die Bauern geschafft, sich selbst und die nahe Stadt zu versorgen. Mal besser und mal schlechter. Mittlerweile hatte sich aber auch in diesem alpenländischen Idyll die Größer-Besser-Mehr-Mentalität durchgesetzt, und es ging immer mehr darum, Waren für die Massen herzustellen. Die Apfelmonokulturen, die sich vom Vinschgau bis ins Trentino zogen, waren das beste Beispiel dafür. Sie wurden als größtes zusammenhängendes Apfelanbaugebiet beworben, aber die großzügige Ausbringung von Schädlingsbekämpfungsmitteln hatte dem Land den Spitznamen »Pestizidtirol« verschafft und war vermutlich auch für die hohe Krebsrate mitverantwortlich.

Bei diesem Gedanken schob sich Sebastians armseliges Ende in dem sterilen Krankenhausbett vor Lovis' inneres Auge. Ob sein Krebs auch dadurch ausgelöst worden war?

»Spritzen wir eigentlich?«, fragte er Paul.

Der zuckte die Schultern. »Wie sollte es anders gehen?«

»Es gibt auch Biobauern.«

»Wenn du das Geld hast, den Betrieb umzustellen, bin ich dabei. Drei bis fünf Jahre dauert die Umstellung. In der Zeit ist allerdings nicht viel los mit Moos ...« Auf Lovis' zerknirschten Blick antwortete er mit einem Schulterzucken. »Jetzt lernst du erst mal unseren Jonny kennen.« Paul deutete Richtung Remise und ging seinem neuen Chef voran.

»Jonny?« Lovis hatte den Namen noch nie gehört. Seit wann gab Onkel Sebastian seinen Tieren englische Namen? Das hatte er früher nie getan.

Paul grinste spitzbübisch. »Ein Schmuckstück. Unser ganzer Stolz.« Er schob den Riegel zurück, und das Tor der Remise schwang auf. In der einfallenden Nachmittagssonne funkelte ein Traktor. »Das ist er.« Liebevoll streichelte der Knecht dem Fahrzeug über den grün lackierten Kotflügel. »Unser Johnny, 43 kW, 61 PS, Hydrostatikgetriebe. Gebraucht gekauft, aber er war beim vorigen Besitzer kaum in Betrieb. Ein Schnäppchen. Und dem Waschtl seine letzte Investition. Danach ...« Paul verstummte.

Lovis versuchte vergebens, die gebührende Ehrfurcht für das Gerät aufzubringen. »Aha«, machte er verständnislos. Ein Traktor, schön. Na und?

»Jetzt zeig ich dir, wie man damit fährt.« Paul grinste, schwang sich auf den Fahrersitz und klopfte auffordernd auf den Kotflügel. »Los, Chef. Hat der Bauer einen Traktor steh'n, muss er nicht zu Fuß auf die Felder geh'n.« Grinsend gab er Lovis einen Schnellsiedekurs im Traktorfahren. Dessen anfängliche Scheu vor dem monströsen Gefährt fiel bald von ihm ab, und er genoss den Ausblick aus luftiger Höhe, während er die Landwirtschaftsmaschine immer geschickter durch die Apfelwiesen und dann auf einen steilen Feldweg manövrierte. Irgendwann signalisierte ihm Paul, dass sie die Endstation erreicht hatten. Mitten auf dem Weg ließen sie den Traktor stehen und erklommen zu Fuß den gleichmäßig ansteigenden Hügel, der Lovis nur allzu gut in Erinnerung war. Sein erstes Stelldichein mit Anna war hier gewesen ... Anna. Sebastian hatte erzählt, dass sie wieder zurückgekehrt war ins Dorf. Ob es sich vermeiden ließ, dass sie sich über den Weg liefen? Lovis schluckte. Seine ehemalige Verlobte war einer von vielen Gründen, warum er das Dorf in den letzten Jahren gemieden hatte. Kurze Stippvisiten auf dem Messner Hof, Pflichtbesuche bei seinem Onkel, mehr hatte er nicht über sich gebracht.

Paul breitete seine Arme aus. »Den Weinberg kennst du ja. Alles Kerner. Wird in den besten Restaurants serviert. Wenn dein Onkel ein bisschen mehr Ambitionen gehabt hätte, hätte er wohl schon ein paar Gläser beim Gambero Rosso gesammelt. Aber ihm war das immer egal.«

Wie sollte es auch anders sein?, dachte Lovis. Wenn irgendwo Ruhm, Ehre und Geld zu holen gewesen war, hatte Sebastian sich offensichtlich immer umgedreht und war einen anderen Weg gegangen.

Plötzlich fluchte Paul, blieb stehen und bückte sich.

Zu seinen Füßen sah Lovis ein kleines Bächlein über den Weg plätschern. Auf der anderen Seite versickerte das Wasser im darunterliegenden Teil des Weinbergs.

»Hat der Idiot schon wieder die Wasserleitung manipuliert«, knurrte Paul durch zusammengebissene Zähne.

»Was ist los?«, fragte Lovis und ging neben seinem Knecht in die Hocke, der mit bloßen Händen versuchte, ein Ventil zuzudrehen.

»Das Konsortium hat das Wasser eingeschaltet, und der Mistkerl hat hier herummanipuliert. Schau dich mal um! Da müsste irgendwo der Schlüssel liegen.«

Lovis suchte zwischen Reben und Grashalmen nach dem Schlüssel, bis er ein ungeduldiges Schnalzen hörte. »Da, vor deinen Füßen!«

Mit einer freien Hand deutete der Knecht auf eine gebogene Vierkantstange, die vor Lovis im Gras lag.

»Das ist ein Schlüssel?« Er wunderte sich, hob das schwere Ding auf und brachte es Paul, der es in die passende Öffnung am Ventil steckte und das Wasser abdrehte.

»Der ganze Hang hätt' abrutschen können, weich, wie die Erde jetzt ist. So ein verdammter Depp!«

»Wer denn?«

Paul vollführte ächzend eine letzte Drehung. »Der Waschtl und ich haben schon seit einem Weilchen den von Stadler im Verdacht. Es ist nicht das erste Mal, dass so was passiert.«

Von Stadler war ein Hotelier, der mit Landwirtschaft so wenig am Hut hatte wie Lovis, der sich aber doch recht erfolgreich als Weinbauer aufspielte. Ihm gehörte die andere Hälfte des Weinbergs, und Lovis wusste um dessen viele Versuche, seinem Onkel den Weinberg abzuschwatzen. Bei Sebastian hatte er auf Granit gebissen. »Der konn den gonzn Wein decht net ollen alloan trinken«, hatte er abschätzig gesagt und ein Angebot nach dem anderen abgelehnt. Von Stadler hatte die Absagen zähneknirschend zur Kenntnis genommen, allerdings nur um bald darauf mit einem noch besseren Angebot aufzutrumpfen.

»I mog ihn oanfoch net«, hatte Sebastian mehr als einmal zu Lovis gesagt, wenn er zu Besuch auf dem Messner Hof war. »Der hot's faustdick hinter die Ohren, merk dir des! Der werd ins no Probleme mochn. Des woaß i so sicher, wia dass Ostern noch Weihnachten kimp.«

Nun war es also passiert. Beziehungsweise wieder passiert, wenn Lovis Pauls Andeutung richtig verstand. Doch wieso sollte ein erfolgreicher Hotelier und Weinbauer zu solch miesen Methoden greifen? Ob Sebastian und Paul da nicht doch zu weit gingen in ihrer Aversion gegen diesen von Stadler?

Du wirst dich nicht in so einen dörflichen Kleinkrieg hineinziehen lassen, Lovis. Er räusperte sich. »Wieso sollte der von Stadler das tun?«

Paul wischte sich die nassen Hände am Overall ab. »Das weiß der Himmel. Aber einmal liegt ein Felsbrocken auf deiner Zufahrt, dann stürzt eine Trockenmauer ein, die am Tag davor noch stabil war. Heut ist es das Wasser … Es können natürlich auch Zufälle sein, aber für meinen Geschmack sind es halt ein paar Zufälle zu viel.«

»Was hätte er davon?«

»Er hat ein Vorkaufsrecht für deinen Weinberg.«

Lovis runzelte die Stirn. »Und er glaubt, er kriegt ihn mit solchen schmutzigen Tricks?«

Paul zuckte die Achseln. »Was weiß ich, wie der tickt! Und ich kann ja auch nicht beweisen, dass wir diese Zufälle ihm zu verdanken haben. Aber wenn wir heute nicht vorbeigekommen wären, hätt' dir das vielleicht das Kreuz gebrochen.«

Paul richtete sich auf und deutete Richtung Süden. »Dein Land, Chef.«

Die Ausläufer des Brixner Talkessels lagen vor ihm. Nach Osten hin, noch ganz in Sonne getaucht, schirmte die Plose Brixen vor allem Unbill ab, nach Westen hin erledigte der Radlsee dieselbe Arbeit. Die Sonne hing nur noch ein paar Fingerbreit über dem Kamm des Kühbergs und würde bald dahinter verschwinden und den Talkessel in Schatten und Kälte zurücklassen. Noch aber schickte sie ihre Strahlen ins Tal und tauchte alles in ein freundliches Licht.

Der Weinberg breitete sich vor ihnen aus, noch unbelaubt und in Brauntönen. Bald würde er in zartem Grün leuchten, und noch etwas später würden sich die Reben unter der Last der Trauben biegen. Dann kam die Zeit der Weinlese und schließlich der Oktober, wenn die Blätter sich gelb färbten. Das war die Jahreszeit, die Lovis schon als Junge am meisten geliebt hatte. Dann konnte er endlose Nachmittage zwischen den Weinstöcken umherstreifen und seinen Gedanken nachhängen.

An den Weinberg grenzten die beiden Apfelwiesen. Die Knospen waren ganz dick, kurz vor dem Aufbrechen, bald würde das Summen der Bienen und der Honigduft Tausender Blüten die Luft erfüllen und dann im Spätsommer der leicht faulige Geruch des Fallobstes.

Mitten in all diese fruchtbare Pracht schmiegte sich in eine schattige Mulde der Messner Hof. Die zwei Hauptgebäude, das Wohnhaus und der Stall, mit dem Heustadel und der Remise im Obergeschoss, wirkten von hier aus weit stattlicher, als sie in Wirklichkeit waren. Auch die vielen kleinen Nebengebäude konnte Lovis ausmachen: Holz- und Werkzeugschuppen, der Hühnerstall. Hinter dem Freilaufgehege der Hennen lief der kleine Bach am Hof vorbei und bildete eine natürliche Grenze zum Nachbarsgrund.

Nach Norden hin hatte Lovis einen herrlichen Ausblick auf das Städtchen Brixen. Mittlerweile füllte es den Talgrund vollständig aus, trotzdem hatte es sich sein mittelalterliches Flair erhalten und haftete wohl mit dem

Herzen immer noch den alten Zeiten an. Da war er geboren. Das waren seine Wurzeln. Dann hatte der Tod seiner Eltern ihm alles genommen, und er war zu Sebastian auf den Hof gezogen. Wovon er als Kind nicht hatte genug bekommen können, wenn er mit seinen Eltern auf dem Messner Hof zu Besuch war, hasste er bald aus ganzer Seele. Den Gestank, der ihm anhaftete, so sehr er sich auch duschte und mit allen möglichen Körpersprays einduftete. Von seinen Mitschülern wurde er verspottet. Plötzlich war er der »Bauer« gewesen, der »Staller«. Im Dorf hatte er nie richtig dazugehört, auch nicht dazugehören wollen, und in der Stadt fand er auch keinen Anschluss mehr. Er hatte sich in sich zurückgezogen, hatte seine Freunde und Lehrer mit patzigen Antworten vor den Kopf gestoßen und war, kaum hatte er die Matura in der Tasche, geflüchtet. Einige Jahre hatte er dem Messner Hof den Rücken gekehrt. Erst als er auch die Polizeischule abgeschlossen hatte, hatte er die Besuche bei Sebastian wieder aufgenommen, sich verliebt, sich verlobt – und dann verstanden, dass diese Ehe ihn für immer an dieses Dorf gebunden hätte …

Lovis schüttelte die negativen Gedanken ab und gab sich dem Ausblick hin. Der weiche Boden verströmte Frühlingsgeruch. Hoch in der Luft ließ ein Raubvogel seinen hellen Schrei ertönen. Lovis nickte andächtig.

Der Messner Hof war ein wunderbares Fleckchen Erde. Nur schade, dass er nicht den Bauer bekam, den er verdiente.

Als Lovis und Paul wieder auf dem Hof ankamen, wehte ihnen der Duft nach Abendessen entgegen.

»Melkzeit«, meinte Paul und wandte sich dem Stall zu.

»Nein. Fütterungszeit«, entgegnete Lovis, klopfte sich grinsend auf seinen Magen und bog Richtung Haus ab. Den tadelnden Blick, den ihm sein Knecht nachwarf, ignorierte er und ließ sich von seinem knurrenden Magen direkt in die Küche lotsen. Angelika rührte kraftvoll in einer Pfanne. Ihre braunen, zu einem Pferdeschwanz hochgebundenen Haare tanzten im Rhythmus ihrer Bewegungen. Als er ihr über die Schulter schaute, lief ihm das Wasser im Mund zusammen.

»Kartoffelriebler?« Sein Lieblingsgericht! Man rührte und zerpflückte einen Kartoffelteig so lange in einer Pfanne, bis daraus viele knusprige Brösel entstanden. Am besten gelang der Riebler, wenn er auf offenem Feuer gemacht wurde, und je länger man »riebelte«, desto besser schmeckte er. Hätte er eine Leibspeise benennen müssen, hätte er immer Kartoffelriebler gesagt. Obwohl er das letzte Mal einen gegessen hatte, als seine Mutter ihn gekocht hatte.

»Kartoffelriebler«, bestätigte Angelika. »Und? Was sagst du zu deinem Hof?«

Ihre Frage brachte ihn wieder auf den Boden. »Es ist das schönste Fleckchen Erde, das es gibt, und Paul hat sicher alles im Griff. Er wird alles tun, um mir den Einstieg zu erleichtern, aber …«

»Aber?«, hakte Angelika nach.

»Ich kenne mich weder mit Kühen aus, noch bin ich Obst- oder Weinbauer. Außerdem hat sich wirklich vieles verändert. Und dann dieser Schuldenberg. Wo soll ich so viel Geld hernehmen? Das Einzige, was mir ein regelmäßiges Einkommen beschert, sind die Kühe … Und mit dem, was sie mir einbringen, kann ich gerade Pauls Lohn bezahlen.«

»Na, ganz so schlimm ist es nicht. Wein, Obst und Gemüse werfen schon auch was ab, und die Ferienwohnung ist ein gutes Zusatzeinkommen.«

»Ferienwohnung? Was ist damit überhaupt? Die hat Paul bei der Führung ausgelassen.«

»Weil das mein Gebiet ist.« Angelika grinste. »Das Projekt habe ich Sebastian aufgeschwatzt. Und der hat mir freie Hand gegeben. Ist ziemlich viel Aufwand und stressig neben meinem Beruf und Diablo, aber es läuft gut und bringt was ein. War eine gute Entscheidung. Ich hab jede Menge Ideen, und Sebastian hat mich immer machen lassen ... ein Naschgarten, ein Reitplatz ...«

»Moment mal, du willst einen Reitplatz bauen?«

»Ist naheliegend, nicht wahr? Hier in der Gegend gibt es so viele Möglichkeiten auszureiten ...«

»Und wer soll das bezahlen?«

»Na ja, Sebastian hat immer gesagt ...«

»Sebastian ist tot. Und er hat mir einen Riesenschuldenberg hinterlassen!«

Angelikas Wangen färbten sich rot. »Du hast recht. Es ist nur ... Paul hat ja schon damit ...« Sie verstummte. »Na ja, ein paar Buchungen haben wir ja auch schon ohne den Reitplatz reinbekommen.«

Lovis verzog bei der Vorstellung von Fremden, die auf dem Hof herumwuselten und seinen Frieden störten, das Gesicht.

»Am Montag kommen übrigens die ersten Gäste für dieses Jahr. Die Schmidts. Sie waren im vergangenen Jahr schon da.«

»Ich bin begeistert«, grummelte Lovis, er konnte nur an die Schulden denken. »Zahlen sie hunderttausend Euro?«

Angelika lachte. »Nicht ganz. Aber zumindest bezahlen sie die Tierarztrechnung.«

»Dann werden wohl die Kühe die Schulden für den Ausbau der Ferienwohnung bezahlen …«

»Ach, Lollo …«

»Schon gut. Aber um einen Zweitjob werde ich wohl nicht herumkommen, wenn ich die Schulden irgendwann loswerden will. Nur was? Ganz sicher gehe ich nicht zu diesem Botta zurück!«

»Darüber habe ich auch nachgedacht. Und ich habe ein paar ganz brauchbare Ideen, glaube ich«, meinte Angelika. »Vorschlag 1: Du könntest als Wachmann arbeiten.«

Kurz blitzte vor Lovis' innerem Auge ein Bild von sich in einer schlecht sitzenden Uniform auf, bewaffnet mit einem Teaser und einer Taschenlampe. Er brummte missmutig.

»Oder Rausschmeißer in einer Disco?«

»Ha, ha, ha. Und mich von den Randalierern vermöbeln lassen?«

»Ich bin davon ausgegangen, dass zu deiner Ausbildung auch ein paar Kampftechniken gehört haben. Aber dann halt nicht.« Sie rührte weiter in der Pfanne. »Eine Idee hätte ich noch … Keine Ahnung, ob es so was bei uns überhaupt gibt und wie das rechtlich funktioniert, aber … Wie wär's mit Privatdetektiv? Du könntest …«

Lovis prustete los. »Ich – ein Südtiroler Matula? Ich sehe schon die Schlagzeilen vor mir: Privatdetektiv ermittelt im Mordfall! Wann hat es hier noch mal den letzten Mord gegeben?«

Wieder brach er in Lachen aus. Die Vorstellung war zu skurril.

Angelika knallte drei Teller und das Besteck auf den Tisch und verschränkte ihre Arme vor der Brust. »Wenn du fertig gegackert hast, könntest du mir mal zuhören!«

Lovis verstummte. »Bin ganz Ohr.«

»Erstens muss es ja nicht gleich Mord sein, du Schlaumeier. Es gibt viele kleine Delikte, um die sich die Polizei einfach nicht kümmert ... nicht kümmern kann! Diebstähle, Vandalismus, Nachbarschaftsstreitigkeiten – ich bin sicher, dass manche hier etwas springen lassen würden, damit gerade solche Bagatellverbrechen aufgeklärt werden. Und zweitens: Wo sind denn all *deine* tollen Ideen?« Mit erhitzten Wangen blitzte sie ihn an.

Es liegt ihr daran, dass ich einen ihrer Vorschläge gut finde, erkannte Lovis. Aber es konnte ihr doch herzlich egal sein, ob er sein Brot als Privatdetektiv oder als Postbote verdiente. Genauso egal konnte ihr sein, wer in Zukunft auf dem Messner Hof das Sagen hatte. Warum steigerte sie sich da so hinein?

»Also, was sagst du?«

Er lehnte sich zurück. Privatdetektiv Lorenz Lovis – genau genommen klang das gar nicht mal so übel. Nach Abenteuer und Abwechslung und – hoffentlich – nach ein bisschen Geld. Er sah sich selbst schon in Lederjacke, die Pistole lässig in den Hosenbund geklemmt, sprungbereit hinter einer Hauswand lauern, um einen Täter zu stellen. Ein Bild, das vielleicht auch Angelika attraktiv fände?

Pah, das kannst du dir gleich aus dem Kopf schlagen, maßregelte er sich selbst. Angelika würde nie auf einen Detektivabklatsch à la Matula reinfallen. Und außerdem: Was hatte es schon für einen Sinn, sie beeindrucken zu wollen. Sie war sicher vergeben. Oder – war sie das? Er hatte sie noch nie in Begleitung eines Mannes gesehen. Lovis räusperte sich und nahm sich vor, in den nächsten Tagen einmal vorsichtig bei Paul nachzufragen, ob er da mehr wusste.

»Lollo, träumst du?« Ihre ärgerliche Stimme holte ihn in die Wirklichkeit zurück. »Was sagst du jetzt zu der Idee, habe ich gefragt.«

Er riss sich von seinen Gedanken los und winkte ab. »Ich will nicht sagen, dass es eine dumme Idee ist«, sagte er vorsichtig. »Aber ich habe noch nie von einem Privatdetektiv bei uns gehört. Ich glaube, so was gibt es in ganz Südtirol nicht.«

Sie zuckte gleichgültig mit den Schultern. »Umso besser. Dann bist du eben der erste – da haben wir doch schon eine wunderbare Marketingstrategie! Und deine Kollegen bei der Polizei könnten dich ja empfehlen!«

»Das werden die schön bleiben lassen. Wenn der Chef davon Wind bekäme …« Lovis unterdrückte ein Schaudern.

»Wer sagt denn, dass sie ihm das auf die Nase binden müssen?«

»Trotzdem ist es illegal. Clientelismo. Das wäre ein gefundenes Fressen für die Medien.«

Angelika wischte sich ungeduldig eine Haarsträhne aus dem Gesicht. »Also wirklich, Lovis, am liebsten würde ich dir einen Tritt in den Hintern verpassen. Kriech doch zurück zu deinem Chef, wenn dir nichts recht ist.«

Er schluckte. Sie sollte nicht meinen, dass er feige wäre. Er gab sich einen Ruck. »Na gut. Ich kann ja Scatolin anrufen, meinen Kollegen, um ihn zu fragen, was er von der Idee hält. Er ist ein guter Freund. Und … gnadenlos ehrlich.«

»Na los! Bis zum Abendessen hast du noch fünf Minuten. Draußen auf dem Söller ist der beste Empfang.«

Die Sonne war inzwischen untergegangen, nur die Gipfel der Plose leuchteten noch orange. Über dem Brixner Talkessel lag friedliche Ruhe. Leises Kettenklirren aus dem Stall zeugte davon, dass die Abendfütterung im Gange war. Irgendein Strauch duftete schwer.

Lovis atmete tief durch.

Das alles war sein Reich. Wenn er es nicht verlieren wollte, brauchte er dringend einen Plan. Und solange er keinen eigenen hatte, konnte er es mit Angelikas Vorschlag ja wenigstens versuchen. Er setzte sich auf dem Söller auf die Bank und tippte mit gemischten Gefühlen Scatolins Nummer.

»Ciao, Scatolo«, begrüßte er ihn, kaum dass die Verbindung hergestellt war.

»Lovis?«, kam es zurück. »Mi chiedi cosa devi fare per poter ritornare?«

»Nein, ich werde sicher nicht zurückkommen. Da kann der Alte warten, bis er schwarz ist!«

»Muss er gar nicht. Deine Stelle ist bereits besetzt, amico.«

Lovis wunderte sich, dass ihm das doch einen gehörigen Stich versetzte. Gleichzeitig überkam ihn Erleichterung. Die Entscheidung wurde ihm abgenommen. Es gab kein Zurück mehr.

»Und wie ist er?«

»Nicht er. SIE! Sie ist … favolosa! Klein, zierlich, und ein Vorbau, der sich sehen lassen kann. Die ganze Mannschaft sabbert, wenn sie das Kommissariat betritt.« Er lachte auf. »Ich muss dir leider sagen, dass dir niemand eine Träne nachweint. Alle sind froh, dass du den Platz für Sabrina geräumt hast.«

»Wie schön, dass ich euch helfen konnte«, erwiderte er leicht pikiert.

»Leider hat sie nichts für League of Legends übrig.« Scatolin lachte leise.

»Ja, da bin ich unschlagbar!« Auch Lovis musste grinsen, als er an die gemeinsamen Gaming-Sessions während der Arbeitszeit dachte. Abrupt wechselte er das Thema. »Scatolin, ich ... brauche deinen Rat.«

»Meinen Rat? Ich fühle mich geehrt!«

»Ich habe mir gedacht ...« Er stockte. Plötzlich kam ihm der Gedanke wieder kindisch und unrealistisch vor. Trotzdem überwand er sich. »Ich hab mir gedacht, ich versuche es als Privatdetektiv.«

Scatolin schnaubte amüsiert. »Scherzi?«

»Nein, ich meine es ernst.« Lovis bereute bereits, seinen Freund ins Vertrauen gezogen zu haben. Andererseits war er der einzige wirkliche Freund, den er hatte. In der *Scuola di polizia giudiziaria amministrativa e investigativa,* der Schule für Verwaltungs- und investigative Polizei in Brescia, hatten sie zusammen eine Schulbank gedrückt und sich ein Zimmer geteilt. Schnell hatten sie herausgefunden, dass sie dieselben Vorlieben teilten, hatten sich von den abendlichen Trinkgelagen der Kommilitonen lieber distanziert und dafür das Gebiet zwischen dem Lago d'Iseo und dem Gardasee auf ihren Fahrrädern erkundet. Gemeinsam hatten sie Pläne geschmiedet, sich mit der Arbeit bei der Polizei genügend Kapital für eine Hütte auf einem Dolomitenpass zusammenzusparen und dort eine Raststation für Radfahrer zu eröffnen. Nach dem Abschluss hatten sie sich kurzzeitig aus den Augen verloren. Während Lovis in Chioggia, Terni und Imola seine ersten Erfahrungen machte, ergatterte Scatolin gleich ein längeres Arbeitsangebot in Neapel. Doch nach drei Jahren zog es sie beide wieder in die Heimat, und im Brixner Polizeikommissariat trafen sie wieder zusammen. Scatolin hatte sich inzwischen zum Ispettore hochgearbeitet, während Lovis nie über den Rang eines Agente hinauskam und immer mehr zur Zielscheibe des Commissario Capo wurde.

Scatolins Räuspern riss Lovis aus seinen Gedanken. »Senti … ich will nicht sagen, dass es eine totale Schnapsidee ist … Der Gedanke hat was an sich … aber … amico, du hast überhaupt keine Erfahrung. Du warst immer nur …«

»… hinter der Scheibe im Kabuff, ja, ja. Das musst du mir nicht ständig unter die Nase reiben. Aber mein Onkel hat mir einen Haufen Schulden hinterlassen, und irgendwie muss ich an Geld kommen!«

»Und da fällt dir nichts Besseres ein, als Privatdetektiv zu werden?«

»Nein.«

»Cameriere, attore, callboy …«

Ja, sicher. Kellner, Schauspieler oder Callboy standen gleich nach dem Job im Kabuff des Brixner Polizeikommissariats auf der Liste seiner Traumberufe. Lovis schnaubte verächtlich.

Scatolin seufzte. »Lovis …«

Lovis hatte verstanden. Scatolin hielt den Plan für einen ausgemachten Schwachsinn, und er hatte recht. Wie hatte Lovis nur glauben können, Privatdetektiv zu werden sei ein gangbarer Ausweg aus dem Schlamassel, in dem er sich befand? Er war froh, dass sein Freund nicht sah, wie ihm die Wangen vor Scham brannten.

»Dann werd ich es wohl als Callboy versuchen.« Er hörte selbst, wie kläglich sein Versuch klang, einen Witz aus der Angelegenheit zu machen.

Scatolin lachte leise. Dann meinte er: »Vielleicht ergibt sich was. Ich halte die Ohren offen. Wenn ich was höre, gebe ich dir Bescheid.«

»Grazie, amico. Ci sentiamo.« Dann legte er auf. Mit hängenden Schultern ging er in die Küche zurück.

»Na, was meint er?«, fragte Angelika.

Lovis schnitt eine Grimasse.

Sie zuckte die Schultern und lächelte ihm aufmunternd zu. »Na ja. Die Idee muss ja nicht deinem Freund gefallen, sondern dir. Und ganz abgeneigt bist du nicht, das sehe ich dir an der Nasenspitze an. Stimmt's?«

Lovis nickte vage. »Mir bleibt auch gar nichts anderes übrig.«

»Gut, denn ich habe auch schon den ersten Auftrag für dich an Land gezogen.« Sie schob ihm einen Zettel mit einer Telefonnummer hin.

»Angelika! Wie …« … kann das sein?, wollte er fragen. Es war doch keine fünf Minuten her, dass sie ihm den Vorschlag, es als Privatdetektiv zu versuchen, überhaupt erst unterbreitet hatte. Da konnte sie in der Zwischenzeit unmöglich schon einen Fall aufgetan haben.

Sie winkte ab. »Reiner Zufall. Habe Frau Leitner heute auf der Post getroffen. Wie üblich war eine lange Schlange, wir sind beim Warten ins Gespräch gekommen, und sie hat mir erzählt, dass ihr Sohn auf dem Schulweg von irgendwelchen Halbstarken drangsaliert wird. Und dass sie einiges darum geben würde, zu wissen, wer das ist. Der Kleine hält wohl dicht, vermutlich aus Angst.«

»Ein Babysitterjob?!«

»Ein Job, der was einbringt«, berichtigte sie. »Hier ist ihre Nummer.« Sie schob den Zettel näher zu ihm hin. Wenig enthusiastisch nahm er ihn entgegen. Als er ihren erwartungsvollen Blick registrierte, versuchte er ein Lächeln. Geld war Geld, und wenn er es durch einen Babysitterjob verdienen musste, dann war das eben so. »Danke, Angelika.«

Die Grübchen in ihren Mundwinkeln verstärkten sich. »Außerdem findet morgen das traditionelle Ostereiersuchen im Park der Cavagnas statt. Da solltest du hingehen!«

»Nein, danke. Ich bin nicht in Feierlaune.«

»Bin ich auch nicht. Aber mit den Cavagnas stellt man sich besser gut.«

Der Ausdruck auf ihrem Gesicht ließ Lovis aufhorchen. »Wie meinst du das?«

»So wie ich es sage. Sie sind die Könige hier im Dorf. Wer ihnen nicht die Füße leckt, kann es unter Umständen schwer haben.«

»Klingt nach finsterstem Mittelalter, wenn du mich fragst.«

»Geld regiert die Welt – im Mittelalter gleich wie heute.«

»Er hat also Geld?« In Lovis blitzte eine Idee auf. Doch Angelika erriet, was in seinem Kopf vorging.

»Das vergiss mal ganz schnell. Du willst nicht von Cavagna abhängig sein!«

»Will ich nicht?« Lovis zog erstaunt die Augenbrauen hoch.

»Willst du nicht! Das haben schon ganz andere vor dir bereut.« Ein Schatten flog über ihr Gesicht, doch sie fing sich schnell wieder. »Stell dich ihm vor, hofier ihn ein bisschen, das kann nur von Vorteil sein. Aber ansonsten rate ich dir, auf Abstand zu unserem Baron zu gehen. Und das meine ich so, wie ich es sage.« Wieder verdunkelte sich ihre Miene.

Lovis wunderte sich. Was war nur los mit diesem Cavagna? Und was hatte er Angelika angetan, dass sie so ein schlechtes Bild von dem Eigentümer des Schlösschens hatte? Sein anfänglicher Widerstand gegen das Fest wurde jetzt von seiner Neugier auf diesen Cavagna verdrängt.

Angelika merkte zum Glück nicht, was in ihm vorging, stattdessen versuchte sie weiter, ihm das Ganze schmackhaft zu machen: »Sieh das Ganze als Dorffest, wo alle zusammenkommen. Die Frauen kochen was Gutes, die Musikkapelle spielt, und die Kinder dürfen im Park ihre Osternester suchen. Das bringt dich auf andere Gedanken, und du kannst ein paar Bekanntschaften auffrischen. Und schon mal einfließen lassen, dass du deine Dienste als Privatdetektiv anbietest und so.«

Er zuckte ausweichend die Schultern, genau darauf hatte er nun so gar keine Lust.

»Lovis, jetzt stell dich nicht so an«, redete sie ihm bestimmt ins Gewissen, schlug dann aber einen sanfteren Ton an. »Geh hin … mir zuliebe! Ohne dich langweile ich mich dort zu Tode.« Ihr bittender Blick hätte einen Gletscher zum Schmelzen gebracht.

»Und was sagt dein Freund dazu, wenn du mit mir hingehst?« Lauernd taxierte er ihre Reaktion.

»Mein Freund?« Sie zog die Nase kraus und zwinkerte ihm zu, was direkt eine Hitzewelle in ihm auslöste. »Der wird das wohl aushalten müssen.«

Also gab es einen Freund. Er wunderte sich, wie sehr ihn diese Tatsache störte. Aber es war nicht anders zu erwarten gewesen. »Na dann«, meinte er. »Dann werde ich wohl mit dir hingehen müssen. Wenn's sein muss.«

»Es muss!« Angelika wuchtete die gusseiserne Pfanne auf den Tisch und schöpfte den Riebler auf die Teller. »So, und jetzt Mahlzeit.«

Wie aufs Stichwort kam mit mürrischer Miene Paul zur Tür herein. Anerkennend zog er die Augenbrauen hoch, setzte sich an seinen Platz und begann das Essen in sich hineinzuschaufeln. Lovis machte, dass er auch was von seiner Leibspeise abbekam.

»Ich muss jetzt leider los«, sagte Angelika. »Nachtdienst.« Sie langte nach dem Stapel Briefe, der seit dem Vormittag unberührt auf dem Tisch lag. »Und wenn du Frau Leitner angerufen hast, erledigst du den Schreibkram. Könntet ihr morgen früh Diablo auf die Weide lassen? Der wird schwermütig, wenn er den ganzen Tag in der Box steht. Ach, und noch mal: Die Schmidts kommen am Montag gegen zwanzig Uhr an. Die Ferienwohnung ist vorbereitet. Nur dass du Bescheid weißt, wenn sie hier plötzlich einfallen. Ich habe dir auch eine Erinnerungsnotiz geschrieben – hängt an der Kühlschranktür. Wünsch euch einen schönen Männerabend!«

Zwinkernd fuhr sie Lovis durch die Haare. Er drehte unwillig den Kopf ab und warf Paul einen beredten Blick zu. Der sah nicht einmal von seinem Essen auf.

»Alles klar?«, fragte Lovis.

Ein grantiges Grunzen war die Antwort.

»Was ist denn dir für eine Laus über die Leber gelaufen?«

Da sah Paul auf. »Keine Laus. Ein Bauer, der sich zu fein ist, sich die Hände dreckig zu machen, ist mir über die Leber gelaufen.«

Lovis fühlte seine Wangen heiß werden. Er setzte zu einer Entschuldigung an, doch Paul winkte ab. »Nichts für ungut, Chef. Aber entweder du packst ein bisschen mit an, oder wir stellen noch einen zweiten Arbeiter ein. Die Zeiten, wo ich alles allein gemacht habe, sind vorbei.« Er stand energisch auf. »Gute Nacht.«

Das war's wohl mit dem Männerabend, dachte Lovis beschämt. Er wusste, dass Paul recht hatte mit seinen Vorwürfen und dass er dringend etwas an seiner Einstellung ändern musste. Du hast beschlossen, Bauer zu werden, dann musst du auch Bauer sein, schalt er sich und nahm sich fest vor, in den nächsten Tagen auf dem Hof seinen Mann zu stehen. Dann sah er auf die Uhr. In einer halben Stunde begann die Chorprobe. Wollte er pünktlich sein, musste er sich beeilen. Seit Jahren schon sang er im Brixner Domchor mit. Auch wenn er nicht besonders gläubig war, liebte er es doch, Mitglied dieses wundervollen Klangkörpers zu sein. Außerdem war es eine nette Gemeinschaft, in der er sich einfach wohlfühlte.

Unentschlossen wandte er sich dem Poststapel zu. Ganz schön viele Briefe, dachte er unbehaglich, die meisten davon bestimmt Rechnungen.

Noch mehr schlechte Nachrichten konnte er heute wirklich nicht gebrauchen, und davonlaufen würden ihm die Rechnungen bestimmt nicht. Also beschloss er, Feierabend zu machen und den Tag mit der Chorprobe zu beschließen. Außerdem war Ostern eine betriebsame Zeit, wenn er da nicht zu den Proben erschien, konnte der

Chorleiter ganz schön ungemütlich werden. Er stand auf, warf einen letzten Blick auf Sebastians alten Stuhl und löschte beim Hinausgehen das Licht.

Unter den neugierigen Blicken der Dorfbewohner verließ Lovis die Kirche.

Er nickte einigen vage bekannten Gesichtern zu, dann folgte er dem Menschenstrom der Hauptstraße entlang zum Anwesen der Cavagnas. Sie residierten im Schlösschen, das aus dem 13. Jahrhundert stammte und von wechselnden Besitzern bewohnt worden war, bis endlich der letzte wirkliche Baron verstorben und sein Vermögen an einen in Amerika lebenden entfernten Verwandten gefallen war. Der hatte das Familienerbe so schnell wie möglich zu Geld gemacht und es an den Meistbietenden verkauft – Cavagna. Lovis war gespannt, was für ein Mensch er sein mochte, Angelikas Andeutungen hatten ihn neugierig gemacht.

Scheinbar unbeteiligt registrierte er die manchmal etwas ruppigen Scherze, die zwischen den Leuten hin- und herflogen, das Lachen, die Vorfreude der Kinder.

Von der Hauptstraße bog ein Feldweg ab und führte durch ein schmiedeeisernes Gatter in den Park. Zu beiden Seiten des Schlosstors wuchsen Reben und Rosenbüsche. Im Schlossgarten konnte man den Frühling förmlich spüren. Veilchen, Narzissen und Tulpen blühten um die Wette. Durch die von Krokussen übersäten Rasenstücke verliefen sauber geharkte Kieswege. Auf der Wiese direkt vor dem Schloss spielte sich das Fest ab. Hinter einem behelfsmäßig zusammengezimmerten Tresen machten sich Frauen in einer Feldküche zu schaffen. Musikanten stimmten ihre Instrumente. Dazwischen jagten Kinder lachend hintereinander her. Überall herrschte freudige Betriebsamkeit. Vor einer mit weißem Leinen gedeckten Tafel stand ein Paar und begrüßte jeden Besucher mit einem Händedruck und einem aufgesetzten Lächeln. Das mussten die Cavagnas sein.

Ganz der edle Gönner des Dorfes, stellte Lovis spöttisch fest. Ohne dass er ein Wort mit Cavagna gewechselt hatte, fühlte er eine tiefe Abneigung gegen ihn in sich aufsteigen. Doch als er erkannte, wer neben den Gastgebern stand, rutschte ihm das Herz in die Hose. Anna, seine ehemalige Verlobte. Dann stimmte es also, dass sie wieder ins Dorf zurückgekehrt war. Lovis sah sich nach einem Fluchtweg um. Er fühlte sich in keinster Weise bereit für eine Begegnung mit Anna. Da schlängelte sich Angelikas Hand unter seinen Arm und zog ihn wieder in die Schlange der Wartenden.

»Hier geht's lang«, sagte sie.

»Auf gar keinen Fall«, wehrte sich Lovis. Er vergewisserte sich, dass Anna ihn noch nicht bemerkt hatte. Angelika folgte seinem Blick und runzelte die Stirn. »Was ist?«

Lovis wand sich unbehaglich. Über das Intermezzo mit Anna sprach er mit niemandem gern, aber vor Angelika konnte er es am allerwenigsten ausbreiten. Noch dazu hier mitten unter all den Leuten. Auch wenn von den Dörflern sowieso niemand vergessen haben wird, was ich da angestellt habe, dachte er, und das mulmige Gefühl in seinen Eingeweiden verstärkte sich. Entschieden schüttelte er den Kopf. Er musste weg von hier. »Ich habe es mir anders überlegt. Ich muss …«

»Keine Chance, Lollo. Heute steht Wiedereingliederung in die Dorfgemeinschaft auf dem Programm.«

Unnachgiebig drehte Angelika ihn um und reihte sich wieder mit ihm ein. Dann klopfte sie ihrem Vordermann auf die Schulter. »Das hier ist zum Beispiel …«

»Schorsch«, ergänzte Lovis ihren Satz mit einem etwas zu laut geratenen Seufzer, als der sich zu ihm umdrehte. Schorsch stand an zweiter Stelle auf der Liste derjenigen Menschen, denen er am liebsten bis ans Ende seiner Tage aus dem Weg gehen würde. Er war der Wirt der Dorfkneipe und – Annas Bruder. Vor Lovis' Flucht nach Süditalien waren sie beste Freunde gewesen. Aber seit der geplatzten Hochzeit hatte er es nicht über sich gebracht, den Kontakt zu ihm zu suchen.

»Na, also.« Angelika nickte dem Dorfwirt zu und gab Lovis einen Klaps auf die Schulter. »Dann spielt mal schön, Jungs. Und nicht raufen!« Sie lachte und sah sich um. »Mein Typ ist da drüben gefragt.« Sie deutete zu den Frauen, die in einer improvisierten Küche Krapfen vorbereiteten, und schon war sie verschwunden.

»Schorsch.«

»Lovis.«

Verlegen standen die beiden da, die Hände in den Hosentaschen vergraben, und sahen ihr nach. Unauffällig musterte Lovis seinen Jugendfreund. Schorsch war behäbig geworden. Ein Bäuchlein füllte die Tracht der Musikkapelle aus. An seinem Finger hing ein goldener Ring. Verheiratet, stellte Lovis fest, und insgeheim wünschte er seinem Freund alles Gute.

»Gutes Mädchen, die Angelika. Hat es nicht immer leicht gehabt in ihrem Leben«, sagte Schorsch.

Lovis wusste nicht, was er meinte, und brummte unbestimmt.

»Hab dich vermisst, alter Knabe.«

»Ich hatte keine Ahnung, wie ...« Lovis zog verlegen die Schultern hoch.

»Brauchst mir nichts zu erklären«, meinte Schorsch. »Ich hab dich verstanden damals. Das wär' eh in die Hosen gegangen mit euch beiden.«

Lovis warf ihm einen verwunderten Blick zu.

»Na ja, ich kenne dich doch. Und meine Schwester auch.« Schorsch grinste. »Hättest dich ja trotzdem nicht völlig vom Erdboden verschlucken lassen müssen. Warum hast du denn nie was von dir hören lassen? Wo hast du dich überhaupt rumgetrieben?«

Lovis zuckte die Schultern. »Hab mir eine Wohnung in Brixen gesucht.«

»Hättest trotzdem hin und wieder vorbeischauen können.«

»Na ja, weißt eh ...« Lovis brach ab. Er hatte wenig Lust, mit Schorsch noch mal die ganze verkorkste Geschichte seiner missglückten Verlobung aufzuwärmen. Auch wenn er Annas Bruder war ... oder gerade deswegen.

Aber Schorsch verstand auch so. Er nickte. »Ist wohl nicht anders gegangen.«

So war es. Jedes Mal, wenn Lovis seinem Onkel einen Besuch abgestattet hatte, hatte er Blut und Wasser geschwitzt bei dem Gedanken, Anna oder jemandem aus ihrer Familie über den Weg zu laufen. Dementsprechend seltener waren seine Besuche auch geworden. Beinahe zehn Jahre hatte er eine Begegnung vermeiden können. Bis heute.

»Wollte sie nicht in die Schweiz?«, fragte er. Sebastian hatte ihm erzählt, dass Anna genauso wie er das Weite gesucht hatte und einen Job in der Schweiz angenommen hatte. Als Haushälterin irgendeines reichen Schnösels.

Sie hatte wahrscheinlich das Gerede im Dorf nicht mehr ertragen.

»Seit zwei Jahren ist sie wieder da. Ihre Schweizer Herrschaft ist in Konkurs gegangen. Und genau zu dem Zeitpunkt haben die Cavagnas jemanden gesucht. Wie das Schicksal so spielt.«

Lovis sah zu ihr hinüber. Anna war eine schlanke, hochgewachsene Frau. Ihre dunklen Haare hatte sie im Nacken zu einem Knoten zusammengefasst. Mit den stark geschminkten Augen und der schwarzen Kleidung gab ihr das einen strengen Ausdruck. Sie wirkte älter, verbittert beinahe. Als sie den Blick über die Menge schweifen ließ, duckte sich Lovis unwillkürlich hinter seinen wiedergefundenen Freund.

»Gibt's eine Möglichkeit, ungesehen an ihr vorbeizukommen?«

Schorsch feixte. »Das kann ja noch lustig werden mit euch beiden.« Aber er legte den Arm um Lovis und führte ihn weg von den Cavagnas, wobei er ihn mit seinem massigen Körper verdeckte. »Und du bist Carabiniere geworden? Weißt du, was ein Carabiniere ist?« Ohne eine Antwort abzuwarten, fuhr er direkt fort: »Ein blau angezogenes, rot gestreiftes, gesetzlich geprüftes, staatlich zugelassenes Abführmittel!« Schorsch lachte aus vollem Hals über seinen Witz.

Lovis schnalzte ungeduldig. »Über Carabinieri lache ich immer wieder gern. Aber wenn du mich treffen willst, musst du früher aufstehen: Ich war bei der Polizei.«

»Strafzettel-Lovis?«

Er verdrehte die Augen himmelwärts. Das italienische Polizeisystem war ein Kapitel für sich. Es reichte nicht ein Polizeiapparat, nein, es gab unzählige Polizeiorganisationen, deren Zuständigkeiten sich teilweise überschnitten. Neben den Carabinieri, über die jedermann in Italien gern witzelte, gab es die Antimafia-Abteilung DIA, die Provinzial- und Gemeindepolizei, eine Gefängnis-, Finanz- und Küstenpolizei und sogar die Forstbeamten gehörten bis vor Kurzem dem Polizeiapparat an. Ein heilloses Durcheinander, in dem das Verbrechen blühte und gedieh.

»Nicht Stadtpolizei. Staatspolizei! Drogenfahndung, Mordermittlung, du weißt schon. Nichts für Weicheier.« Auch wenn sein Alltag sich in Wirklichkeit zwischen Archiv und Portiersloge abgespielt hatte, musste er Schorsch das ja nicht unbedingt auf die Nase binden.

Doch der durchschaute ihn. »Nichts für Weicheier wie dich, also. Du hast gekündigt?«

Lovis stöhnte innerlich. Er war offensichtlich bereits Gegenstand des Dorfgesprächs. »Ich kann ja schlecht Sebastians Hof führen und gleichzeitig das Land von der Mafia befreien, nicht?«

Der Dorfwirt gluckste amüsiert. »Dann bist du jetzt also Bauer? Weißt du denn, wo bei der Kuh die Milch rauskommt?«

Statt einer Antwort sah ihn Lovis mit hochgezogenen Augenbrauen an.

Schorsch gab klein bei. »Na ja, nicht bös gemeint. Wirst du's denn schaffen? Dein Onkel war bis über beide Ohren verschuldet, hört man.«

»Sag mal, gibt es etwas, was du nicht weißt?« Der Dorfwirt wurde ihm langsam unheimlich.

»Ich glaube nicht«, gab Schorsch lachend zu. »Für die Beichte muss man neuerdings in die Stadt fahren. Priestermangel, du weißt ja. Na ja, ich bin immer da. Und ich mache nicht nur schöne Worte und trinke den Wein selber – bei mir bekommen die Trostsuchenden auch einen Schluck ab. Da wird ihnen schnell die Zunge locker, und sie verraten mir so manches Geheimnis.«

»Gut zu wissen«, grinste Lovis. »Könnte sein, dass ich hin und wieder ein paar Informationen von dir brauche.«

»Bei allem, was Landwirtschaft angeht, muss ich passen. Ich bin Wirt, kein Bauer.«

»Und ich bin Landwirt im Nebenerwerb. Ich werde meine Dienste als Privatdetektiv anbieten.«

Schorsch pfiff durch die Zähne. »Das ist ja mal eine Bereicherung für unser Dorf. Ein Schnüffler, sieh an! Da kannst du dich gleich dranmachen herauszufinden, wo Gunschs Fahrrad abgeblieben ist, das ihm letztes Jahr um Allerheiligen herum vor meiner Kneipe gestohlen worden ist.«

Lovis boxte ihn in die Seite.

»Das ist das größte Verbrechen, das in den letzten fünf Jahren hier verübt wurde, mein Freund. Als Privatdetektiv wirst du bei uns kaum reich werden, fürchte ich.«

»Hast du davon gehört, dass es außerhalb der Dorfgrenze auch noch eine Welt gibt?«, konterte Lovis. »Einen Auftrag habe ich jedenfalls schon in der Tasche. Und andere werden folgen. Da bin ich zuversichtlich.«

Schorsch sah ihn neugierig an. »Wer beauftragt denn bei uns einen Privatdetektiv?«

»Na ja.« Lovis druckste herum. »Eine besorgte Mutter. Ich soll ihren Jungen ... ein bisschen im Auge behalten.«

Schorsch brach in Lachen aus. »Ein Babysitterjob! Ja, solche Aufträge kann ich dir im Dorf auch vermitteln!« Er nahm Lovis am Ellbogen und führte ihn zu einem

Tisch, an dem bereits ein paar Männer saßen. »Leute, darf ich vorstellen: unser verlorener Sohn! Wer's nicht mehr weiß: Das ist Lorenz Lovis, der Neffe vom Wascht und unser neuestes Dorfmitglied. Er hat den Messner Hof übernommen und wird uns viel Stoff zum Tratschen geben. Außerdem ist er Privatdetektiv. Wenn ihr also wissen wollt, wo sich eure Kinder am Samstagabend rumtreiben oder wer euch immer die Zeitung aus dem Briefkasten stiehlt, dann ist er der richtige Mann für euch. Nein, Karl, er kann dir auch nicht sagen, warum bei dir am Monatsende nie Geld auf dem Konto ist. Aber ich: Du trägst es zum Kreuzwirt statt zu mir. Komm zu mir, und du kannst wieder was auf die hohe Kante legen.«

Die Männer am Tisch brachen in Lachen aus.

»Willkommen im Dorf«, meinte der Gemaßregelte.

»Goggo«, stellte sich ein anderer vor und hielt Lovis seine Hand entgegen. »Eigentlich Karl, aber ich will ja nicht mit dem da verwechselt werden. Und Goggo ist ganz passend, finde ich.« Er strich sich liebevoll über seine blanke Glatze.

»Gunsch«, stellte sich der Nächste vor.

»Dem um Allerheiligen herum das Fahrrad gestohlen wurde?«, sagte Lovis.

»Wow! Schorsch, du hast uns nicht verraten, dass dein Privatdetektiv ein echter Sherlock Holmes ist. Woher weißt du das?«

»Das sieht er an deinem Bauchansatz, Gunsch! Und daran, dass du die Fingernägel polierst«, sagte Schorsch. »Wenn euch jemand über den Weg läuft, der einen Detektiv brauchen kann, wisst ihr, wen ihr empfehlen könnt. In der großen weiten Welt außerhalb unserer Dorfgrenzen, versteht sich.« Schorsch schoss Lovis einen spöttischen

Seitenblick zu, dann packte er ihn am Ellenbogen und zog ihn weiter. »Beim Baron ist die Luft rein!«

Lovis befreite sich von dem Griff. »Baron?«

»Cavagna. Er hat keinen Adelstitel, aber das spielt keine Rolle. Er hat dem alten Baron das Schloss abgekauft, und es ist eine liebe Tradition, die Schlossherren Baron zu nennen.«

Die Cavagnas hatten inzwischen hinter einer Tafel Platz genommen. Während das Gesicht der Dame Langeweile ausdrückte, sah ihnen der Schlossherr mit überheblicher Neugierde entgegen. Cavagna war groß gewachsen und gepflegt. Am auffallendsten waren seine leicht hervorquellenden Augen, die Lovis abschätzig musterten. Er war vielleicht Ende fünfzig, Anfang sechzig. Seine Ehefrau dagegen wirkte sehr viel jünger und so, als verbringe sie viel Zeit beim Friseur oder im Kosmetikstudio. Sie trug ihr blondes Haar lang, und dezenter Parfümgeruch wehte ihnen entgegen.

Als Schorsch sich mit Lovis näherte, blitzte ein Funke an Interesse in Cavagnas Gesicht auf. »Das ist also unser Neuzugang.«

Lovis reichte ihm die Hand und zuckte bei dem zu festen Händedruck unwillkürlich zusammen. Bei dieser Mischung aus Herablassung und Spott brodelte der Trotz in ihm hoch. Doch er versuchte sich nichts anmerken zu lassen. »Ich habe den Hof meines Onkels übernommen.«

»Und auch seine Schulden?« Der Baron zog eine Augenbraue hoch.

Wieso wissen alle von den Schulden?, fragte sich Lovis missmutig. Aber er nickte. »Leider auch die.«

»Das trifft sich gut.« Cavagna hob sein Glas. »Auf Sie, Herr Lovis. Auf dass Sie bei der Führung des Hofes ein glücklicheres Händchen beweisen als Ihr Onkel.«

Bevor Lovis mit einer angriffslustigen Bemerkung kontern konnte, die ihm schon auf der Zunge lag, mischte sich Schorsch ins Gespräch. «Er wird nebenher etwas Geld als Privatdetektiv verdienen.«

Erstaunt registrierte Lovis, wie das Ehepaar einen flüchtigen Blick wechselte.

»Interessant«, sagte der Baron und musterte ihn abschätzend. »Ein Privatdetektiv in unserem Dörfchen ... Dann sollten wir Ihnen ein paar heiße Fälle wünschen, Herr Lovis, nicht wahr?«

»Gute Wünsche können nicht schaden«, entgegnete Schorsch für ihn. Dann meinte er: »Die Kinder sind bereits ganz hibbelig, Herr Cavagna. Wollen wir mit der Zeremonie beginnen?«

Der Baron vollführte eine wedelnde Handbewegung, der Wirt so etwas wie eine Verbeugung. Dann eilte er zu den Musikanten hinüber. Lovis stand da und wusste nicht, was er mit sich anfangen sollte.

Frau Cavagna bemerkte seine Nöte. »Genießen Sie das Fest, Herr Lovis.«

Ihr Lächeln hatte etwas Lauerndes, und er machte, dass er davonkam.

Angelika war in ein angeregtes Gespräch mit den anderen Köchinnen vertieft. In fröhlicher Eintracht saßen die Frauen um eine lange Tafel herum und pitschten die Ränder der Tirtlan, einer Südtiroler Spezialität, die er schon beinahe vergessen hatte. Beim Gedanken an die leckeren, in heißem Fett herausgebackenen Teigtaschen mit Kraut- und Spinatfüllung lief Lovis das Wasser im Mund zusammen. Das restliche Menü war mit einer Reißzwecke an einen Pfosten geheftet. Neben Tirtlan gab es Krapfen mit Grantnmarmelade und Kloatznfüllung. Auch diese Teigtaschen waren eine regionale Spezialität, die es in der Stadt schon lange nicht mehr gab, vor allem die Variante mit der Kloatznfüllung – aus getrockneten Birnen –, die bekam man in keinem Restaurant der Welt. Angelika hatte sich eine Schürze umgetan und offensichtlich mehrmals versucht, eine widerspenstige Haarsträhne hinters Ohr zu streichen, denn ihr Gesicht war voller Mehlspuren. Als sie den anderen Frauen etwas erzählte, brachen alle in lautes Gelächter aus.

Hoffentlich bin nicht ich es, über den sie sich lustig machen, dachte Lovis unbehaglich und sah sich um.

Der Tisch mit den Bauern, die Schorsch ihm vorgestellt hatte, war inzwischen voll. Suchend ließ er seinen Blick weiter über die Menge schweifen nach einem bekannten Gesicht. Endlich fand er eines. Allerdings eines, das er hier überhaupt nicht erwartet hatte: Ernst Schrambach, der Pathologe, der bei der Staatspolizei häufig mit ihm zusammengearbeitet hatte, drehte einsam ein halb volles Bierglas zwischen den Händen. Seine Glatze war seit dem letzten Polizeifest noch weiter zurückgegangen. Lovis steuerte auf ihn zu.

»Du hast bald mehr Haare in der Nase als auf dem Kopf, Ernst.«

Schrambachs Augen blitzten freudig auf, als er ihn erkannte. »Lovis! Das ist ja eine Überraschung!« Er stand auf und schlug ihm freundschaftlich auf die Schulter.

»Was machst du denn hier?« Lovis schwang ein Bein über die Bank und setzte sich neben seinen ehemaligen Arbeitskollegen. »Wohnst du etwa hier im Dorf?«

»Gott bewahre. Meine Frau ist von hier. Das Ostereiersuchen lässt sie sich nie entgehen. Die Kinder spielen mit den Dorfrangen – was bedeutet, dass sie sich eher prügeln –, Annemie schuftet in der Küche. Und ich sitze hier herum, als hätte ich eine ansteckende Krankheit.« Er deutete auf die Feldküche. Seine Frau schien den Blick zu spüren und sah zu den beiden Männern herüber. Sie winkte aufmunternd und warf Ernst einen Luftkuss zu.

»Mich hat meine … Angelika dazu verdonnert, hier aufzutauchen. Damit ich alle wiedertreffe, sagt sie. Aber ich fühle mich wie ein Alien.«

»Deine … Angelika?«, fragte Schrambach grinsend. »Gibt es Neuigkeiten, die man feiern darf?«

Lovis schüttelte den Kopf. »Sie ist nicht meine Freundin, nur …« Ja, was nur? Wie genau sollte er Angelika bezeichnen? Seine Haushälterin? Das klang nach einer Frau gesetzten Alters. Außerdem stimmte es nicht. Seine Pferdeunterstellerin? Klang mehr als seltsam.

»Lovis?«

Er erwachte aus seinen Überlegungen und konzentrierte sich wieder auf seinen Gesprächspartner. »Ja?«

»Ich habe gehört, du hast gekündigt?«

Lovis nickte und wunderte sich, wie diese Nachricht die Runde machte. Nicht nur im Dorf, sondern auch bei der Polizei. Andererseits war es gerade dort kein Wunder, solche Neuigkeiten waren immer ein gefundenes Fressen.

»Und den Hof deines Onkels übernommen?«

Wieder nickte Lovis.

»Wie ich dich beneide!« Schrambach stieß einen Seufzer aus. »Wie ich den täglichen Trott leid bin, die Überstunden, den Papierkrieg, die ständig gleichen Fragen der Journalisten, den Gestank in der Pathologie ... Ich wollte, ich könnte mit dir tauschen. Für mich Stadtkind ist das hier das Paradies. Ich fürchte nur, meiner Frau reicht es, wenn sie hin und wieder hier zu Besuch ist.«

»Na ja, das Leben eines Bauern ist nicht nur idyllisch, und die Kuhscheiße riecht auch nicht verlockender als die Leichen auf deinem Tisch!« Er tauschte ein verschwörerisches Lächeln mit seinem ehemaligen Kollegen. Dann seufzte er. »Mein Hof ist hoch verschuldet, und ich muss sehen, wie ich nebenher zu Geld komme. Angelika hatte die Idee, dass ich es als Privatdetektiv versuchen könnte.«

»Wieder diese Angelika?« Schrambach sah auf. »Was läuft da zwischen euch?«

»Gar nichts!« Lovis winkte ab. »Sie hat ihr Pferd auf Onkel Sebastians Hof eingestellt und ihm dafür ein bisschen im Haushalt geholfen. Wir haben das Arrangement beibehalten. Das ist auch schon alles. Sie steht übrigens da drüben bei den Frauen, die mit den Grübchen.«

Schrambach sah zu der Feldküche hinüber und grinste. »So, so. Die mit den Grübchen. Sie meint also, dass du es als Privatdetektiv versuchen könntest?« Er wiegte den Kopf. »Na ja, warum nicht. Wer nicht wagt, der nicht gewinnt. Wenn du mal was brauchst, weißt du ja, wo du mich findest.«

Lovis winkte ab. »Mit Mord und Totschlag werde ich wohl kaum zu tun haben.«

Ein Tusch unterbrach die beiden, und aller Augen richteten sich auf die Tafel der Cavagnas, wo der Gastgeber sich gerade erhob. Er klopfte leicht mit einem

Messer gegen sein Weinglas. Augenblicklich verebbte das Stimmengewirr.

»Zuerst möchte ich die Gelegenheit nutzen und Ihnen allen für Ihr Erscheinen danken. Wie jedes Jahr haben wir nicht nur Nester für die Kinder des Dorfes in unserem Park versteckt, sondern auch ein Osterei für die Dorfgemeinschaft vorbereitet.« Cavagna machte eine Spannungspause. Erwartungsvolle Stille legte sich über die Wiese. »Wir bitten den Kapellmeister zu uns.«

Der Mann, der sich ihm vorher als Gunsch vorgestellt hatte, verließ seinen Platz am Dirigentenpult und steuerte auf Cavagna zu. Über die Schulter grinste er den Musikanten zu und reckte den Daumen in die Höhe. Vor dem Ehepaar blieb er stehen und nahm den Hut ab.

Sie katzbuckeln vor diesen Cavagnas wie die Bauern im Mittelalter vor den Adeligen, dachte Lovis spöttisch. Als er Schrambach einen Blick zuwarf, erkannte er, dass dem wahrscheinlich derselbe Gedanke durch den Kopf ging.

Cavagnas Ehefrau sah Gunsch huldvoll lächelnd entgegen, schüttelte ihm die Hand und ließ sich dann von Anna ein riesiges Osterei reichen.

»Ein Vögelchen hat uns gezwitschert, dass die Mitglieder unserer Musikkapelle einen dringenden Wunsch haben.« Sie lächelte in die Runde und machte eine Spannungspause. Dann überreichte sie das Ei dem Kapellmeister. Feierlich nahm Gunsch es entgegen, drehte sich zum Dorf und löste die Schleife. Die beiden Hälften des Karton-Eis brachen auseinander, und ein Zettel segelte heraus. Noch bevor er den Boden erreichen konnte, fing Gunsch ihn auf und reckte ihn stolz in die Höhe. Die Dorfbewohner applaudierten jubelnd, und die Cavagnas fielen wohlwollend in den Applaus ein.

»Vorlesen!«, riefen ein paar Mitglieder der Musikkapelle, und Gunsch heftete seine Augen auf den Zettel. Der Mund blieb ihm offen stehen, und er sah sich vergewissernd nach den Cavagnas um. Der Baron lächelte wohlwollend und nickte. Da las Gunsch laut vor: »Zehntausend Euro. Für neue Trachten! Vielen Dank, Herr Cavagna! Vielen, vielen Dank!«

Bevor er noch weitere Dankesbezeigungen stammeln konnte, blies die Musikkapelle einen Tusch, ließ noch einen folgen und gleich noch einen. Dann stimmten die Musiker das erste Musikstück an, einen Walzer. Cavagna verbeugte sich leicht vor seiner Ehefrau, führte sie auf den freien Platz vor ihrer Tafel, und sie eröffneten den Tanz. Bald folgten weitere Paare ihrem Beispiel.

Lovis zog die Augenbrauen hoch. »Der feine Herr Baron lässt sich nicht lumpen, was?« Den spöttischen Ton konnte er nicht ganz vermeiden.

»Das stimmt.« Schrambach nickte. »Er ist wirklich sehr großzügig, der Baron. Vergangenes Jahr hat er die Orgel der Dorfkirche renovieren lassen.«

Lovis malte sich gerade aus, wie das Bankkonto eines Menschen aussah, der jährlich solche gewaltigen Summen spenden konnte, da raunte eine Stimme in sein Ohr: »Schau mal unauffällig nach fünf Uhr.«

Lovis erkannte die Stimme als die seines Knechtes und drehte den Kopf prompt in die Richtung. An einem nicht weit entfernten Tisch saß ein Herr, der sich genauso deutlich von der Dorfgemeinschaft abhob wie die Cavagnas.

Eine Kopfnuss von Paul holte ihn aus seinen Betrachtungen zurück. »Unauffällig, hab ich gesagt! Als Detektiv bist du offensichtlich genau so wenig brauchbar wie als Bauer, Chef.«

Lovis fing Schrambachs amüsierten Blick auf und fühlte seine Wangen heiß werden. Legte es hier eigentlich jeder darauf an, ihn wie einen Idioten dastehen zu lassen? Unwirsch knurrte er zu Paul: »Wer ist das?«

»Dein liebreizender Nachbar«, bekam er zur Antwort. »Und so, wie ich ihn kenne, brütet er gerade die nächste Gemeinheit aus.«

Von Stadler trug eine Lodenjacke im Stil von Kaiser Maximilian. Seine Schläfen waren ergraut, was ihm ein edles Aussehen verlieh. Als könne er Lovis' Musterung spüren, wandte er den Kopf in dessen Richtung. Ihre Blicke begegneten sich, und über von Stadlers Gesicht lief ein feines Grinsen. Er hob sein halb volles Weinglas und prostete ihm zu. Lovis tat es ihm gleich.

»Sieht ja aus, als könntet ihr beste Freunde werden. Dann wird es dich gewiss nicht stören, wenn ich zu ihm überwechsle. Er hätte eine Stelle für mich, hat er vorher gemeint.«

Lovis fühlte, wie sein Herz kurz aussetzte. Wenn Paul ging, dann konnte er den Messner Hof getrost verkaufen. »Und?«

»Ich hab ihm gesagt, ich kriege von dir so ein großzügiges Gehalt, dass er sich mich nicht leisten kann.«

»Bekommst du?«

Paul grinste. »Jetzt schon.« Frech griff er nach Lovis' Bierglas und trank es in einem Zug leer. Dann streckte er Schrambach die Hand entgegen. »Sie sind der Kerl, der unsere Annemie entführt hat, stimmt's?«

Der Pathologe grinste. »Sie hat nichts dagegen gehabt.«

Paul nickte. »Ja, ja, das heißt es dann immer. Die Städter entführen die schönsten Frauen, und wir schauen durch die Finger.« Er unterbrach sich. »Du hast ja noch gar nichts zum Trinken, Lovis. Ich hol uns was. Und dann stelle ich dir ein paar Leute vor. Vor allem den Gurschler musst du kennenlernen und ihm ein bisschen schöntun. Er muss uns nämlich die Hebebühne leihen, sonst wird das eine Plage mit dem Baumschnitt heuer. Aber das machen wir später. Bier?«

»Bier«, bestätigte Lovis dankbar. Ihm schwirrte der Kopf von all den Namen, die er sich da merken musste.

Bald füllte sich der Tisch. Das Gespräch plätscherte dahin, und Lovis lernte einige Dorfpersönlichkeiten kennen. Er hörte mit einem Ohr hin, lachte, wo es von ihm erwartet wurde, und beobachtete seine Mitdörfler. Irgendwann bemerkte er, dass ihn von Stadler immer noch anstarrte, und er fasste einen Entschluss.

»Ich geh mal rüber zu ihm. Schaut aus, als will er was von mir. Vielleicht möchte er mir ja auch eine Stelle anbieten.«

»Pass bloß auf, was du sagst.« Paul hob warnend die Augenbrauen.

»Keine Angst.« Lovis erhob sich und steuerte auf von Stadler zu.

»Bring mir noch eine Halbe mit, wenn du zurückkommst«, rief ihm Paul nach.

»Mir auch!«, kam es von mehreren Seiten.

Lovis reckte einen Daumen hoch zum Zeichen, dass er verstanden hatte, und ging weiter. Als von Stadler erkannte, dass Lovis auf dem Weg zu ihm war, erhob er sich und sah ihm mit einem jovialen Lächeln entgegen.

»Sehr erfreut, Sie kennenzulernen, Herr Lovis. Ich überlege bereits seit Stunden, mit Ihnen auf gute Nachbarschaft anzustoßen.«

Ja, gewiss, dachte der, da hatte ja der Baron noch ehrlicher geklungen. Davon ließ er sich aber nicht einschüchtern. »Dann tun wir das doch jetzt.« Er setzte sich rittlings auf die Bank und nahm dankend das Glas Rotwein entgegen, das von Stadler ihm hinschob.

»Auf gute Nachbarschaft«, sagte Lovis und hob sein Glas.

Sein Gegenüber wünschte dasselbe und stieß mit ihm an. »Ein herrliches Fest«, meinte er dann. »Nette Leute hier im Dorf, nicht wahr?«

Lovis stimmte von Stadler zu, gleichzeitig wartete er gespannt darauf, ob das Thema Weinberg gleich bei ihrem ersten Zusammentreffen zur Sprache kommen würde. Lange musste er nicht warten.

»Haben Sie bereits einen Überblick über das ganze Desaster?« Lauernd sah sein Nachbar ihn an.

Lovis verbiss sich ein Grinsen. »Ich arbeite mich noch ein.«

»Sebastian hat Ihnen einen ziemlichen Schuldenberg hinterlassen, hört man.«

»Ach ja, hört man das?«

»Na ja, die Leute reden. Wie das halt so ist in einem Dorf.«

»Die Leute haben auf jeden Fall nicht ganz unrecht«, gab Lovis vorsichtig zu.

»Also, bevor Sie den Hof verkaufen müssen …« Von Stadler schenkte ihm ein gewinnendes Lächeln. »Ich mache Ihnen ein Angebot für den Weinberg, das Sie nicht ausschlagen können. In Andenken an meinen lieben Freund Sebastian.«

Aha, dachte Lovis und bemühte sich, seine Gesichtsmuskulatur unter Kontrolle zu halten. »Das ist sehr entgegenkommend von Ihnen, Herr von Stadler. Mein Onkel konnte sich glücklich schätzen, so einen Nachbarn zu haben.«

»Man tut, was man kann.« Wieder schenkte ihm sein Gegenüber ein gewinnendes Lächeln. »Was sagen Sie zu meinem Angebot, Herr Lovis?«

»Dass ich es mir überlegen werde, Herr von Stadler.« Auch er setzte ein einnehmendes Lächeln auf und meinte unschuldig: »Es trifft sich außerdem ganz gut, dass ich Sie hier auf dem Fest treffe. Ich wollte Sie nämlich fragen, ob auch auf Ihrer Seite des Weinbergs Vandalen ihr Unwesen treiben?«

»Vandalen?« Plötzlich wich das Lächeln auf von Stadlers Gesicht einem vorsichtig reservierten Ausdruck.

Als bemerkte er die Veränderung in von Stadlers Stimmung nicht, erzählte Lovis weiter: »Kürzlich war das Ventil der Wasserleitung offen. Wären wir nicht zufällig vorbeigekommen, wäre womöglich der Hang abgerutscht.«

»Ach? Tatsächlich? Nein, auf meinem Weinberg habe ich nie etwas Derartiges …«

»Nein? Da haben Sie ja Glück. Ich wollte Ihnen jedenfalls anbieten, dass ich auch Ihre Seite im Auge behalte. Ich werde das Grundstück nämlich überwachen und herauskriegen, wer das ist. Schließlich war ich nicht umsonst beinahe zwanzig Jahre bei der Staatspolizei. Aber wenn Sie das nicht betrifft, müssen Sie sich ja keine Sorgen machen …«

Lovis registrierte, dass sich von Stadlers Augen kaum merklich weiteten, dann nahmen seine Wangen einen gefährlichen Rotton an. »Was sollen diese unterschwelligen Anschuldigungen?«

Lovis setzte eine unschuldige Miene auf. »Unterschwellige Anschuldigungen? Nein, ich möchte nur herausfinden, wer hier sein Unwesen treibt. Das dürfte doch auch in Ihrem Sinne sein? Am Ende hat der Täter auch Ihren Weinberg im Visier.« Mit einem Augenzwinkern verabschiedete er sich und schlenderte zu seinem Tisch zurück.

»Und?«, fragte Paul ihn zur Begrüßung.

»Volltreffer würde ich sagen«, meinte er.

»Das meine ich doch nicht, du Dödel! Wo ist mein Bier?«

Unter dem schallenden Gelächter von Pauls Freunden machte sich Lovis erneut auf, diesmal allerdings zum Tresen, um die Getränkebestellung aufzugeben.

Die Morgensonne tauchte den Schnee auf den Berggipfeln in orangenes Licht. Das Tal dagegen lag noch im Schatten, und auch wenn der Schnee hier schon lange geschmolzen war, hielt sich die eisige Kälte in diesem Jahr hartnäckig. Zudem pfiff ein gemeiner Wind über das kleine Hochplateau, der sich durch alle Kleider und sogar durch die Schuhe fraß. Lovis trat an der Bushaltestelle von einem Fuß auf den anderen. Hätte er doch die Jacke angezogen! Und am besten gleich die pelzgefütterten Winterstiefel dazu. Aber wer dachte schon daran, dass man sich im April anziehen musste wie zu Weihnachten. Zwischen den windgeschützten Mauern von Brixen hätte er diesen beißenden Wind nicht gespürt. Von wegen hier im Dorf ist alles schöner! Verfluchte Kälte. Eine Handvoll Schüler alberten auf dem kleinen Platz herum. Denen schien das allerdings nichts auszumachen.

Ein Auto rumpelte den Feldweg hoch, der zu einigen Höfen unterhalb der Straße führte, und hielt an der anderen Straßenseite. Die Beifahrertür schwang auf, und ein weiterer Junge stieg aus. Verstohlen zog Lovis das Foto aus der Jackentasche, verglich es mit dem Gesicht des neu Hinzugekommenen und stellte fest, dass es sich hier um seinen Schützling handelte. Die Frau im Auto musste demnach Frau Leitner sein. Sie warf besorgte Blicke nach allen Seiten und gab ihrem Sohn ein Zeichen, dass er gefahrlos die Straße überqueren konnte. Ohne große Eile schlurfte er auf die Gruppe der wartenden Schüler zu.

»Hey, Erik«, begrüßte ihn einer der Jungen, der eine fast überdimensioniert riesige Brille trug.

Erik verdrehte die Augen und winkte seiner Mutter mit gequältem Lächeln zu, während sie das Auto mitten auf der Straße wendete und Richtung Süden verschwand. Kaum war sie um die Kurve, fuhr er sich mit einer Hand durch die Haare und brachte den ordentlichen Seitenscheitel gründlich durcheinander.

So gefällst du mir besser, Bürschchen, dachte Lovis.

»Hast du es ihr immer noch nicht gesagt?«, wollte ein schmächtiger Rotschopf wissen.

Erik stieß frustriert die Luft aus. »Kann ich nicht. Da rastet sie aus!«

»Mann!« Der Rotschopf zog geräuschvoll die Nase hoch. »Bin ich froh, dass meine Alte nicht so drauf ist.«

»Deine Alte weiß ja nicht mal, wie du heißt«, mischte sich der Junge mit der Brille in das Gespräch. »Die würde nicht mal merken, wenn du Weihnachten nicht unterm Christbaum auftauchst.«

»Stimmt auch wieder«, meinte der Rotschopf mit einem Schulterzucken.

»Neulich hat sie Chrissie in der Bibliothek vergessen. Ihr könnt euch die Aufregung nicht vorstellen, als die Bibliothekarin angerufen hat, um zu fragen, ob das Kind in der Kinderbuchabteilung möglicherweise zu ihr gehört.«

Erik und der andere Junge brachen in übermütiges Lachen aus.

»Ihr wisst nicht, was ihr für'n Glück habt, Leute«, seufzte Erik, dann wechselte er abrupt das Thema. »Hat jemand Mathe gemacht?«

»Nein.« Der Rotschopf grinste.

»Abschreiben?«, meinte das Brillengesicht.

»Fragst du noch?«, gab der Rotschopf zurück und streckte fordernd die Hand aus.

Die Jungs beugten sich über die Schulaufgaben. Ein paar halblaut gefluchte Kraftausdrücke und mathematische Ergebnisse folgten.

Lovis schlug unbehaglich die Knie gegeneinander. Die Kälte kroch seine Beine hoch, seine Zehen spürte er bereits nicht mehr, so kalt waren sie. Seine Lust, diesen Erik in die Schule und von dort wieder nach Hause zu begleiten, war nie groß gewesen. Verlockend war allerhöchstens, die Zwischenzeit in Brixen in seinem Stammcafé zu verbringen, wo sicher auch Scatolin auf einen Macchiato auftauchen würde. Aber selbst darauf hatte er inzwischen keine Lust mehr. Gerade als er überlegte, wieder den Feldweg hoch zu seinem Hof zu stapfen und sich in der Küche aufzuwärmen oder zur Not auch im Stall, näherte sich ein Knattern von Norden, und wenige Augenblicke danach konnte er eine Vespa erkennen, die im knirschenden Kies vor der Bushaltestelle zum Stehen kam. Unter dem Helm kam Angelika zum Vorschein. Ihre Arme und Wangen waren von der Kälte gerötet, aber es schien ihr nichts auszumachen. Nicht mal ihre Jacke hatte sie geschlossen. Der Spruch auf ihrem T-Shirt lautete diesmal: *Suche Mann für gewisse Stunden.* Und darunter in klein: *Stall ausmisten, Sattel putzen, Wiese abäppeln, Zäune reparieren …*

Lovis grinste. Er ertappte sich bei dem Gedanken, dass er für gewisse andere Stunden leicht zu haben wäre.

Übermütig schüttelte sie ihr Haar aus und zwinkerte den Schülern zu. »Hey, Jungs.«

He, ich bin auch da, begehrte Lovis innerlich auf. Als hätte Angelika seine Gedanken gehört, warf sie auch ein

Zwinkern in seine Richtung. Dann nahm sie die Hände vom Lenker ihrer Vespa und hauchte drauf. »Doch ein bisschen kühler, als ich dachte«, meinte sie. »Ein bisschen spät für Hausaufgaben, oder?«

Statt einer Antwort brummten die Jungs nur und legten all die Tragik, die sie aufbringen konnten, in einen selbstmitleidigen Blick. »Wir schreiben gleich eine Arbeit in Mathe.«

»Na, dann toccaferro.« Angelika klopfte dreimal auf das Blech ihres Kotflügels und wandte sich an Lovis. »Musst du in die Stadt, oder hast du Zeit für Frühstück? Ich hab auch frische Brötchen.« Sie zeigte auf die Einkaufstüte, die sie zwischen ihren Beinen verstaut hatte.

»Eigentlich …« Lovis sah unschlüssig von den Schülern zu Angelika. Sollte er seinen Auftrag ausführen und dem Verdacht der Mutter nachgehen oder den Tag mit einem gemütlichen Frühstück angehen? Auf die alte Vespa steigen, dicht an sie geschmiegt auf dem breiten Sattel sitzen? Lovis schluckte.

Angelika setzte den Helm wieder auf. »Na?«

»Hast du einen Helm?«

Angelika lachte. »Die paar Meter wird uns schon keiner aufhalten. Hopp, hopp!« Mit einer knappen Kopfbewegung deutete sie auf den Sitz hinter sich.

Lovis schwang das Bein über die Sitzbank und suchte eine Stelle, an der er sich festhalten konnte, fand aber nichts. Angelika schnalzte ungeduldig mit der Zunge, tastete nach seinen Armen und legte sie sich um die Taille.

Plötzlich war da nichts mehr zwischen ihm und ihr. Seine Hände lagen auf ihrem Bauch direkt unter ihrer Brust. Ohne es zu wollen, erfühlte er durch das dünne T-Shirt jede Rundung und merkte zunehmend nervös, dass sein Körper reagierte. Ihm wurde heiß, als ihm einfiel, dass sie ihn wahrscheinlich genauso spüren konnte wie er sie. Hastig versuchte er, ein bisschen Abstand zwischen sie zu bringen, was ein leichtes Schlingern der Vespa zur Folge hatte.

»Mann, Lollo, krieg dich ein«, rief sie über die Schulter. »Ich pass schon auf.«

Offensichtlich hatte sie seine Distanzbestrebungen missverstanden. Und das war gut so.

Angelika fuhr knatternd in den Vorhof ein.

Mit einem missbilligenden Kopfschütteln kam Paul aus dem Stall. »Wir hatten ausgemacht, dass die Brummfietze oben geparkt wird.«

Angelika feixte und deutete mit dem Daumen hinter sich. »Hab was abzuladen. Los, mach schon, Lollo. Dein Knecht meint, meine Vespa macht die Tiere im Stall nervös.« Vielsagend sah sie sich um. »Und verschandelt das Schmuckstück, das du Vorhof nennst. Als ob sie in dem heillosen Durcheinander hier überhaupt auffallen würde.«

»Pass nur auf, dass ich deine Schrottlaube nicht eines Tages mitsamt den Drahtnestern und Kanistern entsorge«, meinte Paul mit bemüht gleichgültiger Miene. Dann wandte er sich an Lovis. »Bei der Bewässerung auf der Gala-Wiese stimmt was nicht. Wenn die Beregnung nicht funktioniert und der Frost deine Blüte frisst, kannst du die Einnahmen für die heurige Apfelernte streichen. Wir müssen uns das ansehen. Gemeinsam. Ich mach nur rasch im Stall fertig. Wenn du inzwischen Alma suchen könntest?«

»Alma?« Wer war nun schon wieder Alma?

»Unser Araucana-Huhn«, erklärte Paul, als wäre es das Selbstverständlichste der Welt. »Es büxt immer aus und legt seine Eier an den unmöglichsten Stellen. Normalerweise ist mir das herzlich egal, aber jetzt zur Osterzeit ist der Kreuzwirt ganz wild auf diese Eier.«

»Warum das denn? Sind sie aus Gold?« Lovis runzelte die Stirn.

»Nicht gerade aus Gold. Aber sie sind ihm trotzdem was wert. Die Eier sind nämlich blau.«

Misstrauisch sah Lovis den Knecht an. Nahm Paul ihn auf den Arm? Blaue Hühnereier? Wo gab es denn so was? Und wenn es sie gab: Warum sollte der Kreuzwirt so versessen darauf sein? Schließlich aßen auch die Kreuzwirtgäste die Eier nicht mit der Schale.

Paul deutete Lovis' Gesichtsausdruck richtig. »Im Ernst. Die Eier der Araucana-Hühner sind blau. Und der Kreuzwirt kann sie den Gästen auf den Frühstückstisch legen und ohne zu lügen ›frei von Farbstoffen‹ dazu schreiben. Daher will er so viele wie möglich davon. Aber unsere Alma scheint das irgendwie zu spüren.«

»Der Privatdetektiv Lovis fahndet nun also nach einem Huhn.« Lovis seufzte ergeben. Das Frühstück konnte er in den Wind schreiben, wollte er seinen Knecht nicht wieder verstimmen. Dafür stand eine Hühnerfahndung auf dem Programm. So hatte er sich das Leben als Privatdetektiv nicht vorgestellt. Und überhaupt: Wo sollte er nach diesem verdammten Federvieh suchen?

Ein Huhn hält sich wahrscheinlich am liebsten unter seinesgleichen auf, überlegte er und lenkte seine Schritte Richtung Hühnerstall.

Doch Paul winkte gleich ab. »Da brauchst du gar nicht nachzuschauen«, rief er ihm nach. »Wenn sie im Hühnerstall wäre, hätte ich dich nicht gebeten, nach ihr zu suchen, oder?«

Das war allerdings eine zwingende Logik. Ohne seinen Knecht eines Blickes zu würdigen, machte Lovis kehrt und ging Richtung Stadel.

Dämmriges Dunkel empfing ihn. Jetzt im Frühjahr war das Heu bis auf einen kleinen Haufen in der Ecke beinahe aufgebraucht. Beim Gedanken daran, dass in gut einem Monat die Heuernte fällig war, verzog Lovis das Gesicht.

In den drei Jahren, die er vom Tod seiner Eltern bis zur Matura bei Onkel Sebastian gelebt hatte, hatte er sich meistens davor gedrückt, auf dem Hof mitzuarbeiten – vor allem um den Stall hatte er nach den ersten bissigen Bemerkungen seiner Mitschüler einen weiten Bogen gemacht. Er müsse lernen, hatte er gesagt, und die miserablen Noten unter seinen Schularbeiten unterstrichen die Wahrheit dieser Ausrede. So war es bei der Mithilfe bei der Mahd und der Apfelernte geblieben. Hin und wieder ein paar kleinere Arbeiten, mehr hatte Sebastian nicht von ihm verlangt. Der Heustadel aber hatte immer eine magische Anziehungskraft auf ihn ausgeübt.

Schon wenn er als Kind mit den Eltern seinen Onkel Sebastian besucht hatte, war er auf seinen Streifzügen durch den Bauernhof immer schnell im Stadel gelandet. Wie oft hatte er die Balken der Dachkonstruktion erklettert und war von dort in das weiche, duftende Heu gesprungen, bis der Boden der Scheune von Halmen bedeckt war?

Einmal befand er sich ganz hoch oben auf dem Heuhaufen. In der kleinen Kuhle, die er sich gegraben hatte, konnte ihn kein Mensch entdecken. Es suchte auch niemand nach ihm, seine Eltern waren fürs Erste ins Gespräch mit Onkel Sebastian vertieft. Der zerlesene Band von *Asterix und Obelix* lag an der Stelle, wo er ihn beim letzten Besuch versteckt hatte. Lorenz sog genießerisch den Duft nach Heu und Geheimnis ein, kuschelte sich in seine Heuhöhle und versank in der Lektüre des Comics. Nach einer Weile knarrte die Stadeltür.

»Lollo, bist du da?«

Lorenz rührte sich nicht.

»He, sag schon. Ich hab das Auto deiner Eltern gesehen. Bist du da?«

Schorsch! Lorenz grinste. »Hier oben!« Umständlich grub er sich aus der Höhle und streckte den Kopf heraus.

Schorsch grinste. »Warte, ich komme zu dir.«

Wie Lorenz vorher kletterte auch Schorsch den Heuhaufen empor. Dabei löste sich eine Ladung Heu und rutschte samt Schorsch zu Boden. Der Junge kicherte und versuchte es noch mal – mit demselben Ergebnis.

»Das machst du absichtlich«, unterstellte ihm Lorenz.

Schorsch hielt kurz inne und grinste verschwörerisch. »Klar doch! Ich will ja springen.«

Lorenz grinste ebenso. »Warte, ich helf dir.« Von oben trat er das Heu los, dass es Schorsch ins Gesicht rieselte. Der verteilte es auf dem Boden, bis eine weiche Matte entstanden war.

»Los jetzt«, verlangte Schorsch.

»Das ist zu wenig!«, meinte Lorenz und trat noch ein bisschen Heu los.

»Feigling!«

»Selber Feigling!« Dann sprang er. Mit geschlossenen Augen. Und landete in dem weichen, duftenden Heu. »Perfekt! Wer's am öftesten schafft!«

Schorsch fackelte nicht lange und kletterte den Heuhaufen empor – diesmal ohne Probleme. Kaum war er oben, breitete er die Arme aus und sprang in das Meer aus getrocknetem Gras. Er wartete kaum die Landung ab, rappelte sich sofort auf, schrie »Eins!« und kletterte erneut den Heuhaufen empor.

Lorenz war schon oben, sprang, landete, schrie »Zwei!« und rappelte sich auf. Inzwischen war Schorsch bereits wieder oben angekommen.

Als sie beide bei dreiundzwanzig angelangt waren, ging das Stadeltor auf, und ein Schatten fiel auf das Heu. Schorsch, der eben oben war, duckte sich geistesgegenwärtig in die Kuhle. Lorenz hatte weniger Glück. Bevor er sich's versah, hatte er eine donnernde Ohrfeige eingesteckt.

»Schaug, wos du ungerichtet hosch, du Rotzlöffel!«, maulte Zeno, der alte Knecht, und deutete auf den Boden. Das Heu war auf dem gesamten Stadelboden verteilt, der Heuhaufen um die Hälfte niedriger. »Des raumsch jetzt schian wieder au! Und wehe dir, wenn danoch a lei a Halml am folschn Plotz lig!«

Mit diesen Worten drückte er ihm eine Heugabel und einen Besen in die Hand und verließ den Stadel. Kleinlaut schob Lorenz das Heu zusammen. Ebenso kleinlaut kletterte Schorsch vom Haufen und half ihm mit bloßen Händen.

»Tut mir leid, Lollo«, meinte Schorsch.

»Ja, mir auch«, sagte Lorenz. Dann grinste er. »Aber das war's wert.«

Auch seine Stelldicheins mit Anna hatten ihn zuweilen in den Stadel geführt, den einzigen Ort auf dem Hof, wo er sich ungestört seiner ersten – und bislang einzigen – großen Liebe hatte widmen können. Plötzlich kam ihm die Melodie in den Sinn, mit der er Anna damals zuerst ein Lachen, dann die Einwilligung entlockt hatte, ihr auf dem Heuboden ein bisschen mehr zu stehlen als ein paar verschämte Küsse. »Boll ma's fadscherl gfuadert hobm legma ins zom ...« Leise summte er den Jodler und erinnerte sich an ihre gespielte Entrüstung und ihr Lachen. Dann rief er sich zur Ordnung. Anna war Geschichte, das Heu und der Stadel gehörten jetzt ihm, und er hatte eine Mission zu erfüllen – dieses dämliche Huhn einzufangen! Ziellos ließ er seinen Blick durch den Stadel wandern. Da sah er sie: Oben auf dem Firstbalken thronte ein braunes Federbüschel. Das musste Alma sein. Wie war sie bloß so hoch hinaufgekommen?

»Alma! Aaaalma«, rief er sie und kam sich reichlich dämlich dabei vor. Doch Alma rührte sich nicht vom Fleck. Wie hatte Sebastian die Hühner immer zum Füttern gerufen? »Pull, pull, pull!« So richtig traf er den lockenden Ton seines Onkels nicht, oder Alma durchschaute ihn einfach und wusste ohnehin, dass er kein Futter bei sich hatte.

»Komm runter, du blödes Huhn!«, knurrte Lovis schon etwas ungeduldiger. Suchend sah er sich um. In einer Ecke entdeckte er eine Stange und hoffte, dass sie lang genug war, um damit das Huhn von seinem Hochsitz zu fegen.

»Na, warte!« Er packte das Ding mit beiden Händen. Die Stange reichte knapp bis zum Firstbalken. Alma beugte ihren Kopf über den Balken und legte ihn schief. Was willst du denn?, schien sie zu fragen.

»Dich runterholen, du blödes Vieh«, antwortete Lovis. »Und deine Eier gleich mit!«

Entrüstet zog Alma den Kopf wieder zurück. »Ooohrg«, kam es verächtlich von oben, sie ließ sich von ihrem frischgebackenen Herrn nicht aus der Ruhe bringen.

»Misthuhn!« Lovis gab auf und stellte die Stange in die Ecke. Sollte sie eben auf diesem blöden Balken sitzen bleiben. »Von mir aus kannst du da oben verhungern und verdursten!«

Er steckte beide Hände in die Hosentaschen und überlegte, wie er das Huhn vom Balken bekam. In dem Moment, als er zu dem Entschluss gekommen war, sich fürs Erste geschlagen zu geben, gab sein Fahndungsopfer die Deckung auf und flatterte mit ohrenbetäubendem Gackern vom höchsten Deckbalken des Heustadels.

Lovis hob schützend die Arme vor sein Gesicht. Er spürte einen Luftzug, und kurz darauf landete Alma auf dem Boden und floh flügelschlagend und zeternd aus der Scheune. Er folgte ihr mit dem Blick und erschrak. Im hellen Viereck des Eingangstors zeichnete sich eine – nur allzu bekannte – Silhouette ab.

»Dann haben sie also recht. Du bist zurück.«

Lovis rutschte das Herz in die Hose. Es war Anna. Es war endlich passiert. Er hatte es so lang geschafft, ihr aus dem Weg zu gehen, und wenn es nach ihm gegangen wäre, hätte das auch so bleiben können. Aber sein Schicksal wollte es offensichtlich anders. Sein Mund klappte mehrmals auf und wieder zu, ohne dass er einen Ton über die Lippen brachte.

»Glaub nur ja nicht, dass ich hier bin, weil ich Sehnsucht nach dir habe. Herr Cavagna hat mich geschickt. Weil du telefonisch nicht zu erreichen bist.«

Anna musterte ihn betont gleichgültig. Ihre Miene war verschlossen. Trotzdem erkannte Lovis, dass sie sich vor ihrem Zusammentreffen genauso gefürchtet hatte wie er. Warum? Er hatte sie verlassen, nicht umgekehrt. Er fühlte, wie das schlechte Gewissen an seinen Eingeweiden nagte. Noch immer brachte er keinen Ton heraus.

»Er hat einen Auftrag für dich.« Es klang höhnisch. »Ich soll dir ausrichten, dass du um sechzehn Uhr im Schloss sein sollst.«

Missbilligend nahm sie den Heustadel in Augenschein. Lovis hielt den Atem an. Ob sie dasselbe dachte wie er? Wenn ja, ließ sie es sich nicht anmerken. Naserümpfend meinte sie: »Ist das der Ort, an dem du deine Klienten empfängst?«

Lovis wusste, dass er jetzt irgendwas sagen musste. Nur was? Er räusperte sich. »Nein … Ich empfange sie normalerweise … also … Ich habe bisher noch keine Klienten empfangen.«

Er biss sich auf die Zunge. Was redest du da für einen Schwachsinn zusammen, Lovis, schalt er sich innerlich. Sei professionell! Gib ihr die Hand und führe sie in die Stube. Doch er konnte sich nicht dazu überwinden, seine eigenen Ratschläge zu befolgen. Hilflos sah er seine ehemalige Verlobte an. Die zog eine verächtliche Grimasse.

»Wundert mich das jetzt?«, fragte sie spöttisch, um ihre Frage gleich selbst zu beantworten. »Eigentlich nicht. Verkaufst dich als Privatdetektiv und empfängst deine Klienten im Stall.«

Das ist kein Stall, das ist der Heustadel, wollte er sich verteidigen, ließ es aber doch und sah zu, wie Anna in ihrer Handtasche kramte, eine Visitenkarte ans Tageslicht brachte und sie ihm mit spitzen Fingern hinhielt.

»Egal. Was ich dir zu sagen habe, kann ich auch hier loswerden. Das ist Herrn Cavagnas Telefonnummer. Ich nehme an, du weißt, wie eine Telefonzelle funktioniert, solltest du wider Erwarten um sechzehn Uhr einen anderen Termin haben.«

Lovis nahm die Visitenkarte entgegen. »Hast du eine Ahnung, worum es geht?«

Sie musterte ihn. Auf ihrem Gesicht spiegelten sich deutlich ihre Gedanken wider. Gespannt wartete Lovis, ob sie ihm mehr verraten würde.

Dann zuckte sie die Schultern. »Um die Vorfälle mit den Uhus.«

»Uhus? Ist das dein Ernst?«

Anna quittierte seinen verwirrten Blick mit einem spöttischen Schnauben. »Liest du keine Zeitungen? Als Privatdetektiv wirst du wohl nicht alt werden. Sechzehn Uhr«, wiederholte sie. Unvermittelt drehte sie sich um und trat den Rückweg an. Er folgte ihr. Im Vorhof stand ein weißer Kleinwagen, Anna steuerte darauf zu. »Sei pünktlich«, sagte sie, bevor sie einstieg. »Und zieh dir was Anständiges an. Du stinkst nach Stall.«

Wie oft hatte Lovis diesen Satz von seinen ehemaligen Mitschülern hören müssen, wie oft hatte er ihr davon erzählt, wie ihn diese Bemerkung in seiner Schulzeit verletzt hatte. Jetzt sah er die Genugtuung in ihrem Gesicht, als sie an seiner Miene ablas, dass der Satz immer noch dieselbe Wirkung auf ihn ausübte. Plötzlich war er wieder der gepeinigte Schuljunge, der Angst haben musste, nach seinen Eltern auch noch seine Freunde zu verlieren. Wut auf dieses Danaergeschenk seines Onkels stieg in ihm empor. Er würde sein Leben lang nach Stall stinken.

Mit einem selbstzufriedenen Grinsen im Gesicht schlug Anna die Autotür zu, wendete und rollte den Feldweg zur Hauptstraße hinunter. Lovis sah ihr nach, die Hände in den Hosentaschen zu Fäusten geballt, und fühlte sich hundeelend.

»Ist die Frau Gnädige wieder weg, ja?« Angelikas gereizte Stimme holte Lovis aus seinen Gedanken zurück. Sie stand in der offenen Stalltür und stützte sich kriegerisch auf eine Mistgabel.

»Die Frau Gnädige?« Lovis verstand nicht.

»Sie hat ihre Rostlaube so saublöd vor dem Stall geparkt, dass ich mit Diablo nicht mehr rauskam.«

»Anna?«

»Ja, Anna«, äffte ihn Angelika nach. »Wer sonst? Jedenfalls ist es jetzt zu spät zum Ausreiten.« Sie schob Lovis zur Seite und stapfte mit wütenden Schritten den Kiesweg hoch zum Wohnhaus.

Er sah ihr verdattert nach. Was für eine Laus war Angelika denn jetzt über die Leber gelaufen? Das Gespräch mit Anna hatte höchstens zehn Minuten gedauert.

Paul kam mit einer vollen Schubkarre aus dem Stall und stellte sie vor Lovis ab. Er verfolgte Angelikas stürmischen Abmarsch gleichmütig. »Das Förderband für den Mist ist wieder im Arsch«, sagte er.

»Kannst du mir sagen, was sie hat?«, fragte ihn Lovis.

»Ich werd's schon richten können. Aber lang hält das nicht. Früher oder später brauchen wir ein neues.«

»Hat ihr Anna was getan?«

»Bis ich es repariert habe, muss ich alles mit dem Ding hier rauskarren. Könnte also ein Weilchen dauern. Außer jemand hilft mir dabei.« Vielsagend sah Paul Lovis an. Der schüttelte nur verständnislos den Kopf. »Verstehe einer die Frauen.«

Paul seufzte ergeben. »Mann, Chef, manchmal bist du so ein Ochse, dass ich mich frage, ob du nicht besser bei den Kühen im Stall stehen solltest. Für das Theater gibt es wohl nur eine Erklärung, oder?«

Nur eine Erklärung? Lovis fühlte, wie seine Wangen heiß wurden. »Du meinst …? Ach …«

»Ja, Chef, das meine ich. Und jetzt zieh deine feine Joppe aus und zeig, dass du eine Ahnung davon hast, wie man eine Mistgabel angreift.«

»Wieso das denn?«

Paul verdrehte entnervt die Augen gen Himmel. »Hörst du eigentlich zu, wenn man mit dir spricht? Das Förderband ist im Eimer, und der Mist wandert nicht von selbst zur Tür raus. Also los!«

Auf die Schnelle fiel Lovis keine Ausrede ein und so ergab er sich in sein Schicksal. Er folgte Paul in den Stall und hängte seine Lederjacke an einen Haken neben der Tür. Schweigend nahm er die Mistgabel und erledigte die stinkende Arbeit. Als die Kühe endlich auf einem sauberen Strohbett standen, schmerzte sein Kreuz, und er hatte Blasen an den Handflächen. Vorwurfsvoll zeigte er Paul die Hände.

Der versuchte gar nicht erst seinen spöttischen Blick zu verbergen. »Tut der Bauer keinen Streich, wird er ganz bestimmt nicht reich.«

»Reich, reich … Ich gehe jetzt hinauf und schaue, ob Angelika sich beruhigt hat.«

»Tu das«, meinte Paul. »Und glaub nur nicht, ich habe die Frostberegnung vergessen. Das steht dann halt nach dem Mittagessen an. Nicht dass du dich verdrückst!«

Lovis nickte schicksalsergeben und machte sich auf den Weg ins Wohnhaus.

Angelika erwartete ihn auf dem Söller. Sie klopfte mit kraftvollen Bewegungen auf einem Fleckerlteppich herum. In gebührendem Abstand zu den Staubwolken, die in der Vormittagssonne aufstoben, blieb Lovis stehen. Hatte Paul mit seiner Vermutung recht? Konnte es sein, dass eine Frau wie Angelika, eine begehrenswerte Frau wie Angelika, verbesserte er sich in Gedanken, Interesse an ihm hatte? Ein warmes Gefühl breitete sich in seiner Brust aus.

Sie schaute kurz auf. Mit gerunzelter Nase schnüffelte sie in seine Richtung. »Du stinkst bis hierher. Bist du in die Jauchegrube gefallen?«

Ihre Worte waren wie eine kalte Dusche für Lovis. Schon wieder diese Bemerkung über den Stallgeruch. Er sah an sich herunter. »Das Förderband für den Mist ist im Eimer.«

Angelika hielt in ihrer Arbeit inne und richtete sich auf. Mit dem Ärmel fuhr sie sich über die Stirn. »Und deswegen hast du im Mist gebadet? So kommst du mir jedenfalls nicht ins Haus. Für die Stallarbeit schaffst du dir gefälligst eigene Stiefel an, wie jeder Bauer.«

Lovis nickte ergeben und verfluchte Paul heimlich für seine Andeutungen. Für Angelika bist du nichts als stinkender Mist, Lovis, sagte er sich. Sie kümmert sich um dich, weil sie glaubt, es Sebastian schuldig zu sein. Weiter ist da nichts. Er seufzte. Angelika nahm ihre Tätigkeit wieder auf. Lovis streifte seine Schuhe ab. Unschlüssig blieb er auf dem Fußabtreter vor dem Eingang stehen.

»Sie hat einen Job für mich.«

»Mmm.«

Klopf, klopf, klopf … Die Schläge hatten ein Echo.

»Das ist doch gut«, meinte er.

»Dann müssen wir sie jetzt in unsere Gebete einschließen, oder was?«, erwiderte Angelika bissig.

»Einen richtigen Auftrag. Dann kann ich den Babysitterjob absagen.«

»Das wirst du schön bleiben lassen«, bremste sie ihn. Sie stellte den Teppichklopfer in die Ecke und holte den Teppich ein. »Ich schwärme meiner Nachbarin nicht stundenlang vor, wie fantastisch du bist, damit du ihr dann den Job vor die Füße wirfst, nur weil du einen besseren hast.« Mit einem knappen Nicken bedankte sie sich dafür, dass Lovis ihr die Eingangstür aufhielt. Sie breitete den Fleckerlteppich mit einem Schwung im Hausflur aus und justierte ihn mit den Füßen nach. Wie beiläufig erkundigte sie sich: »Was genau will sie denn von dir?«

»Sie? Gar nichts. Der Auftrag kommt von den Cavagnas.«

»Von den Cavagnas?« Angelika pfiff durch die Zähne. »Ein Detektivauftrag?«

Als er nickte, fragte sie weiter: »Geht es um die Uhu-Geschichten?«

Jetzt stutzte er. »Du weißt davon?«

»Du nicht?«

Als er den Kopf schüttelte, lachte sie kurz auf. »Mann, Lollo, lebst du hinterm Mond? Liest du keine Zeitungen?«

Langsam nervte es ihn, dass jeder glaubte, ihm seine Dummheit vorhalten zu müssen. Er las keine Zeitungen. Na und? Man kriegte auch ohne Zeitung mit, was in der Welt passierte. Und das Hickhack der Lokalpolitik interessierte ihn genauso wenig wie der Klatsch in den Frauenillustrierten.

Angelika schüttelte ungläubig den Kopf. Dann zuckte sie die Schultern. »Komm mit. Das kann ich dir auch beim

Kochen erzählen.« Sie wandte sich Richtung Küche. »Was sagst du zu Spaghetti all'arrabbiata?«

Lovis folgte ihr und setzte sich abwartend auf einen der Stühle. Doch sie scheuchte ihn mit einer Handbewegung wieder hoch.

»Du wäschst den Salat!« Resolut drückte sie ihm einen Salatkopf in die Hand und angelte mit der anderen eine Schüssel vom Wandregal. »Was weißt du von den Cavagnas?«

Lovis stellte sich folgsam ans Waschbecken, fuhr aber sofort wieder zurück, als sie ihn zur Seite schob, um den Nudeltopf mit Wasser zu füllen. Er zuckte mit den Schultern. »Sie organisieren das traditionelle Ostereier-Suchen, werfen mit Geld nur so um sich – leider keines in meine Richtung –, und er ist mir einfach unsympathisch.«

»Das ist der Beweis dafür, dass deine Instinkte funktionieren.«

Angelika deutete einladend auf das Waschbecken und wuchtete den Topf auf den Herd. Dann machte sie sich mit geübten Bewegungen über eine Paprika her. In Sekundenschnelle lag das Gemüse in feinen Scheiben auf dem Brett.

»Vom Zuschauen wird der Salat nicht sauber«, sagte sie, und Lovis beeilte sich, endlich zu tun, was sie ihm aufgetragen hatte.

Sie begann zu erzählen: »Cavagna ist ein hohes Tier. Italiener, spricht aber beinahe akzentfrei Deutsch. Geht im Herbst bei den Landtagswahlen als Spitzenkandidat seiner Partei an den Start, ist in allen möglichen Aufsichtsräten drin und streicht überall ein Schweinegeld ein. Präsident des hiesigen Rotaryclubs, Ritter des Malteserordens, bla, bla, bla. In letzter Zeit hat er von sich reden gemacht, weil er sich jetzt plötzlich als Hotelier ausprobieren und hier ein richtiges Luxusresort bauen will. Also nicht irgendein Hotel, sondern eine gigantomanische Wellnessoase für die oberen Zehntausend. Abseits des Stadtlärms, mitten in der idyllischen Natur unseres Brixner Talkessels. Im Winklerwald oben, du weißt schon.«

Lovis nickte. Den Winklerwald kannte er. Gefühlt tausendmal war er dort in den Sommermonaten mit seinem Vater herumgestreift, auf der Suche nach Pilzen.

»Er plant einen Golfplatz, eine Reitanlage, ein Schwimmbad mit einem überdimensionierten Spa-Bereich, einen Kletterpark und natürlich soll das Resort direkte Anbindung an das Skigebiet haben.« Sie seufzte. »Das Projekt ist einigen Leuten ziemlich sauer aufgestoßen: Die Hoteliers sehen natürlich die Konkurrenz. Die Anrainer wehren sich dagegen, weil sie Angst um ihr Wasser haben. Aber das war nichts gegen das, was die Umweltschützer aufgeführt haben: Unterschriftenaktionen, Protestmärsche, fulminante Artikel in den Lokalzeitungen ... Und das alles nur, weil durch den Bau der Nistplatz eines Uhu-Pärchens zerstört würde. Sie haben tatsächlich erreicht, dass das Projekt auf Eis gelegt worden ist.«

»Das klingt wie der Kampf von David gegen Goliath! Da wird er schön angefressen gewesen sein.«

»Das ist aber nicht das Ende der Geschichte: Cavagna hat natürlich nicht lockergelassen. Er hat einen Rekurs eingereicht und – wenn du mich fragst – ein paar der Brixner Gemeinderäte geschmiert, damit sie für das Projekt stimmen.«

Sie quittierte Lovis' ungläubiges »Ach was, bei uns doch nicht!« mit einem Schnauben.

»Südtirol ist auch nur Italien. Auf jeden Fall ist das Protzprojekt im zweiten Durchlauf auf unerklärliche Weise genehmigt worden – entgegen dem Gutachten der Umweltbehörde. Jeder Protest vonseiten der Umweltschützer war umsonst. Vor Kurzem haben dann diese Vorfälle begonnen. Ein toter Uhu war auf die Tür von Cavagnas Jagdhütte genagelt, der Flügel eines Greifvogels unter den Scheibenwischern seines Porsche festgeklemmt … Das Verrückteste war ein Federmeer in der Schlossbibliothek.« Angelika kicherte. »In der Zeitung gab es Fotos. So ein Saustall!«

»Also du meinst, dass das jemand von den Umweltschützern war?«, fragte Lovis interessiert.

»Wäre naheliegend, nicht wahr?«, gab Angelika zurück. »Ich war es jedenfalls nicht. Magst du Chili?«

»Mir egal«, sagte Lovis nachdenklich. Warum sollten Umweltschützer Uhus ermorden, um Uhus zu retten?

»Also Chili … viel Chili?«

»Haben die Cavagnas sonst noch irgendwelche Feinde?«

Angelika feixte mutwillig. »Im Dorf wirst du nur Menschen finden, die von früh bis spät ihr Loblied singen. Versteh ich ja. Man sagt niemandem Schlechtes nach, der solche Summen für die Dorfgemeinschaft aufwendet. Du hast es gestern ja selbst gesehen. Aber – nenn mich eine missgünstige Hexe – ich rate dir zur Vorsicht, wenn du dich mit ihnen einlässt. Du wärst nicht der Erste, der bei einem Geschäft mit Cavagna am Ende durch die Finger schaut.«

Mit diesen Worten stellte Angelika den Nudeltopf auf den Tisch. »Was ist mit dem Salat?«

Schuldbewusst schaute Lovis auf die paar gewaschenen Salatblätter. Beim Zuhören hatte er ganz vergessen, dass er eigentlich helfen sollte. Nun ließ er schnell Wasser über das nächste Salatblatt rinnen. »Klingt, als wärst du die Einzige, die nicht sonderlich gut auf die Cavagnas zu sprechen ist«, sagte er dabei.

Eine verächtliche Grimasse war die Antwort. »Ich reite mit Diablo meistens auf dem 8er-Weg bis zum Köpfl. Da hinauf, wo die abgestorbene Kiefer steht.«

Lovis nickte. Bei den Beutezügen durch den Winklerwald waren sie oft an dem seltsam silbernen Baumgerippe vorbeigekommen. Von der kleinen Kuppe aus hatte man einen herrlichen Ausblick auf den Talkessel.

»Mein Vater hat mir immer erzählt, dass sich eine junge Magd daran erhängt hat, deren Verlobter im Krieg gefallen ist. In dieser Nacht soll der Baum aus Mitgefühl abgestorben und erbleicht sein.«

Angelika lächelte. »Ja, ich kenne die Geschichte auch.«

»Aber das hat nichts mit deiner Verachtung für die Cavagnas zu tun«, erinnerte er sie wieder ans Thema.

»Nein«, bestätigte Angelika. »Die kommt daher, dass sie den 8er-Weg bis zu ihrer Jagdhütte befahren dürfen. Weißt du, wie oft es passiert, dass sie mich mit dem Pferd von der Straße abdrängen, weil sie mit ihrem aufgeblasenen Protzkübel wie auf der Autobahn da hinauf rasen müssen? Oder sie hupen, dass es nur Diablos beginnender Taubheit zu verdanken ist, wenn er nicht scheut. Mitten im Wald! Also, meine Verehrung bekommen sie nicht. Es gibt ja genügend andere, die sabbern, wenn die Cavagna mit ihrem Plastikbusen wackelt.«

Sie schoss Lovis einen spöttischen Seitenblick zu. Er brachte nur eine entrüstete Handbewegung zustande und lief rot an. Da zog sie vielsagend die Augenbrauen hoch, schob ihn wieder zur Seite und wusch mit routinierten Bewegungen den restlichen Salat. Bevor er es schaffte, Teller und Besteck auf den Tisch zu stellen, hatte sie den Salat auch schon angemacht.

»Männer«, knurrte sie leise, während sie die Nudeln mit der Nudelzange umrührte, dann stellte sie einen vollgehäuften Teller vor Lovis ab.

Es duftete verführerisch. Lovis vergaß den Fall, stach heißhungrig in die Spaghetti und drehte sie auf. Kaum hatte er den ersten Bissen geschluckt, breitete sich die Schärfe in seiner Mundhöhle aus. Erschrocken sog er Luft ein, was es aber nur noch schlimmer machte.

»Wasser!«, ächzte er.

Da Angelika ihn nur verständnislos ansah, stand er auf und hielt seinen Mund unter den Wasserhahn. Gierig trank er ein paar Schlucke. Das Brennen verstärkte sich.

»Ist es zu scharf?«, fragte sie unschuldig neben ihm. Ihr diabolisches Grinsen sprach Bände. Gespielt mitleidig tätschelte sie ihm die Schulter und hielt ihm ein Stück Brot hin. Mit hochrotem Kopf nahm er es, kaute es auf ihre Anweisung hin gründlich, und langsam trat Besserung ein. Vorsichtig tat er ein paar tiefe Atemzüge.

»Das war echt mörderisch!«

Angelika tat seine Beschwerde mit einem Achselzucken ab. »Ich hab's gern ein bisschen würziger.«

»Würziger – pah!«, schnaubte Lovis und wischte sich den Schweißfilm von der Stirn. Er hatte fürs Erste genug von Spaghetti all'Angelika arrabbiata und erhob sich.

»Ich muss Alma suchen. Die ist wieder geflüchtet, als Anna in den Stadel gekommen ist.«

»Das spricht für ihren Verstand«, entgegnete Angelika zynisch und stapelte die Teller aufeinander. »Du isst nicht mehr weiter, vermute ich?«

Vehement schüttelte Lovis den Kopf. »Ich hab heute nicht wirklich Hunger.«

Angelika grinste wissend. »Im Brotfach liegen noch zwei Semmeln. Sollte sich der Hunger wieder melden. Ach, und Almas Lieblingsversteck ist die Treppe vor der Ferienwohnung. Ich schau für dich nach. Ich muss sowieso noch kurz durchlüften, sonst verschlägt es den Schmidts heute Abend gleich den Atem.«

Sie stellte das Geschirr in die Spüle und ließ Wasser drüber laufen. »Ich mache hier noch sauber, und dann hole ich meinen Ausritt nach. Wenn du sagst, dass du um sechzehn Uhr einen Termin bei den Cavagnas hast, kann ich vielleicht sogar darauf hoffen, dass es ausnahmsweise keine Zwischenfälle geben wird.« Sie zwinkerte ihm zu. »Hals- und Beinbruch beim Gespräch mit dem Herrn Baron!«

»Und dir beim Ausritt!« Er biss sich auf die Zunge. »Also, das war jetzt natürlich nicht so gemeint. Dass was passiert, meine ich. Also, dass nichts passiert. Ich wünsche dir ... einfach eine schöne Runde ...«

Angelika kicherte nur, und Lovis machte, dass er zur Tür hinauskam.

Lovis zog unbehaglich die Schultern hoch, während er über den knirschenden Kies auf das Schloss zu marschierte. Eine erneute Begegnung mit Anna war unausweichlich. Ihr harter Blick schob sich vor sein inneres Auge, der spöttische Zug und die Verbitterung, die ihr nur zu deutlich anzumerken gewesen war. Am liebsten wäre er wieder umgekehrt, aber er brauchte den Auftrag. Er seufzte.

Vor dem Portal blieb er stehen. Anders als tags zuvor war es verschlossen. Die Girlande mit immergrünen Zweigen, die die Dorfbewohner zur Dekoration aufgehängt hatten, war noch nicht abgenommen worden, daneben hing eines dieser Schilder, auf denen Besuchern ein kurzer geschichtlicher Überblick vermittelt wurde. Im 13. Jahrhundert erstmals erwähnt, erfuhr er. 1809 von den durchziehenden Franzosen niedergebrannt. Wiederaufgebaut …

Was du hier tust, Lovis, ist Zeit schinden, schalt er sich selbst. Doch er konnte sich trotzdem nicht dazu überwinden, auf den Klingelknopf zu drücken, der sich hinter Ranken versteckte. Er legte seinen Kopf in den Nacken und sah hoch zu dem Relief einer weiblichen Heiligenfigur, die ein Kranz von Früchten umgab. Die Farbe wirkte frisch, das Kunstwerk schien erst kürzlich renoviert worden zu sein. Bevor Lovis weiter darüber nachdenken konnte, welche Heilige das Relief darstellte, quietschte ein Riegel, und ein Torflügel schwang zurück. Er fuhr wie ein ertappter Lausebengel zusammen. Anna stand in der Öffnung und musterte ihn wortlos.

»Anna«, stammelte er. Seine Wangen brannten. Schon wieder.

Ohne eine Erwiderung drehte sie sich um und ging ihm voraus auf den bewohnten Teil des Ansitzes zu. Zögernd folgte er ihr. Zum wohl tausendsten Mal wünschte er sich, er könne das Vergangene ungeschehen machen. Nicht seine Entscheidung, Anna doch nicht zu heiraten. Sondern das »Ja« davor. Hätte er sich nur nicht auf diese Hochzeit eingelassen ... Seufzend blieb er im Innenhof des Schlösschens stehen und sah sich um. Eine uralte Glyzinie rankte sich an der Schlossmauer empor. Jetzt im Frühjahr konnte man noch erkennen, dass die gelbe Wand darunter mit Fresken geschmückt war. Wappen der Adelsgeschlechter, die hier einmal gehaust hatten, waren rund um ein Tor angeordnet, ein Ritter mit Lanze nahm die halbe Wand hinter einer Holzbank ein.

Anna räusperte sich ungeduldig und wies mit dem Kopf zu einer kleineren Tür – vermutlich ehemals der Eingang für das Personal. Lovis setzte sich widerstrebend in Bewegung und folgte ihr in das Gebäude. Ein leicht muffiger Geruch empfing ihn. Seine Augen mussten sich erst an die Dunkelheit gewöhnen, bevor er antike Truhen, Porträts und Wandteppiche ausmachen konnte.

»Kommst du?« Annas ungeduldige Stimme holte ihn aus seinen Betrachtungen zurück. Sie war bereits einige Stufen auf einer weit geschwungenen Treppe hinaufgegangen. Vor dem dunklen Holz nahm sie sich in ihrem schwarzen Kostüm nur unscheinbar aus. Am Ende verlief er sich noch, wenn er sie verlor. Schnell beeilte er sich, ihr zu folgen.

»Sie empfangen dich im Salon.« Sie zeigte auf eine hohe Flügeltür. »Bereit?«

»Klar.« Wieso sollte er nicht bereit sein?

Anna nickte ungerührt, klopfte, wartete kurz, dann trat sie ein. »Lorenz Lovis«, kündigte sie ihn an.

»Soll eintreten«, tönte eine gelangweilte Männerstimme von drinnen.

Dann kam Anna rückwärtsgehend wieder heraus, trat zur Seite und bedeutete Lovis einzutreten. Er schüttelte verwundert den Kopf über das Theater, schob sich an ihr vorbei und betrat einen Raum, der wirkte wie aus alten Zeiten: hohe Fenster, aus denen man einen herrlichen Ausblick auf die Apfelwiesen unter dem Schloss haben musste, eine Wand voller dunkler Ölgemälde, die andere bis zur Decke von einem Buchregal ausgefüllt. Der Geruch von jahrhundertealtem Staub kitzelte Lovis in der Nase.

Der Schlossherr thronte mit übergeschlagenen Beinen in einem Ohrensessel und trommelte mit den Fingern auf der Armlehne. Seine Frau, die wie hingegossen auf dem seidenbespannten Kanapee lag, richtete sich auf, als Lovis näher kam. Cavagna unterbrach für einen kurzen Moment den Trommelrhythmus und musterte ihn spöttisch.

Unbehaglich verlagerte Lovis sein Gewicht von einem Bein auf das andere. Die alten Dielenbretter ächzten. Ihm war wie einem Bittsteller zumute, und das verdross ihn. Der liebe Herr Baron wollte schließlich etwas von ihm, nicht umgekehrt.

»Darf ich?«, fragte er trotzig und steuerte, ohne eine Erlaubnis abzuwarten, auf einen der zierlichen Stühle zu, die um ein Rokokotischchen standen.

Cavagna vollführte eine wedelnde Handbewegung, die man als »Tu, was du nicht lassen kannst« interpretieren konnte. Seine Ehefrau knipste ihr Zahnpasta-Reklame-Lächeln an. »Aber natürlich, Herr Lovis. Nehmen Sie Platz.«

Er setzte sich. Spannungsgeladenes Schweigen breitete sich aus. Lovis nutzte es, um sich etwas gründlicher in dem Raum umzusehen. Eines der Ölgemälde zog seine Aufmerksamkeit auf sich. Es zeigte Cavagna in der Tracht des Malteserordens. Überheblich schaute er auf den Betrachter herab.

Krötenaugen, dachte er angewidert.

»Sie sind also Privatdetektiv«, stellte Cavagna fest.

Lovis beschränkte sich auf ein Nicken.

»Können Sie irgendwelche Referenzen vorweisen?«

Tja, da wird es jetzt lustig, dachte Lovis. Natürlich hatte er keine Referenzen vorzuweisen. Woher auch? Hektisch suchte er nach einer Antwort, die ihn nicht allzu dumm aus der Wäsche schauen ließ. »Ich habe beinahe zwanzig Jahre bei der Polizei gedient.«

»Ich habe mich informiert, ja. Ihr Aufgabenbereich lag vorwiegend im Innendienst?«

Lovis errötete und fragte sich, ob Cavagna wohl mit Botta persönlich gesprochen hatte, um sich über ihn zu informieren. Der hätte bestimmt alles Mögliche an Lügen aufgetischt. Wieder erfüllte Schweigen den Raum.

Dann räusperte sich Cavagna. »Anna hat Sie aufgeklärt, worum es sich handelt?«

»Sie hat da etwas angedeutet, ja. Um die Uhu-Geschichten?«

Er dankte dem Himmel, dass Angelika ihm mehr darüber erzählt hatte als Anna.

»Gib ihm die Unterlagen«, wies Cavagna seine Ehefrau an, als ob sie eine Bedienstete wäre. Die kniff die Lippen zusammen, als müsse sie sich eine Erwiderung verbeißen, und schob eine Mappe über das Tischchen zu Lovis hinüber.

Bevor er sie aufschlagen konnte, wurde er von Cavagna unterbrochen: »Das können Sie sich später ansehen. Meine Frau hat die Artikel zu den Vorfällen gesammelt, die Sie untersuchen sollen. Sie werden des Öfteren dem Namen Hans-Wolfgang Niederegger begegnen.«

Lovis verzog fragend die Augenbrauen. Doch er musste nicht lang auf eine Erklärung warten.

»Ich möchte, dass Sie ihm das Handwerk legen.«

Wozu brauchst du mich, wenn du sowieso schon weißt, wer der Täter ist?, fragte Lovis sich unbehaglich. Und an Cavagna gewandt: »Bei dem Uhu-Täter handelt es sich also um diesen Niederegger?«

Cavagna deutete ein Nicken an.

»Haben Sie Beweise?«

»Wenn wir die hätten, bräuchten wir Sie ja nicht zu engagieren«, schnappte er barsch zurück.

Warum diese Aufregung?, fragte sich Lovis und musterte sein Gegenüber aufmerksam. Cavagna wirkte so, als wolle er noch etwas sagen, verbiss es sich aber. Nach ein paar Augenblicken fuhr er etwas ruhiger fort: »Ich erwarte von Ihnen, dass Sie diskret vorgehen. Ich kann keinen weiteren Skandal gebrauchen.«

Dank Angelika war Lovis auch über die politischen Ambitionen seines Klienten im Bilde.

»Ich verlange Effizienz. Am Donnerstag möchte ich erste Ergebnisse sehen.«

Das ist in drei Tagen, wollte Lovis aufbegehren. Doch als er die sauertöpfische Miene seines neuen Auftraggebers sah, ließ er es bleiben. Er brauchte das Geld. Diesen Auftrag durfte er nicht vermasseln.

»Natürlich, ich habe verstanden«, sagte er. »Zu meinem Honorar …«

»Ach ja, das Honorar …« Ein herablassendes Grinsen breitete sich auf Cavagnas Gesicht aus, das nichts Gutes verhieß. »Ich schlage vor, dass wir das mit der überfälligen Rate für den Kredit verrechnen, den ich Ihrem Onkel zugestanden habe. Sie finden eine Kopie des Schuldscheins obenauf in der Mappe. Sie sind sicher noch nicht dazu gekommen, die Unterlagen Ihres Onkels zu sichten, und wir wollen doch nicht, dass so ein stattlicher Hof wegen eines Lappalienbetrags unter den Hammer kommt.«

Lovis schlug nun doch die Mappe auf und erblasste.

Die Kopie eines von Sebastian unterzeichneten Schuldscheins über 20.000 Euro lag obenauf. Ausgestellt vor beinahe einem Jahr. Kurz danach hatte er die Diagnose bekommen. Grimmig dachte Lovis an Johnny, den grünen Traktor, und wünschte seinem Onkel nachträglich die Pest an den Hals. Er hatte das Gefühl, den Boden unter den Füßen zu verlieren.

»Die Rate wäre Anfang des Monats fällig gewesen. Aber ich will kulant sein und diese Zahlung aussetzen. In Anbetracht der Umstände. Ab April erwarte ich dann die pünktliche Begleichung der Schulden.«

Lovis schluckte. Hass gegen Cavagna brodelte in ihm empor. Er war kurz davor, die Mappe mitsamt diesem Schuldschein in das Krötengesicht zu werfen. Im letzten Augenblick bremste er sich. Ein Blick zeigte ihm, dass Cavagna nur darauf wartete. Lovis schloss kurz die Augen und atmete durch.

»Ich werde tun, was ich kann. Bei der Aufklärung des Falls und natürlich auch, was die Verpflichtungen meines Onkels angeht.« Er stand auf. Wenn er nicht sofort aus diesem Raum hinauskam und weg von dem unsympathischen Kerl, explodierte er. »Wenn Sie mich jetzt bitte entschuldigen wollen.«

Mit äußerster Willensanstrengung brachte er eine leichte Verbeugung zustande und machte, dass er aus dem Raum kam. Im Flur blieb er stehen und atmete tief durch. Einmal, zweimal. Als das nichts nutzte, boxte er ein paarmal wild um sich, um seinem Verdruss Luft zu verschaffen.

Plötzlich sah er aus dem Augenwinkel eine flüchtige Bewegung und fuhr er herum. Es war Anna. »Was machst du hier? Spionierst du mir nach?« Sofort tat ihm sein barscher Ton leid. »Ähm ... ich meine ... entschuldige, Anna.«

Unbeteiligt wies sie mit dem Kinn Richtung Treppe. »Hier geht's lang.«

Natürlich. Wohin auch sonst? Er widerstand dem Impuls, Anna mit irgendeiner Gemeinheit die Überheblichkeit ihres Chefs heimzuzahlen, und folgte ihr. Das Holz des Treppengeländers glänzte, als würde es jeden Tag poliert. Ob das zu ihren Aufgaben gehörte? Sie brachte ihn zum Eingangsportal, entließ ihn dort aber nicht, sondern begleitete ihn nach draußen.

»Was ist passiert?«, erkundigte sie sich.

»Er ist ein arrogantes A...«

»Nein, sag es nicht«, unterbrach sie ihn. »Er hat deinem Onkel Geld geliehen?«

Er nickte mutlos.

»Viel?«

Er nickte noch eine Spur mutloser.

»Und er will es zurück?«

»Soll er auf 20.000 Eurwo verzichten?«

Anna pfiff leise durch die Zähne. »Das ist eine Menge Geld.«

Lovis fuhr sich verzweifelt übers Gesicht. »Ich schaffe es kaum, die Beerdigung zu bezahlen! Diese Kröte zieht auch noch einen Schuldschein über 20.000 Euro heraus – mit einem arroganten Grinsen, dass mir übel wird, wenn ich nur daran denke.«

»Pssst!«

Anna sah bedeutungsvoll zu einem Mann in einem ausgewaschenen blauen Kittel hinüber, der das Unkraut zwischen den Pflastersteinen im Hof entfernte und immer wieder neugierig herüberblickte.

»Was wirst du tun?«

Lovis lachte mutlos auf. »Was schon? Den verdammten Hof verkaufen.«

Anna schüttelte unwillig den Kopf. »Was den Fall angeht, habe ich gemeint.«

»Was weiß ich. Cavagna hat ja bereits beschlossen, wer der Täter ist. Mich braucht er nur für die Drecksarbeit.«

»Niederegger?«

»Woher weißt du ...?«

Anna zuckte die Schultern.

»Und? Ist er's?«, fragte er sie geradeheraus.

Sie schüttelte den Kopf. »Vergiss Niederegger. Der hat damit nichts zu tun.«

»Und wer ist es dann?«

»Tja, das herauszufinden ist nicht meine Sache, oder? Niederegger ist es jedenfalls ganz bestimmt nicht.«

Dann kniff sie Mund und Augen zusammen und trat einen Schritt zurück. Mit einem dumpfen Poltern fiel das Schlosstor zu.

Auf dem Heimweg machte er einen kleinen Umweg durch den Wald. Er wollte sein Gemüt ein bisschen abkühlen, andererseits aber auch Paul entgehen, der sicher am Apfelfeld auf ihn wartete. Was sollte er schon groß helfen, wenn mit der Bewässerung etwas nicht stimmte? War er ein Installateur oder was?

Mit den letzten warmen Sonnenstrahlen bog er um die Ecke des Stalls. Gackernd und flügelschlagend kam ihm ein Huhn entgegen und verschwand in der Obstwiese. Genauso aufgeregt klang das Stimmengewirr, das ihm aus seinem Vorhof entgegenschallte. Eine silbergraue Großraumlimousine mit Stuttgarter Autokennzeichen stand direkt vor dem Schuppeneingang, und es schien von Menschen zu wimmeln. Bei genauerem Hinsehen entpuppte sich der Auflauf als Familie mit drei Kindern und einem Spitz, der aufgeregt kläffend das Auto umtanzte.

Der Mann blaffte die Frau an, die mit zornblitzenden Augen ein Telefon malträtierte. Eines der Kinder greinte vor sich hin, die beiden anderen stritten lautstark.

Lovis betrachtete die Szene irritiert. Was wollten diese Leute hier und warum veranstalteten sie einen derartigen Wirbel? Er versuchte eben unauffällig den Rückzug anzutreten, als Barnabas anschlug und schwanzwedelnd auf ihn zu kam.

Befrei mich von diesen Irren, sollte das kurze Bellen mit dem anschließenden Winseln wohl heißen. Lovis klopfte dem geplagten Bernhardiner den Rücken.

»Das bekommen wir hin«, sagte er mehr zu sich selbst als zu Barnabas. Entschlossen näherte er sich der Menschengruppe. »Darf ich fragen, was Sie hierher verschlagen hat?«

»Na endlich! Des isch aber au Zeit gworden!«, schnappte die Frau ungeduldig zurück. »Mir senn die Schmidts.«

»Ja?« Lovis verstand nicht.

»Mir henn hier bucht«, fuhr die Frau ungeduldig fort.

»Gebucht?« Lovis schüttelte verwirrt den Kopf.

»Bucht, gell? Wie jeds Johr. Wo isch dr Sebaschdian?« Ihr Gesichtsausdruck brachte unmissverständlich zum Ausdruck, was sie von Lovis hielt.

Die Erwähnung seines Onkels ließ bei ihm den Groschen fallen. Die Ferienwohnungen! Er sandte einen stummen Fluch gen Himmel. Musste er sich zusätzlich zu dem ganzen Chaos, in dem er sich befand, nun auch noch um deutsche Urlauber kümmern? Um ein Rudel schreiender Rangen und diesen ungezogenen Köter? War das Apartment womöglich noch vorzubereiten? Wo fand er das Bettzeug? Und die Schlüssel zur Wohnung? In seinem Kopf überschlugen sich die Gedanken, und er sah gehetzt von der Frau zu ihrem Mann.

»Also?«, fragte sie ungeduldig nach.

»Sebastian ist … gestorben«, sagte er. »Und daher …«

»Er isch gschdorbe?«, unterbrach sie ihn ungläubig, woraufhin auch die Kinder zumindest für einen kleinen Augenblick in ihrer Rauferei innehielten. Selbst der Spitz gab sein Kläffen auf. Die Ruhe hielt aber nur für den Bruchteil einer Sekunde an.

»Müssen wir jetzt weiterfahren?«, jammerte der älteste Junge entsetzt und löste damit aus, dass seine kleine Schwester ebenfalls wieder in Weinen ausbrach.

»Na, na«, beschwichtigte die Frau ihre Brut. Sie sandte einen giftigen Blick in Lovis' Richtung.

Der hob die Schultern. Er wollte diese Leute nicht auf seinem Hof. »Tut mir leid, aber der Ferien-auf-dem-Bauernhof-Betrieb ist eingestellt«, sagte er an die Frau gewandt und wappnete sich innerlich gegen ihren unweigerlichen Zornausbruch.

Die Frau schnappte nach Luft. Ihre Augen sprühten Funken. »Des könned Se ned mache!«, zischte sie. »Mir henn a Buchungsbeschdädigong!« Sie tauchte ins Auto, öffnete das Handschuhfach und wühlte in den Papieren. »Da!«, rief sie nach einer kurzen Weile triumphierend auf. »Da isch se. Mir henn a Beschdädigong! Sie könned uns ned oifach vor d'Tür setze!«

Lovis atmete entnervt aus. Natürlich konnte er das nicht. Schon wegen der Kinder, die völlig entkräftet vor sich hin weinten. Aber wie sollte er jetzt in kurzer Zeit die Wohnung für die Familie bezugsfertig bekommen? Seine Gedanken überschlugen sich. »Wollt ihr vielleicht inzwischen mal den Stall erkunden?«, fragte er sie daher, obwohl ihm schwante, dass die Kühe von den hysterischen Stadtkindern nicht sonderlich begeistert sein würden. Die Befürchtungen waren jedoch umsonst, wie sich gleich zeigte, denn Interesse lockte sein Vorschlag bei niemandem hervor.

»Ich bin müde«, quengelte das blond gelockte Mädchen und »Ich hab Hunger« beinahe gleichzeitig der Älteste. Das Baby unterstützte die beiden durch jämmerliches Geschrei.

»Mir wared über sechs Schtond im Auto«, erklärte die Frau mit übertriebener Deutlichkeit und unüberhörbarem Vorwurf in der Stimme.

So viel zu Urlaub und Erholung auf dem Bauernhof, dachte Lovis entnervt. Da erlöste ihn das Geräusch klappernder Hufe aus seinen Qualen. Angelika! Ein Blitz der Erleichterung durchzuckte ihn. Hoffnungsvoll sah er ihr entgegen, wie sie auf ihrem schwarzen Hengst in den Vorhof trabte, beim Anblick der Schmidts durchparierte und aus dem Sattel sprang.

»Die Schmidts!«, rief sie freudig aus. »Ja, seid ihr denn schon da? Ich habe euch viel später erwartet!«

Lovis sah verständnislos von ihr zu den deutschen Gästen. Diese lächelten erleichtert.

»Ja, wir hatten freie Straßen«, bestätigte der Mann. »Wir sind diesmal früh genug losgefahren.«

»Was für ein Glück!«, sagte Angelika. Und an Lovis gewandt raunte sie: »Lollo, schau nicht so, als wäre hier ein Raumschiff mit Aliens gelandet. Ich hab dir doch erzählt, dass die Schmidts kommen.«

Als Lovis sie nur weiter verständnislos anstierte, schüttelte sie tadelnd den Kopf. »Die Zettel am Kühlschrank?« Er verneinte. »Hörst du mir eigentlich manchmal auch zu, wenn ich mit dir spreche?« Ohne seine Antwort abzuwarten, warf sie ihm die Zügel zu und packte einen der herumstehenden Koffer. »Sattelst du Diablo ab?«

Übermütig zwinkerte sie ihm zu und fuhr gleichzeitig dem ältesten Jungen durch seinen blonden Wuschelkopf. »Bist du gewachsen, Laurin! Beinahe nicht wiederzuerkennen! Hast du inzwischen die Sage von Dietrich von Bern gelesen, in der dein Namensvetter vorkommt?« Und an die beiden Erwachsenen gewandt meinte sie: »Dann wollen wir das Zeug mal in die Wohnung bringen. Ich hab euch eine Kleinigkeit zum Essen gerichtet. Ein bissl Speck, Käse, Schüttelbrot. Als Willkommensgruß sozusagen – ihr habt heute sicher keine Lust zu kochen.«

»Angelika, du bisch an Engel!« Die Erleichterung ließ die Frau um Jahre jünger wirken. »Mir henn scho denkt, ihr henn ons vergesse. Dr neie Knecht hat gar ned gwisst, dass mir kommed.«

»Der neue Knecht?« Angelika kicherte. Im Weggehen erklärte sie: »Das ist der neue Bauer, Frau Schmidt. Lorenz Lovis, der Neffe von …«

Den Rest konnte er sich denken.

Der neue Knecht, so, so, dachte er belustigt. Dann wandte er sich an Angelikas Hengst: »Na dann, Diablo, mal sehen, wie wir zwei zurechtkommen.« Er hängte die Zügel an den vorgesehenen Haken und versuchte herauszufinden, welche der unzähligen Schnallen er lösen musste, um den Sattel von dem Tier herunterzubekommen.

Dicker Qualm waberte Lovis entgegen, kaum dass er die Tür geöffnet hatte. Schorschs Dorfkneipe war wahrscheinlich der einzige Betrieb in ganz Italien, in dem das Antirauchergesetz noch nicht zur Anwendung kam. Schuld an den Rauchschwaden waren vier Männer, die in einer Nische rechts neben dem Tresen watteten. Drei von ihnen hatten Kippen im Mundwinkel hängen, Lovis kannte sie vom Dorffest, der vierte war ein alter Bauer mit wettergegerbtem Gesicht, den er früher oft bei Onkel Sebastian in der Stube angetroffen hatte und der zufrieden an einer Pfeife paffte.

Die Wände der Kneipe waren bis zur Decke mit Holz getäfelt, Schwarz-Weiß-Bilder von Schorschs Vorfahren und alte Ansichten des Dorfes hingen in dreckigen Wechselrahmen daran. Unter Vorhängen mit gehäkelter Spitze kümmerten an den kleinen Fenstern Usambaraveilchen vor sich hin.

Hinter dem Tresen erwartete ihn der Wirt mit einem anzüglichen Grinsen. »Aha, da ist ja unser Carabiniere«, begrüßte er Lovis und fragte in die Runde: »Wisst ihr, warum Carabinieri immer zu dritt auf Streife gehen? Einer kann lesen, einer kann schreiben, und der dritte passt auf die beiden gefährlichen Intellektuellen auf!«

Lovis quittierte die Begrüßung mit einem müden Grinsen. Dafür lachte Schorsch umso lauter. Die Männer, die Karten spielend um den Stammtisch herum versammelt waren, stimmten in sein Lachen ein.

»Gunsch, Goggo, Karl!« Lovis begrüßte jeden mit Handschlag. Dann wandte er sich wieder an den Wirt: »Und Schorsch, ich bin kein Carabiniere! Das hab ich dir bereits hundertmal gesagt! Wenn überhaupt, dann war ich bei der Staatspolizei! Und der Witz hat einen Bart, der so lang ist, dass du deinen dreckigen Pudl damit putzen könntest.« Lovis deutete auf den Tresen.

Schorschs blaues T-Shirt spannte über seinem runden Bauch. Als er die Arme darüber verschränkte, löste es sich unter dem Gürtel und rutschte ein paar Zentimeter nach oben. »Das Witzige daran ist, dass es kein Witz ist!«

Die Antwort des Wirts sorgte wieder für Heiterkeit am Stammtisch.

»Hat dir deine Mama nicht verboten, bauchfrei zu tragen?«, konterte Lovis mit einem bedeutungsvollen Blick auf Schorschs Wampe.

»Ich habe eben nichts zu verstecken«, gab der Wirt grinsend zurück, steckte sich dann aber doch das T-Shirt unter den Hosenbund. »Bierchen?«

»Loss dir grod erscht in Ausweis zoagn«, gackerte der Alte vom Stammtisch herüber. »Net, dass er no minderjährig isch und di bei seinen Kollegen unschwärzt, weil du ihm Alkohol ausgschenkt hosch.«

Lovis verdrehte entnervt die Augen. »Bierchen«, bestätigte er.

Schorsch machte sich am Zapfhahn zu schaffen. »Dein Besuch ist nicht ohne Grund, nehme ich an.«

Lovis runzelte die Stirn. »Du hörst das Gras wachsen?«

Schorsch hob und senkte ein paarmal schnell hintereinander seine Augenbrauen. »Worauf du einen lassen kannst.« Er grinste Lovis an. Dann meinte er: »Anna hat gepetzt. Und sie hat mir auch erzählt, dass du Cavagnas dunkle Seite kennengelernt hast.«

»Er hat eine dunkle Seite?«

Schorsch stellte ein Bier vor Lovis hin. »Hat die nicht jeder von uns?«

»Wenn du nur kryptische Andeutungen zu bieten hast, dann lass ich das Bier stehen und geh zum Kreuzwirt.« Schorsch schnaubte verächtlich. »Komm schon. Lass dich nicht so betteln.«

»Drei«, bot einer der Männer am Stammtisch.

»Hebm«, konterte Karl.

Die Runde war wieder in ihr Watt-Turnier vertieft. Der Wirt warf ihnen einen kurzen Blick zu, dann winkte er eine junge Frau mit einem langen blonden Zopf heran, die bis jetzt an einem der freien Tische Servietten gefaltet hatte.

»Sissi, übernimm mal«, wies er sie an und händigte ihr seinen Lappen aus, als wäre er ein Zepter. »Der Sepp hat drei Viertel gehabt. Für heute ists genug. Sonst bekommen wir Probleme mit seiner Alten.«

»Spielverderber«, meckerte der grauhaarige Alte.

Sissi warf Lovis einen raschen Blick zu. Sie strahlte etwas aus, das er nicht einordnen konnte. War es Traurigkeit? Hilflosigkeit? Der Wunsch, sie zu beschützen oder zu trösten, regte sich in ihm. Gleichzeitig schrillten alle Alarmglocken. So hatte es bei Anna auch begonnen. Er zwinkerte ihr aufmunternd zu und wurde von Schorsch mit einem tadelnden Klaps auf den Hinterkopf belohnt.

»Verdreh der Sissi nicht den Kopf. Die hat genug durchgemacht in letzter Zeit.«

Schorsch führte Lovis in den anderen Teil der Kneipe und schloss die Schiebetür, die ihn vom Stammtisch trennte. Statt klebriger Holztische und -stühle hatte das Lokal hier gepolsterte Sessel zu bieten. Auch der Rauchgeruch war hier nur noch zu erahnen. An den Wänden hingen Aquarelle von Stillleben, und in einer Vitrine standen ein paar Sahnerouladen.

»Das ist der Teil für die Städter. Weißt eh, die Spaziergänger aus der Stadt, die sich zu uns verirren und nach den fünf Schritten, die sie gemacht haben, eine kleine Stärkung brauchen.« Schorsch zwinkerte ihm zu. »Den richtigen Stoff kriegt man natürlich nur im Hinterzimmer.«

Lovis fragte nicht nach. Aber er hatte eine Ahnung, dass der Wirt dort seinen Selbstgebrannten verhökerte. »Dass dir nur nicht irgendwann dein Brenner um die Ohren fliegt«, brummte er.

»Ich geb schon Obacht.« Schorsch grinste. »Also, was willst du von mir wissen, Privatdetektiv Lovis?«

»Cavagna und die Leichen in seinem Keller«, erinnerte ihn Lovis.

Schorsch überlegte nur kurz. »Also auf jeden Fall hat er eine Menge Leichen im Keller, das kannst du mir glauben. Ich rede nicht von Vogelkadavern, wenn du verstehst, was ich meine.« Er ließ seine buschigen Augenbrauen tanzen.

»Da musst du ein bisschen deutlicher werden, fürchte ich.«

Schorsch seufzte. »Die Herrschaften führen nach außen hin eine glückliche Ehe, aber er nimmt sich hin und wieder mal ... sagen wir ... ein paar Freiheiten heraus. Capisch?«

Cavagnas Liebesgeschichten interessierten Lovis wenig. Trotzdem bedeutete er Schorsch fortzufahren.

»Er ist ein ziemlicher Halodri, hat eine Geliebte nach der anderen. Eine Zeit lang hatte er sogar meine Sissi auf dem Korn. Stand jeden Tag nach Feierabend in seinem Protzkübel draußen und hat sie abgeholt.«

»Und sie hat sich ... auf ihn eingelassen?« Dass sein Auftraggeber auf Sissi abfuhr, wunderte ihn nicht. So wie sie da hinterm Tresen hin- und herflog, in einem Dirndl mit großzügigem Dekolleté, verdrehte die junge Frau sicher so einigen Männern den Kopf. Cavagnas Interesse war also durchaus zu verstehen. Aber was sollte ein junges, hübsches Mädchen an so einem alten Knacker finden? War es das Geld, das ihn für sie attraktiv gemacht hatte?

»Zum Glück hat das aufgehört«, fuhr Schorsch fort. »Besser für sie. Er hat doch nur mit ihr gespielt. Er würde seine Frau niemals verlassen. Zu viel negative Publicity, verstehst du?«

Lovis nickte. »Und jetzt hat er eine andere?«, vermutete er.

»Anna hat so was angedeutet.«

Denver-Clan auf dem Lande. Lovis entfuhr ein verächtliches Schnauben. »Wer?«

»Was weiß ich? Frag Anna.«

Ganz bestimmt nicht, dachte Lovis. Er überlegte. »Sagt dir der Name Hans-Wolfgang Niederegger etwas?«

Schorsch lachte. »Auf ihn hat er dich angesetzt? War ja zu erwarten. Vergiss es!«

»Das hat Anna auch gesagt. Warum?«

Schorsch stand auf. »Komm einfach morgen Abend noch mal hierher. Niederegger hält einen Vortrag. Dann verstehst du, was ich meine.« Er deutete auf einen Zettel, der neben der Tür an die Wand gepinnt war. Mit viel WordArt und wenig werbegrafischem Know-how kündigte der Bildungsausschuss des Dorfes einen Vortrag von Professor Hans-Wolfgang Niederegger über die Uhus im Winklerwald an. Lovis überflog die spärlichen Informationen. Er würde die Probe beim Domchor schwänzen müssen, um den Vortrag hören zu können. Na ja, da war nichts zu machen. Der Beruf ging vor. Dafür würde der Chorleiter Verständnis aufbringen müssen. Hoffentlich zahlte sich sein Fehlen zumindest aus.

»Habt ihr bald fertig gepacklt?«, rief Goggo vom Tisch herüber. »Wir brauchen einen vierten Mann beim Watten. Setz dich her, Lovis, der alte Schmiedhofer hat dir den Stuhl angewärmt.«

Der Alte stand kichernd auf und klopfte seine Pfeife aus. »Frog sich lei, ob es a Mords Freid hobs mit dem Stodtmensch. Der hot epper no nia Kortn in der Hond ghob.«

»Ihr wollt, dass ich mitspiele?« Lovis runzelte zweifelnd die Stirn.

»Der Pfarrer hat gesagt, wir sollen die Ausländer ins Dorfleben integrieren. Wir zeigen guten Willen – vorausgesetzt du kannst Watten.«

Lovis schnaubte. Natürlich konnte er. Bei dem Spiel sagten zwei Spieler Schlag und Trumpf an, und ihre beiden Mitspieler mussten erraten, was »ging«. Die Südtiroler spielten es, wo immer möglich. Kaum saßen irgendwo vier zusammen, zog einer ein Päckchen Wattkarten heraus, und es ging los. Natürlich war auch Lovis nicht von dem Spiel verschont geblieben.

»Na, dann!« Goggo schlug ihm auf die Schultern. »Dann steht dem ja nichts im Weg. Sein Bier geht auf mich, Schorsch. Muss mir meinen Partner ja gut ölen.«

Er nahm die Spielkarten auf, mischte sie und begann auszuteilen.

Lovis hörte, wie der Schlüssel zweimal im Schloss gedreht wurde. Dann erlosch das Licht hinter den Fenstern der Dorfkneipe. Er atmete in vollen Zügen die laue Nachtluft ein und machte sich auf den Weg. Kaum hatte er den Dorfkern verlassen, fehlte die Straßenbeleuchtung. Der Mond war hinter einer dicken Wolkendecke verborgen, das Dorf befand sich in völliger Finsternis. Unsicher tastete er sich über den Trampelpfad, der an der Hauptstraße entlangführte – die zwei Bier machten seine nächtliche Wanderung nicht gerade einfacher. Nach ein paar Hundert Metern konnte er linker Hand das Anwesen der Cavagnas ausmachen. In der Finsternis wirkte das Schlösschen wie ein großer schwarzer Kasten. Die Ringmauer hob sich kaum vom Nachthimmel ab. Ein dumpfes »Schuhu« aus den Mammutbäumen ließ Lovis zusammenschrecken. Ob das einer der beiden Uhus war, die im Winklerwald nisteten? Von der Stadt her näherte sich ein Motorengeräusch. Ein Fahrzeug kam näher, und der Lichtkegel der Scheinwerfer wanderte über das Anwesen. Plötzlich sah er eine Gestalt, die sich hinter einen Strauch duckte. Sein Herzschlag beschleunigte sich. War das womöglich der Uhu-Täter, der seine nächste Tat vollführte?

»Hallo?«, rief er in die inzwischen wieder stockfinstere Nacht hinein. Keine Antwort. Lovis versuchte, etwas zu sehen, doch nach dem Licht schien das Dunkel für seine Augen undurchdringbar. »Ist da jemand?« Wieder keine Antwort. Sollte er sich getäuscht haben? Er verfluchte die Dunkelheit. Da vernahm er ein vorsichtiges Rascheln. Etwas schlich durch das trockene Gras im Cavagna'schen Anwesen.

»Ich weiß, dass da jemand ist.« Lovis wartete, jede Faser seines Körpers gespannt. Wieder kam keine Antwort.

»Dann eben auf die harte Tour«, zischte er und schwang sich über den niedrigen Holzzaun, der um das Anwesen lief. Auf der anderen Seite hielt er inne und horchte. Das Rascheln war verstummt. Verdammte Dunkelheit! Wieder fluchte Lovis innerlich. Ein richtiger Detektiv zöge jetzt ein Nachtsichtgerät aus der Tasche – oder zumindest eine Pistole. Lovis beschloss zu bluffen.

»Kommen Sie vor und geben Sie sich zu erkennen! Ich habe eine Waffe!«

Er machte zwei geräuschvolle Schritte in die Richtung, in der er den Kerl vermutete, und …

»Nein, bitte! Tun Sie mir nichts! Ich bin unschuldig!«

Diese Stimme kannte er. Das war doch …

»Sissi?!«, rief er erstaunt. »Was machst du denn hier?«

»Wer ist da …?«

»Lorenz Lovis, Privatdetektiv«, stellte er sich vor. »Eben von Schorsch persönlich aus der Kneipe geworfen worden. Was in Gottes Namen machst du hier mitten in der Nacht auf dem Anwesen der Cavagnas? Du wirst doch nicht etwa der Uhu-Täter sein?«

»Nein!«, schoss es aus der jungen Frau. »Damit habe ich nichts zu tun. Sicher nicht!«

»Warum schleichst du dann spätnachts durch die Büsche?«

»Ich … Es ist eine Abkürzung … Ich mag nachts nicht auf der Hauptstraße gehen. Deshalb nehme ich immer den Weg durch die Wiese. Drüben an der Ecke steige ich wieder über den Zaun. Dann bin ich fast daheim. Meinen Eltern gehört der Reitstall.«

Etwas unterhalb des Schlosses befand sich ein kleiner Pferdehof, den man von der Straße aus sehen konnte. Ihre Geschichte konnte also gut stimmen.

»Aber heute war da jemand!« Lovis hörte, dass Sissis Stimme leicht zitterte. »Da vorne bei den Bäumen. Da hab ich mich nicht mehr weiter getraut. Ich hab mir gedacht, vielleicht ist das der Uhu-Typ, und wenn der mich sieht, dann tut er mir womöglich was an.«

Lovis warf einen raschen Blick dorthin, wo er die Mammutbäume vermutete. »Da ist alles finster«, stellte er fest.

»Ich hab ihn gehört«, beharrte Sissi. »Und vorher, als das Auto vorbeigefahren ist … Ich glaube, es war … ein Mann, ziemlich groß.«

Lovis´ Herz schlug höher. »Warte hier!« Er schlich auf die Mammutbäume zu. Wer auch immer Sissi erschreckt hatte, musste sich noch da befinden. Plötzlich erklang an seiner rechten Seite ein bedrohliches Knurren. Beinahe gleichzeitig blitzte ein Lichtstrahl auf und leuchtete Lovis direkt ins Gesicht. Automatisch nahm er die Hände in die Höhe.

»Wenn das jetzt nicht der Uhu-Flegel ist!« Eine hämische Stimme übertönte das Knurren, das von einer riesenhaften Dänischen Dogge kam. »Haben wir dich endlich gefasst!«

»Nein!« Lovis schützte seine Augen vor dem grellen Schein. »Ich bin nicht der, den Sie suchen. Und können Sie bitte das Licht aus meinem Gesicht nehmen? Ich sehe nichts.«

»Atos, aus!« Die Dogge verstummte augenblicklich. Lovis hatte noch nie so ein riesiges Tier gesehen. Womit haben sie dich denn gedüngt?, schoss es ihm durch den Kopf. Als könne der Monsterhund seine Gedanken erraten, stieg aus den Tiefen des breiten Brustkorbs wieder ein Grollen empor, das an ein entferntes Gewitter erinnerte.

»Na? Wird's bald?«, herrschte der Mann Lovis ungeduldig an. Es musste sich um den Hausmeister handeln, der am Nachmittag sein Gespräch mit Anna belauscht hatte. Offensichtlich hatte er wieder etwas verpasst. Ein unangenehmer Zeitgenosse.

»Sie sollen sich ausweisen, habe ich gesagt. Und zwar dalli!«

Das Licht blendete ihn immer noch, und eigentlich lag ihm ein patziger Kommentar auf der Zunge, doch er beherrschte sich, zog folgsam seine Geldbörse aus der Hosentasche seiner Jeans und fischte einen ziemlich lädierten Ausweis heraus. »Ich bin Lorenz Lovis, Privatdetektiv. Ich wohne ...«

Das schallende Gelächter des Hausmeisters unterbrach ihn. »Der Schnüffler!« Der Mann konnte sich vor Lachen gar nicht mehr einkriegen, und Lovis fragte sich, was da so witzig war.

»Ich habe ermittelt«, stellte er säuerlich fest, was nur noch lauteres Gelächter bei seinem Gegenüber auslöste.

»Hast du gehört, Atos, er ermittelt!«

»Ja, er ermittelt«, äffte er den Kerl nach, der ihm langsam genauso zuwider war wie dessen Arbeitgeber. »Und zwar gegen den Typ, der die Uhus auf dem Gewissen hat. Der war nämlich hier im Park. Sissi hat ihn auch gesehen, nicht wahr, Si...« Suchend sah sich Lovis nach der Kellnerin um, doch ihr Blondschopf schien wie vom Erdboden verschluckt. Besser so, dachte er bei sich. Womöglich kreuzte gleich noch Cavagna höchstpersönlich hier auf. Eine Begegnung mit ihm wäre sicher mehr als unangenehm für Sissi.

»Jedenfalls«, fuhr er fort und drückte mit der Hand die Stablampe weg, die der Hausmeister ihm immer noch mitten ins Gesicht richtete, »jedenfalls hätte ich ihn geschnappt, wenn Sie mit Ihrem sabbernden Vieh nicht hier aufgetaucht wären. Jetzt ist er sicher über alle Berge.«

Zumindest erreichte er damit, dass der Hausmeister mit seiner Taschenlampe einmal in die Runde leuchtete. »Hier ist niemand«, stellte er fest.

»Nicht mehr«, entgegnete Lovis. »Dafür haben Sie ja gesorgt.«

»Nehmen Sie mal das Maul nicht zu voll, Herr Detektiv. Fakt ist, dass Sie sich mitten in der Nacht auf dem Grundbesitz der Cavagnas herumtreiben. Ich persönlich finde das sehr verdächtig.« Der Hausmeister zog seine Augenbrauen vielsagend hoch. Dann zog er ein Mobiltelefon aus der Tasche des blauen Kittels und tippte drauf herum. »Es ist der Detektiv, der heute bei Ihnen war, Herr Baron … Fadenscheinig … Er sagt, da wäre jemand gewesen, der Uhu-Typ, meint er.« Der Hausmeister lachte auf. »Ja, hab ich auch gesagt, Herr Baron … Mach ich, Herr Baron … Gute Nacht, Herr … Ja, und Grüße an die werte Frau Gemahlin.«

Lovis konnte die Katzbuckeleien förmlich sehen, die der Hausmeister innerlich vollführte, während er mit seinem Chef sprach. Geduldig wartete er, bis der Alte das Mobiltelefon zuklappte und spöttisch das Gesicht verzog.

»Machen Sie, dass Sie von diesem Grund verschwinden. Und ich darf Ihnen von Herrn Cavagna Folgendes ausrichten: Der Uhu-Täter ist Niederegger, und Ihre Aufgabe ist es, das zu beweisen. Wenn Sie dazu nicht imstande sind, dann sollen Sie es gleich sagen und die fällige Rate überweisen. Er wird mit Leichtigkeit einen fähigeren Privatdetektiv finden.«

Dich zum Beispiel, dachte Lovis grimmig, behielt seine Gedanken jedoch für sich. Er war auf den Auftrag angewiesen, und da war es angeraten, den Mund zu halten. Daher nickte er nur störrisch.

»Das ist angekommen, danke. Darf ich mich also jetzt entfernen, oder wünscht Herr Cavagna noch ein Gespräch?«

Hoffentlich nicht, dachte er, während er das sagte.

»Nein«, entgegnete der Hausmeister. »Sie dürfen sich entfernen. Aber wagen Sie es nicht, hier noch einmal nachts über den Zaun zu steigen. Dann hetze ich Atos auf Sie, und von Ihnen bleibt nur mehr Hackfleisch übrig. Nicht wahr, Atos?« Statt einer Antwort klopfte Atos ein paar Mal bestätigend mit dem Schwanz auf den Boden. Lovis erschauderte. Allein in diesem dünnen Schwanz musste das Vieh genug Kraft haben, um ihn von den Füßen zu reißen. Er wollte gar nicht daran denken, was seine Zähne alles bewirken konnten.

»Ist klar«, sagte er, drehte sich um und machte, dass er aus dem Park kam. Weg von diesem selbstzufriedenen Hausmeister und dessen zu groß geratenem Kuscheltier. Seine erste Ermittlung war vollends in die Hose gegangen. Hoffentlich kriegte er die nächsten Schritte besser auf die Reihe.

In Gedanken versunken brachte Lovis den Weg zum Messner Hof hinter sich. Es musste weit nach Mitternacht sein, als er endlich im Flur stand. Er war hundemüde. Auf dem Weg nach oben streifte er die Schuhe von den Füßen. Auch die Lederjacke ließ er dort fallen, wo er sie ausgezogen hatte. Das Shirt über den Kopf streifend, tastete er nach dem Lichtschalter im Schlafzimmer und musste feststellen, dass sein Bett bereits besetzt war. Wie eine Königin thronte Alma auf dem Federkissen und hatte den Kopf unter einen Flügel gesteckt.

»Was zum …?«

Was hatte das verdammte Vieh hier zu suchen? Mit ausgebreiteten Armen schlich er auf sie zu. Alma wachte auf und zog den Kopf unter den Flügeln hervor. Aufmerksam beobachtete sie ihren Bauer, schien aber zu finden, dass keine besondere Gefahr von ihm ausging.

»Du solltest lieber flügelschlagend Reißaus nehmen, du Miststück«, sagte er. »Sonst drehe ich dir jetzt den Hals um und stecke dich in die Suppe!«

Alma würdigte ihn keiner Antwort.

»Also wirklich …« Lovis verzog belustigt die Mundwinkel nach oben.

Vorsichtig fuhr er mit beiden Händen unter das Huhn und wollte es eben nach draußen tragen, da sah er das Ei. Ein wunderschönes blaues Ei. Lovis setzte Alma noch mal ab und griff danach. Es war warm. Sein erster Impuls war, es in die Küche zu bringen, um es Paul beim Frühstück triumphierend zu zeigen, doch dann bemerkte er Almas Blick. Was tust du mit meinem schönen Ei?, schien er zu sagen.

Lovis schmolz dahin. »Dann behalt dein dummes Ei halt … Entschuldige: dein perfektes Ei.« Behutsam steckte er es in die Tasche und schob wieder die Hände unter das Gefieder der Henne.

Wohin jetzt mit dir?, fragte er sich ratlos. Wenn ich dich in den Hühnerstall bringe, büxt du doch nur wieder aus, und dann haben wir morgen den gleichen Salat. Ich hab auch noch was anderes zu tun, als eigenwillige Hühner zu suchen. Plötzlich hatte er eine Idee. Er tastete sich die Treppe hinunter, aus dem Wohnhaus hinaus und zum Stadel hinüber. Mit dem Ellenbogen schob er den Holzriegel des Stadeltors zurück. Sorgsam machte er einen großen Bogen um das Futterloch und gelangte zum Heuhaufen. Durch ein kreisrundes Fenster oben in der Bretterwand leuchtete der Mond in den Stadel.

»Du wirst sehen, das Versteck ist genial«, sagte er leise. Mühsam erklomm er mit seiner Fracht den Heuhaufen. Ganz in der hintersten Ecke grub er eine Mulde in das Heu, in die er das blaue Ei legte.

»Hier findet dich niemand«, sagte er. »Und dein schönes blaues Ei auch nicht.«

Die Henne nickte zufrieden – so schien es zumindest Lovis –, rückte sich ein bisschen zurecht und steckte ihren Kopf unter den Flügel. Lovis seufzte. Nichts wünschte er sich sehnlicher, als es Alma gleichzutun. Er sah aus dem Loch hinaus zum Mond, der beinahe voll war. Zuerst sollte er Ordnung in das Auftragschaos bringen. Er zog eine zerfledderte Kladde und einen Bleistiftstummel aus seiner Brusttasche.

»Hilf mir mal, du«, sagte er an Alma gewandt. Die ließ sich aber nicht mehr von ihm stören. Er grinste, dachte kurz nach und schrieb.

- *Die Kerle finden, die Erik Leitner belästigen: Klassenkameraden? Ältere Jungs aus der Stadt?*
- *Wer hat etwas mit den Uhu-Vorfällen zu tun? Örtliche Naturschützer?*
- *Wer will Cavagna mit den Uhus eins auswischen?*
- *Hat Niederegger etwas damit zu tun?*
- *Nachweisen, dass von Stadler den Weinberg manipuliert*
- *von Stadler das Handwerk legen*

Diesen letzten Fall zu lösen würde ihm besondere Freude bereiten.

Zufrieden klappte er die Kladde zu und strich Alma noch mal über die seidigen Federn. Dann ließ er sich vom Heuhaufen rutschen und machte, dass er in sein Bett kam.

Lovis trat von einem Fuß auf den anderen. Wieder herrschte an der Bushaltestelle eine Eiseskälte, die außer ihm aber niemand zu spüren schien. Der Rotschopf trug nicht einmal eine Jacke. Er hatte zwar die Kapuze seines Pullis über den Kopf gezogen, zeigte sich aber sonst von der frostigen Temperatur unbeeindruckt. Im Gegenteil, er war ganz von einem Zauberwürfel beansprucht, an dem er mit blitzschnellen Bewegungen herumdrehte. Gab es die Dinger also immer noch! Lovis sah auf die Uhr. Ob der Bus noch lange auf sich warten ließ? Darin wäre es zumindest etwas wärmer als hier. Sehnsüchtig dachte er an sein Bett. Vom gestrigen Abend brummte ihm der Schädel. Pünktlich um vier Uhr morgens hatte der Hofhahn Fernando – Lovis hatte ihn kurzerhand nach seinem Ex-Chef getauft – direkt vor seinem Fenster die Hennen aus den Federn gekräht. An Schlaf war nicht mehr zu denken gewesen. Daher stand er trotz der frühen Zeit und der arktischen Temperatur an der Bushaltestelle und beobachtete die Jungs beim Herumblödeln.

Ein bisschen abseits von den anderen stand das Brillengesicht. Er hatte außer seiner Schultasche noch einen überdimensionalen Sportbeutel über die Schultern geworfen, farblich passend zu den Trainingshosen, und tippte mit fliegenden Fingern auf dem Display seines Mobiltelefons herum. Von Zeit zu Zeit entfuhr ihm ein Laut der Missbilligung. Endlich steckte er das Telefon in die Tasche und schlenderte zu den anderen hinüber.

Erik, der wie am Vortag gerade von seiner Mutter gebracht worden war, hatte wieder zuerst die Frisur gründlich verstrubbelt und dann das Hemd aus der Hose gezogen, sobald das Auto außer Sichtweite gewesen war. Jetzt beugte er sich mit seinen zwei Kumpels über ein Heft und ließ durch nichts erkennen, dass noch nachtschlafende Zeit war.

Plötzlich schaute das Brillengesicht hoch und zu Lovis herüber. »He, ich kenne Sie«, sagte er. »Sie sind der Privatdetektiv!«

Er fühlte sich ertappt. »Woher weißt du das?«

»Na, Sie sind doch an Ostern bei den Cavagnas gewesen und haben gewusst, dass meinem Onkel Gunsch das Rad gestohlen worden ist. Wie haben Sie das gemacht?«

Lovis winkte ab. »Reiner Zufall. Schorsch hat es kurz vorher erwähnt gehabt.«

»Ach …« Die Brillenschlange wirkte enttäuscht.

Der Rotschopf steckte seinen Zauberwürfel jetzt auch weg. »Privatdetektiv? Das ist ja cool! Sind Sie hinter ein paar fiesen Verbrechern her?«

»Ach, meistens ist es langweiliges Zeug«, sagte Lovis und dachte: Wie zum Beispiel solche Bengels wie euch zu observieren.

Als er aber bemerkte, wie sich Enttäuschung auf den Gesichtern der Jungs breitmachte, beschloss er, ein wenig aufzuschneiden. »Aber manchmal erlebt man schon spannende Sachen …«

»Was denn zum Beispiel?«, wollte der Rotschopf wissen.

In einer Ecke seines morgenmüden Gehirns blitzte ein pinker Koffer auf. »Da wäre der Fall mit dem pinken Koffer«, improvisierte er.

»Cool, wie bei Sherlock«, sagte Iwan begeistert und erklärte den anderen beiden: »Der Fall in Pink!« Sie nickten zustimmend.

»Wurde da auch jemand ermordet?«, fragte Erik.

Lovis kam in Bedrängnis. Unbewusst hatte er sich bei der Sherlock-Holmes-Serie bedient, die er kürzlich gesehen hatte. Er suchte krampfhaft nach einer Geschichte, die er seinen Zuhörern stattdessen auftischen konnte, als ihn ein vertrautes Motorengeräusch rettete.

Wie am Tag zuvor vollführte Angelika auch heute eine Vollbremsung vor den Jungs. Sie nahm den Helm ab und zwinkerte ihnen zu, während die Schüler fachmännisch die Vespa betrachteten.

»Na, suchst du eine Mitfahrgelegenheit?«, fragte sie Lovis. Die Erinnerung an ihren warmen Körper ließ ihm das Blut in den Adern pochen. Aber er entschied sich dagegen. Er musste seinen Schützling zumindest einmal von der Bushaltestelle bis zur Schule begleiten. Mit einem bedauernden Seitenblick schüttelte er den Kopf. Angelika verstand.

»Dann bis später! Hals- und Beinbruch, Jungs!« Sie setzte sich den Helm auf, und Lovis ertappte sich erneut dabei, wie ihm auffiel, dass ihr T-Shirt über ihrer Brust spannte. *Schei* auf den Prinzen! Ich nehme das Pferd!*, stand drauf.

Er musste grinsen. Der Satz passte zu ihr, irgendwie. Angelika betätigte den Kickstarter, nickte ihnen noch mal zu und fuhr los.

Die Jungs vertieften sich in irgendwelche Blödeleien und feixten herum, aber nicht für lange Zeit, denn dann kam der Bus, und alle waren damit beschäftigt, sich einen Sitzplatz zu erkämpfen. Lovis stieg als Letzter zu und musste irritiert feststellen, dass der Bus bis auf den letzten Platz voll und der einzige freie Stehplatz der neben dem Chauffeur war.

Im Bus herrschte ausgelassene Stimmung. Der Busfahrer, der diesen Lärm jeden Tag ertragen musste, tat Lovis leid. Doch der nahm es mit Humor und warf Lovis einen verschwörerischen Blick zu, der in etwa bedeuten mochte: Ja, das mach ich jeden Tag durch, und du behauptest, dein Job wäre anstrengend?

Die Fahrt dauerte zum Glück nicht lang, und sie erreichten Brixen. Kurz darauf wurde Lovis mit einem Schülerschwarm auf die Straße gespült. Das Geschnatter rund um ihn nahm zu, und er ließ sich von dem Strom zur Schule mittreiben, wobei er versuchte, Erik nicht aus den Augen zu verlieren. Die Schüler trotteten wie die Schafe mitten auf der Straße, vereinzelte Autos mit genervten Fahrern hinter der Windschutzscheibe fuhren im Schritttempo durch die verkehrsberuhigte Zone, und die Radfahrer manövrierten ihre Drahtesel vorsichtig um die wandernden Hindernisse herum. Erik wirkte völlig unbeschwert und sorglos. Keine jugendlichen Hetzer weit und breit zu sehen. Trotzdem folgte Lovis ihm bis vor das Schulgebäude.

Es war ein hässlicher Sichtbetonbunker, in den alle Mittelschüler aus Brixen und Umgebung eingesperrt wurden. Graue Wände, flackernde Neonröhren, stinkende Linoleumböden und der Schulhof ein Traum aus Asphalt. Lovis konnte sich nur zu gut an die drei endlosen Jahre erinnern, die er selbst in genau diesem Gebäude verbracht hatte. An die Kluft zwischen Stadt- und Landbevölkerung, die in seiner Klasse greifbar gewesen war, die Überheblichkeit, mit der er – wie die anderen

Stadtkinder – auf die Kinder aus den Dorfschulen geblickt hatte. Die Sticheleien kamen ihm wieder in den Sinn, die von den Lehrern unbemerkt zwischen den Schülern hin und her geflogen waren, die vielen kleinen Gemeinheiten, die man heutzutage wohl als handfestes Mobbing deklarieren würde.

Wieso sollte es dir anders gehen, mein Freund?, dachte er und beobachtete Erik, der mit seinen Freunden und einer Gruppe Mädels herumschäkerte. Er wirkte nicht, als wäre er auf der Hut, irgendwelche Lumpen, die ihm Böses wollten, schien er nicht zu erwarten. Autos hielten, spien weitere Schüler aus, auf Fahrrädern, Boards und zu Fuß kamen immer mehr Mädchen und Jungen heran, ein unaufhaltsamer Strom an Kindern, aber keiner näherte sich seinem Schützling. Schon gar nicht auf gewalttätige Weise. Dann wurde die Eingangstür geöffnet, und innerhalb kürzester Zeit waren alle im Rachen des Gebäudes verschwunden.

Na ja, wäre auch zu einfach gewesen, wenn sich das gleich am ersten Tag gelöst hätte, dachte Lovis.

Er sah auf die Uhr. Es war kurz vor acht. Zeit für ein Frühstück. Oder zumindest einen Kaffee. Am besten mit Scatolin. Egal was der von seiner Idee hielt: Wenn er sein Freund sein wollte, dann musste er ihm einfach mit ein paar Informationen weiterhelfen.

»Ciao, Scatolo«, eröffnete er das Telefongespräch. »Sai dove sono?«

»Im Stall?«, riet Scatolin.

»Falsch. Vor dem Kommissariat. Wenn du ein Herz für einen Bauern hast, der kurz vor dem Bankrott ist, dann spendierst du mir jetzt einen Caffettino.«

»Vieni sù«, sagte Scatolin.

»Nur, wenn der Alte nicht im Haus ist.«

»Der ist in Rom.«

»Herrlich weit weg«, meinte Lovis und beendete das Telefongespräch. Energisch drückte er auf die Türglocke vor dem automatischen Tor. Eine weibliche Stimme fragte ihn, zu wem er wolle, und bat ihn um seinen Namen. Bald darauf ertönte der Summer, und das Tor fuhr zur Seite.

Als hätte die Polizei Angst vor einem Überfall, fiel es Lovis plötzlich auf. Jahrelang war er hier ein und aus gegangen, und noch nie war es ihm aufgefallen, wie paranoid der erschwerte Zutritt zum Polizeikommissariat wirkte. Auch vor dem eigentlichen Eingang musste er zuerst einmal auf das Summen des Türöffners warten, bevor die Glastür zur Seite glitt. Als seien Schätze hinter den grauen Mauern versteckt.

Im Gebäude musste Lovis erst mal schlucken. Alles war so vertraut, derselbe abgestandene Geruch, die Neonröhre im Nordflügel flackerte immer noch, gleichzeitig kam er sich vor wie ein Fremder. Und das nach zwei Wochen.

»Scusi, signore …«

Irritiert sah er nach rechts zu dem Glaskasten, hinter dem er Jahr um Jahr verbracht hatte, und seine Augenbrauen schnellten unwillkürlich hoch. In letzter Sekunde konnte er sich einen bewundernden Pfiff verkneifen. Bei der jungen Beamtin, die ihn von seinem alten Arbeitsplatz her anlächelte, musste es sich um Sabrina handeln. Die Oberweite war tatsächlich nicht von schlechten Eltern. Er räusperte sich, um den Frosch aus seiner Kehle zu verbannen.

»Ich muss zu Ispettore Giovanni Scatolin. Er …«

»… wartet, ich bin im Bilde.« Ihr leichter Akzent wirkte sympathisch. »Ich muss Ihnen nicht sagen, wo's lang geht, oder?« Die Beamtin lächelte ihn strahlend an. Die Leute würden das Polizeikommissariat stürmen, um in den Genuss dieses Lächelns zu kommen.

»Sie sind vermutlich Sabrina«, mutmaßte er und bedauerte, dass eine dicke Glasscheibe zwischen ihnen war.

Wieder lächelte sie. »Und Sie Lorenz Lovis. Ihr Stuhl war noch warm, als ich eingestellt wurde.«

»Ich hoffe, Sie müssen ihn nicht so lange wärmen wie ich.«

»Oh, das passt schon. Ich bin recht zufrieden mit dem, was ich hier zu tun habe. Mehr brauche ich nicht.«

Lovis ließ den Blick durch den kleinen Raum hinter der Glasscheibe wandern. Er hatte dieses Kabuff immer gehasst. Jetzt sah es hier heller aus, freundlicher. Ein Fotokalender mit Landschaftsbildern verriet, dass Sabrinas Traumland im Norden zu suchen war – Irland oder Schottland, vermutete er. Auf dem schmalen Fensterbrett standen ein paar Pflanzen. Ein Knopf am Telefon leuchtete auf. Sabrina sah kurz hin.

»Scatolin. Will wahrscheinlich wissen, was Sie aufhält«, meinte sie.

»Ungeduldig wie eh und je.« Lovis grinste verschwörerisch.

Sabrina zwinkerte ihm zu. »Dann sollten Sie vielleicht langsam hinübergehen.«

»Das werde ich. Wenn das Schloss von dem Schreibtisch klemmt, dann müssen Sie …«

»… einmal kräftig von unten gegen die Tür schlagen, ich weiß«, sagte sie. Wenn sie lächelte, blitzten ihre wundervollen Zähne auf.

»Genau«, sagte er.

Der Knopf am Telefon leuchtete erneut auf. »Das ist wieder …«

»Scatolin.« Lovis nickte. »Sie brauchen nicht ranzugehen. Ich bin schon weg.« Bedauernd wandte er sich ab und machte, dass er zum Büro seines Freundes kam.

Die Tür stand offen. »Vieni, vieni«, ertönte es von drinnen. Sein Ex-Kollege hatte ihn wie immer am Schritt erkannt. »Lovis, amico!«

»Scatolo. Schön, dich zu sehen.«

Scatolin erhob sich und schob sich hinter seinem Schreibtisch hervor. »Per sabato …« Er machte eine entschuldigende Geste.

Doch Lovis winkte ab. »Du brauchst nichts zu sagen. Es ist ja auch eine Schnapsidee. Aber trotzdem …« Lovis schnitt eine komische Grimasse. »Ich will's einfach versuchen, verstehst du?«

Nach einem kurzen Zögern nickte Sactolin. »Ti capisco. Und vielleicht bin ich ja nur neidisch.«

»Ja, sicher.«

»Doch. Dein eigener Herr zu sein – egal ob als Bauer oder als Schnüffler. Das ist ein Traum, den wir wohl alle träumen. Und bei dir wird er einfach wahr.«

Lovis schnaubte. »Und wenn ein Traum wahr geworden ist, träumt man plötzlich ganz andere Sachen. Ich zum Beispiel, dass der Gerichtsvollzieher vor der Tür steht und einen Kuckuck auf alles klebt, was sich irgendwie vermöbeln lässt.«

»Das wird nicht passieren.«

»Da weißt du mehr als ich.« Lovis sah sich seufzend um. Außer Scatolins Schreibtisch stand noch ein alter Rohrsessel in dem Büro. Doch auf dem war ein Stapel Akten platziert. Er schob seine Hände darunter und sah sich nach einem Platz um, wo er sie zwischenlagern konnte. Als er kapierte, dass wirklich kein Fleckchen frei war, stellte er sie wieder auf dem Stuhl ab. Er grinste.

Scatolin zuckte die Schultern. »Come vedi: Niente è cambiato.«

»Nein, alles beim Alten. Was soll sich auch in zwei Wochen ändern?«

»Ich würde ja gern mit dir zu Bruni gehen, aber ich komme nicht weg. Ich erwarte einen dringenden Anruf in der ...« Scatolin verstummte.

Lovis verstand. Er war kein Polizeiangehöriger mehr. Ihm Details aus einer laufenden Ermittlung zu verraten verstieß gegen die Schweigepflicht. Trotzdem musste er in seiner Sache einen Versuch machen.

»Der Kaffee aus dem Automaten reicht. Was ich aber noch dringender brauche, sind ein paar Auskünfte über einen gewissen Professor Hans-Wolfgang Niederegger.« Gespannt wartete er ab, wie Scatolin reagierte und ob er ihm mit den gewünschten Informationen dienen würde.

Der überlegte kurz, dann schien er zu einem Entschluss zu kommen. »Aspetta«, meinte er. Er setzte sich hinter seinen PC und tippte auf der Tastatur herum. »Der Name kommt mir bekannt vor ... Niederegger, Hans-Wolfgang ... Ja, das war es.« Scatolin sah auf. »Das war einer meiner ersten Fälle hier. Du müsstest theoretisch selbst Bescheid wissen – der Bericht ist von dir unterzeichnet. Der Professor ist in eine Hühnerfarm eingebrochen und hat alle Hühner ins Freie entlassen, ob sie wollten oder nicht. Wurde zu Wiedergutmachungsleistungen verurteilt, wenn ich mich recht erinnere.«

Lovis versuchte, sich den Fall ins Gedächtnis zu rufen, aber da war gähnende Leere. Vermutlich hatte er bereits damals die Berichte einfach abgetippt, ohne groß darüber nachzudenken.

Scatolin erriet seine Gedanken und schüttelte den Kopf. »Es ist vielleicht wirklich nicht deine schlechteste Entscheidung gewesen, dem Alten alles vor die Füße zu schmeißen.«

»Das wird man sehen. Was findest du noch?«

Scatolin hob bedauernd seine Hände. »Du weißt genau, dass ich dir keine Auskunft geben darf.«

»Ich hab gedacht, wir sind Freunde.«

Scatolins Miene kühlte etwas ab. »Lovis, ich habe Frau und Kinder. Ich möchte meinen Job gern behalten. Und du weißt ...«

»Schon gut.« Er winkte ab. »Hab's nicht so gemeint. Was ist nun mit einem Caffettino?«

Scatolin zögerte, sah abwägend auf die Dokumentenberge auf dem Schreibtisch und das Telefon, dann gab er sich einen Schubs. »Weißt du was, ich pfeif auf den Anruf. Lass uns verschwinden.« Er schnappte sich seine Jacke und schob den Rollsessel an den Tisch. »Ich fange heute einfach erst um 9 Uhr an.«

Beim Verlassen des Kommissariats gab er Sabrina ein paar Anweisungen. Lovis beobachtete mit Bewunderung, dass sie alles gewissenhaft notierte. Auch das hatte er nie getan. Diese junge Frau war ohne Frage ein Gewinn für den Betrieb, das musste er zugeben. Mit einem Zwinkern verabschiedete er sich von ihr und erntete wieder ein strahlendes Lächeln.

»Signor Lovis, a presto!«

»A presto, Sabrina.«

»Amico, hör auf zu flirten, sonst wird aus dem Kaffee heute nichts mehr.« Scatolin stand in der offenen Schiebetür. Lovis wandte sich bedauernd ab und gehorchte. Sabrina beugte sich leise lächelnd über ihre Arbeit.

Bei der Bar Bruni handelte es sich um ein heruntergekommenes Café, dessen Besitzerin, Brunhilde, kaum Wert auf Hygiene und Modernisierung legte. Die Einrichtung stammte aus den Fünfzigerjahren, die Fenster waren wahrscheinlich ebenfalls in dieser Zeit zum letzten Mal geputzt worden. Der Fußboden aus Klinkerfliesen war so klebrig, dass die Schuhsohlen sich mit einem leise schmatzenden Geräusch davon lösten. Lovis konnte sich nicht daran erinnern, wie sie sich jemals zu einem Macchiato in dieser Spelunke überwinden hatten können, aber seit sie Brunis Kaffee zum ersten Mal gekostet hatten, schmeckte kein anderer je wirklich gut.

»Ich an deiner Stelle würde im Internet anfangen zu suchen. Da findest du mehr, als du glaubst«, sagte Scatolin, als sie ihren Macchiato vor sich stehen hatten. »Auch wenn wir hier andere Mittel und Möglichkeiten haben, ist das immer das Erste, was ich mache. Und dann solltest du diesen Niederegger natürlich selbst aufsuchen.«

»Im Internet, pah! Da ist vielleicht viel zu finden, aber doch eh nur Zeug, das irgendein Dahergelaufener da reingeschrieben hat«, wehrte er Scatolins gut gemeinten Rat pikiert ab.

Der grinste, wusste er doch zu genau, wo der Hase lang lief. »Wenn du meinst. Oder liegt es vielleicht daran, dass du dich mit dem Internet nicht besonders gut auskennst?«

Lovis schnaubte nur und schnipste mit dem Finger. »An ihm bin ich übrigens längst dran. Heute Abend hält er einen Vortrag in unserer Dorfkneipe. Da werde ich ihn ein bisschen beobachten. Vielleicht ergibt sich ja auch ein Gespräch.«

»Das klingt doch nicht übel«, sagte Scatolin. »Ich hätte direkt Lust, mir diesen Vogel einmal anzuschauen – und noch mehr den frechen Kneipenwirt, von dem du mir erzählt hast.«

»Dann komm doch mit!« Lovis grinste. Eine Begegnung zwischen Scatolin und Schorsch? Das versprach unterhaltsam zu werden.

Sie flachsten noch ein Weilchen herum. Dann verabschiedete sich der Ispettore seufzend. »Du Glücklicher. Du kannst jetzt auf deinem Hof chillen, und ich muss zurück in das stinkende Büro. Könnt ich nur mit dir tauschen ...«

Lovis zuckte gleichgültig die Schultern. »Stinken tut's bei mir auf dem Hof auch.«

»Dafür bist du dein eigener Chef ...« Scatolin seufzte. »... und musst nicht vor dem Alten katzbuckeln.«

Zwei Stunden später saß Lovis auf dem Söller des Messner Hofes. Es ging mittlerweile auf Mittag zu, und die Frühlingssonne erreichte mit ersten zaghaften Strahlen die kleine Terrasse vor dem Eingang des Wohnhauses. Das Bächlein murmelte leise in seinem Bett, und im Winterjasmin summte und brummte es, dass es eine Freude war. Auf den Knien balancierte Lovis den Laptop. Widerwillig musste er sich eingestehen, dass Scatolin recht hatte. Aber diese neumodische Technik war ihm einfach ein Dorn im Auge. Neben ihm lag Angelikas Mobiltelefon. Sie hatte Lovis erklärt, wie man einen Hotspot einrichtete und ihm dafür ihr Telefon geliehen. Sein alter »Ziegelstein« – wie sie sein Telefon verächtlich tituliert hatte – verfügte über so etwas wie Internet ja nicht. Und nachdem er nicht einmal einen funktionierenden Telefonanschluss hatte, konnte er von WLAN nur träumen.

Sie selbst war in der Küche, und er hörte sie vor sich hin summen, eine Melodie, die entfernte Ähnlichkeit mit »I wanna marry a lighthouse keeper« hatte. Lovis grinste. Eine Sängerkarriere hatte Angelika nicht vor sich. Er versuchte, ihr Summen auszublenden, und gab Google den Auftrag, nach dem Professor zu suchen. Was er fand, löste keine Begeisterungsstürme in ihm aus. Niederegger war über Jahrzehnte Präsidiumsmitglied des Brixener Naturschutzbundes gewesen, doch im vergangenen Jahr nicht mehr wiederbestätigt worden. In den Online-Ausgaben des Naturschutzblattes rief er mehrmals zum Widerstand gegen Cavagnas Hotelbau auf. Eine humorvolle Laudatio auf den in Ruhestand tretenden Professor war auf der Website eines Brixner Gymnasiums veröffentlicht. Die Schüler hätten bei ihm mehr über Politik gelernt als über Biologie, hieß es darin. Auch Bilder von Niederegger gab es in Hülle und Fülle. Ein Schwarz-Weiß-Foto erregte Lovis' Aufmerksamkeit, und er klickte drauf. Es handelte sich um ein altes Klassenfoto einer Privatschule. An die dreißig Schüler posierten mit ernsten Gesichtern vor dem Backsteinbau und sahen in die Kamera. »Absolventen der Maturaklasse Jahrgang 1972« stand darunter. Lovis überflog die Liste und stockte, als er gleich unter den ersten Namen Carlo Cavagna entdeckte. Er betrachtete das Bild genauer. Ohne große Mühe erkannte er den Schlossherrn an seinen Krötenaugen und der Arroganz, die er ausstrahlte.

Er war auch in jungen Jahren keine Schönheit gewesen, dachte Lovis bissig, betrachtete das Bild weiter und fand mithilfe der Bildunterschrift bald Hans-Wolfgang Niederegger, einen ernsthaft dreinblickenden Knaben, der sich in der hintersten Reihe herumdrückte. Während Niederegger heute um einiges bejahrter aussah, als er tatsächlich war, war die Zeit mit Cavagna gnädiger umgegangen. Wie ungerecht das Leben doch war!

»Na, hast du den Fall bereits gelöst?«, holte ihn Angelikas Stimme aus seinen Gedanken. Sie beugte sich über den Bildschirm, und der Duft von gebratenen Zwiebeln stieg Lovis in die Nase.

»Tsss!« Er zischte verächtlich. »Wenn es dazu nur ein bisschen Surfen im Internet brauchen würde, hätte Cavagna das ja wohl selbst erledigen können. Aber etwas Interessantes habe ich schon rausgefunden: Er und Niederegger haben gemeinsam die Schulbank gedrückt.«

»Und du meinst, der Professor will sich nach beinahe fünfzig Jahren für etwas rächen, das in dieser Zeit passiert ist?« Angelika sah ihn zweifelnd an.

»Also, wenn ich fünf Jahre mit dem Kerl im selben Raum sitzen müsste, würde ich auch ein Leben lang darauf sinnen, wie ich ihm eins auswischen kann«, meinte Lovis.

»Ich weiß nicht«, meinte sie. »Wenn dieser Niederegger nicht bloß eine Sackgasse ist. Wenn ich du wäre, ich würde mich auf die Uhus konzentrieren. Der Kerl, der diese Vorfälle auf dem Gewissen hat, muss doch die Federn und Kadaver irgendwoher beziehen.«

»Keine Sorge, ich bin schon dabei«, meinte Lovis und beugte sich über den Computer. »Uhu« gab er in die Suchmaschine ein und gleich daneben »Brixen«. Natürlich schienen wieder alle Artikel von Niederegger auf, auch einige der Zeitungsberichte, die Cavagna ihm in der Mappe übergeben hatte. Plötzlich schoss Angelikas Zeigefinger vor und tippte auf den Bildschirm.

»Da, schau! Falknerei und Vogelpflegestation«, las sie laut vor. »Das ist doch …« Mit dem Kinn deutete sie nach Norden.

Lovis nickte. Die Falknerei gehörte zu einem Schlösschen, das etwas oberhalb der Stadt auf einem Hügel thronte. Laut Website hatte man sich dort auf die Pflege verletzter Raubvögel spezialisiert. Daneben führte das Zentrum eine bescheidene Falkenzucht und trainierte Vögel für die Jagd. Lovis notierte sich die Telefonnummer in seiner Kladde.

»Da sollte ich wohl mal vorbeischauen«, sagte er.

Angelika nickte bestätigend. »Dein neuer Job würde mir auch Spaß machen«, meinte sie. »Das ist wie Puzzlespielen.«

Aus der Küche duftete es verführerisch, mit einer leichten Note von Röstaromen. Lovis reckte den Kopf. »Mmm, das riecht aber lecker! Was gibt es denn heute?«

»Oje!« Angelika fuhr zusammen und verschwand im Haus. »Nichts passiert«, kam es von drinnen.

Lovis grinste und beschloss, der Falknerei nach dem Mittagessen einen Besuch abzustatten. Zufrieden klappte er den Laptop zu. In dem Moment gab Angelikas Handy ein klopfendes Geräusch von sich, und auf dem Display schien kurz eine Nachricht von SSSchatzi auf: »Brauch dich, mein Engel!«

Lovis starrte das Handy an und schluckte. Angelika hatte wirklich einen Freund. Die Erkenntnis war wie ein Schlag. Leere breitete sich in seinem Inneren aus.

»Essen!«, kam es von drinnen.

Schweren Herzens stand Lovis auf. Angelikas Handy nahm er mit. »Da«, sagte er. »Ich wollte nicht schauen, aber ich glaube, dein Freund hat dir eine SMS geschickt.« Er streckte ihr das Mobiltelefon hin und wich dabei ihrem Blick aus.

»Mein Freund?« Angelikas Stimme drückte Erstaunen aus. Sie sah kurz auf das Display und schmunzelte. »Ach, mein Freund ...« Mit einem rätselhaften Grinsen wuchtete sie Lovis eine üppige Portion Kartoffelpüree mit Zwiebeln auf den Teller und legte zwei Ossobuchi dazu. Schweigend begannen sie zu essen.

Natürlich ist sie vergeben, du Idiot, schalt er sich selbst. Wie soll eine wie sie noch frei sein? Seufzend sah er in ihre Richtung und erntete erneut einen amüsierten Blick. Ertappt konzentrierte er sich wieder auf die Ossobuchi. »Ist mir ein Horn im Gesicht gewachsen, oder was?«, brummte er mürrisch.

»Du bist ein furchtbarer Mensch, weißt du das?« Kichernd beugte sie sich vor und verstrubbelte ihm liebevoll die Haare. Genervt brachte er sie wieder in Ordnung.

»Den Abwasch überlasse ich dir, Lollo. Ich habe Diablo versprochen, dass er heute noch in den Wald kommt.«

Lovis nickte. Bedauernd sah er Angelika nach, wie sie die Küche verließ. Das Mobiltelefon winkte ihm aus ihrer Gesäßtasche entgegen. »SSSSchatzi«, schien es spöttisch zu sagen. »SSSSchatzi!« Er vergrub das Gesicht in den Händen und verfluchte sein Schicksal, das ihn sich immer in die falschen Frauen verlieben ließ.

Es waren nur zwei Kehren, die Lovis mit dem Fahrrad zu bewältigen hatte, trotzdem keuchte er, als er sich endlich vor dem rot-weiß lackierten Tor befand. Dahinter erhob sich ein Schlösschen mit hellrosa Mauern, das Dach verdeckt von einer Reihe von Zinnen. Gleich hinter dem Schlösschen begann ein Laubwald, durch den man auf den Spuren der Römer Richtung Elvas wandern konnte.

Höchste Zeit, wieder mit dem Training zu beginnen, ermahnte sich Lovis und dachte an die Gewalttouren über die Südtiroler Berge, zu denen ihn Scatolin Jahr um Jahr überredete. Zwei Pässe an einem Tag waren da keine Seltenheit, und Lovis kam dabei öfters an seine Grenzen. Trotzdem liebte er die Touren. Er fand es toll, sich schwitzend und schnaufend die Serpentinen hochzuschrauben, bis hin zu den Felsregionen der Dolomiten, und dann ausgepumpt am Pass anzukommen. Er freute sich auf die Hirtennudeln, die nie so schmeckten wie am Höhepunkt einer Gewalttour. Und er mochte die Abfahrten, für die Scatolin immer irgendeinen Schleichweg ausfindig machte, einen Wanderweg, vorbei an Kühen und schimpfenden Touristen. Am meisten aber liebte er die unbeschwerte Zeit mit seinem Freund, in der es keine Dokumentenberge und miefigen Büros gab, keinen Chef und keine Giulietta – Scatolins besitzergreifende Ehefrau – oder Kinder, die seinen Freund für sich beanspruchten. Nur sie zwei, ihre Fahrräder und den Berg.

Lovis nahm sich fest vor, in den nächsten Wochen öfter mal aufs Rad zu steigen. Er wusste, dass er Scatolin, der seine Muskeln den ganzen Winter über im Fitnessstudio stählte, immer unterlegen sein würde, was Kraft und Ausdauer anging, aber er wollte zumindest halbwegs mithalten können, wenn es im Sommer wieder bergwärts ging.

Er stieg vom Rad und stellte es an einem verwitterten Wegkreuz ab, das sich hinter einem Kakibaum versteckte. Bevor er es mit dem Falkner aufnehmen konnte, der ihm versprochen hatte, ihm für heute Nachmittag eine halbe Stunde seiner Zeit zu widmen, musste er verschnaufen. Er atmete tief ein und aus und genoss den Ausblick, der sich ihm auf den Brixner Talkessel eröffnete. Im Sommer wie im Winter knallte die Sonne auf die Felsen. Daher wuchsen hier Pflanzen, die man auf diesem Breitengrad nie vermutet hätte, wie Kakteen und Palmen. Der Anblick erstaunte ihn immer wieder.

Er ging zum Tor, neben dem ein Glockenzug hing. Obwohl es auch einen modernen Klingelknopf mit Gegensprechanlage gab, konnte Lovis nicht widerstehen und zog an dem Strang. Hinter dem Tor ertönte ein Klang wie von einer kleinen Kirchenglocke. Ein Hund bellte, eine Männerstimme schimpfte: »Ruhig, Hasso!«

Lovis wartete. Gerade als er der altmodischen Klingel noch eine zweite Chance geben wollte, schwang ein Torflügel zur Seite.

»Sie sind sicher Herr Lovis«, sagte der ältere Herr, der kein einziges Haar mehr auf dem Kopf, dafür ein undurchdringliches Gestrüpp im Gesicht hatte. Lovis erkannte ihn von den Bildern auf der Website des Schlosses als den Falkner wieder. Er nickte bestätigend.

»Schön, schön«, sagte der Bärtige. »Herein mit Ihnen. Ich freue mich immer, wenn sich jemand zu uns verirrt. Sind Sie Ornithologe?«

»Ich interessiere mich vor allem für Uhus. Sie haben welche, steht auf der Website.«

Der Falkner nickte eifrig. »Natürlich. Bubo bubo. Wir haben ein Exemplar, das bereits seit Ewigkeiten hier wohnt. Er ist als Nestling zu uns gekommen und gehört sozusagen zum Inventar. Wir wollten ihn schon mehrmals in die freie Wildbahn entlassen, aber er ist immer wieder zurückgekommen. Na ja, irgendwann haben wir aufgegeben und ihm seinen Käfig gelassen. Aber auch sonst haben wir regelmäßig Uhus bei uns. Bitte hier rechts – zu den Volieren unter den Bäumen. Die Tiere haben es gern etwas schattiger.«

Lovis folgte ihm zu einer Felswand, an der sich Käfig an Käfig reihte. Unter den dichten Kronen von Nadelbäumen herrschte dämmriges Halbdunkel. In einem leeren Gehege war ein Junge dabei, mit einer Stahlbürste Vogeldreck von einem Wasserbecken abzukratzen. Als die Männer an ihm vorübergingen, sah er auf, und Lovis erkannte überrascht, dass es sich um einen der beiden Freunde seines Schützlings handelte – die Brillenschlange. Wenn der ihn mal nicht verriet. Doch Lovis brauchte sich offensichtlich keine Sorgen zu machen. Der Junge hatte sich ohne ein Zeichen des Wiedererkennens gleich wieder umgedreht und seiner Arbeit zugewandt.

»Wenn du fertig bist, kannst du schauen, ob in der Voliere 12 alles in Ordnung ist, Iwan. Wir haben einen Waldkauz reinbekommen. Noch ist er beim Tierarzt. Aber wenn er aufwacht, werden wir ihn erst mal dort einquartieren.«

Der Falkner warf dem Jungen einen Schlüsselbund zu. Iwan fing ihn geschickt auf und nickte. »Mach ich, Herr Gruber.«

Der Falkner wandte sich wieder Lovis zu und zeigte auf einen Käfig gleich daneben. »Da ist unser Otto.«

Lovis suchte den Käfig angestrengt nach einem Uhu ab. Erst als er genau auf den Punkt schaute, auf den der Mann zeigte, erkannte er den Vogel, der absolut reglos auf einem Ast saß und beinahe mit dem Baumstamm verschmolz.

»Den hätte ich jetzt fast nicht gesehen«, meinte er.

Der Falkner lachte. »Ja, die wissen sich schon zu verstecken. Die Leute haben keine Ahnung, wie oft sie im Wald an so einem Tier vorbeilatschen.«

»Dann gibt es viele Uhus bei uns?«

»Nein. Das kann man nicht sagen. In ganz Südtirol gibt es um die vierzig Brutpaare. Aber es stand schon mal schlechter.«

Lovis betrachtete den Uhu nachdenklich. »Und Sie haben nur den einen hier?«

Der Falkner nickte. »Zurzeit schon, ja. Wir hatten ...« Er brach ab.

»Ja?« Lovis sah ihn aufmerksam an. Aus dem Augenwinkel bemerkte er, dass Iwan seine Tätigkeit unterbrach und mit gerunzelter Stirn herüberschaute.

»Nichts. Der Uhu aus dem Landhaus war auch bei uns zu Gast. Wollte uns aber partout nicht verraten, was hinter geschlossenen Türen verhandelt wurde.« Der Falkner lachte gekünstelt.

Vor ein paar Jahren hatte es einigen Wirbel gegeben, weil ein Uhu sich ins Provinzparlament in Bozen verirrt hatte. Polizei und Feuerwehr waren ausgerückt, um den ungebetenen Gast aus dem Innenhof zu bergen, aus dem er wegen des geschlossenen Glasdachs nicht mehr entkam.

»War er verletzt?«, fragte er.

»Nein, aber ganz durcheinander. Bei uns bekam er ein paar Tage Wellnesskur, dann haben wir ihn wieder in die freie Wildbahn entlassen. Da vorne bin ich gestanden und habe ihm zugeschaut, wie er Richtung Süden geflogen ist. Absolut lautlos.« Die Stimme des Falkners war voller Bewunderung.

»Und sonst? Hatten sie noch andere Uhus hier?« Das Nein des Mannes kam zu schnell.

Wieder sah der Junge von seiner Arbeit auf. »Aber Herr Gruber …«, wandte er ein.

»Bist du fertig, Iwan? Dann schau, dass du die Voliere für den Waldkauz fertigkriegst. Wenn ich alles selber machen muss, brauche ich dich hier nicht.«

Der Junge schob die Brille nach oben und zog einen Flunsch, dann stieg er aus dem Gehege. Behutsam schloss er die Tür hinter sich. Als Gruber kurz nicht zu ihm schaute, deutete der Junge Lovis gegenüber ein Kopfschütteln an. Das bestätigte Lovis' Bauchgefühl, dass der Falkner nicht mit der ganzen Wahrheit herausgerückt war. Wusste der Junge mehr? Nachdenklich sah er zu ihm hinüber, doch Iwan wirkte jetzt ganz in seine Arbeit vertieft.

»Ob sie irgendetwas Bestimmtes wissen wollen, habe ich gefragt.« Der Falkner sah ihn mit gerunzelter Stirn an.

Lovis zuckte zusammen und suchte schnell nach einer unverfänglichen Frage. »Wie alt ist er denn?«, fragte er den Falkner.

»Genau kann man das nicht sagen. Aber wir schätzen ihn auf um die zwanzig. Kein Alter für so einen Uhu.«

»Ich habe den Jungen gemeint«, sagte Lovis und deutete mit dem Kinn auf Iwan.

»Ach der … zwölf, dreizehn«, antwortete der Falkner. »Kommt mindestens zweimal die Woche hierher, um mir zu helfen – ehrenamtlich, in dem Alter darf er ja auch gar kein Geld verdienen. Aber ich stecke ihm manchmal ein paar Euro zu, und vom Schlossherrn bekommt er hin und wieder was.«

»Lobenswert«, meinte Lovis. »In dem Alter habe ich nur ans Spielen gedacht.«

»Ja, Sie haben recht. Ehrlich gesagt, wüsste ich nicht, was ich ohne den Jungen täte. Ich schaffe es so schon kaum. Die Gehege reinigen, die Vögel füttern, alles instand halten, die Falken müssen bewegt werden. Da komme ich an meine Grenzen. Ich bin wirklich froh um ihn.«

Der Falkner hatte eine komische Art, das zu zeigen, fand Lovis, zumal er den Jungen vorhin ziemlich angeherrscht hatte. Aber dann erinnerte Lovis sich wieder an den eigentlichen Zweck seines Besuchs. »Sterben auch manchmal Tiere?«, fragte er.

»Natürlich sterben manchmal Tiere. Erst kürzlich …« Er unterbrach sich. »… ist mir ein Falke gestorben, der einem Lastwagen in die Windschutzscheibe geflogen ist.«

Lovis hatte wieder den Eindruck, dass der Satz ursprünglich anders hätte enden sollen. Irgendetwas verschwieg ihm der Alte.

»Was passiert mit so einem Vogel?«

Der Falkner kniff die Augen zusammen. »Ich komme mir langsam vor wie vor Gericht. Sollten Sie von irgendeiner Umweltgruppe sein, lassen Sie sich gesagt sein, dass ich selbst Mitglied beim WWF bin. Ich achte sehr darauf, dass es den Vögeln gut geht, und wenn einer von ihnen stirbt, dann ist das nicht meine Schuld. Ich tue, was ich kann, dass das mal klar ist.«

»Natürlich«, warf Lovis beschwichtigend ein. »Ich wollte doch nur fragen, ob ich ... also, ob es möglich wäre, so einen Eulenvogel auszustopfen. Ich ...« Nun war er derjenige, der nach Ausflüchten suchte, und er hoffte, dass sein Gegenüber ihn nicht durchschaute. »Ich bin Lehrer und möchte in unserer Schule ein kleines Naturkabinett anlegen.« Er hoffte, Gruber würde diese Geschichte schlucken. Lügen war nicht gerade Lovis' Stärke.

»Ach so.« Als sich Gruber sichtlich entspannte, konnte auch Lovis wieder durchatmen. »Es gibt da einen Tierpräparator im Ahrntal, zu dem wir die Kadaver immer schicken.«

»Hmm«, machte Lovis und wagte noch einen Vorstoß. »Dann sollte ich mich wohl an den wenden. Nur noch etwas: Was tun Sie mit den Federn? Kann man die kaufen?«

»Sie haben seltsame Fragen, Herr Lovis. Nein, wir verkaufen hier keine Federn.« Der Falkner machte eine Pause und sah ihn argwöhnisch an. »Wenn das alles ist, was Sie wissen wollen ...«

Lovis verstand den höflichen Rauswurf. »Ja, das war eigentlich alles, Herr Gruber. Danke für die Zeit, die Sie mir geschenkt haben.«

»Keine Ursache«, sagte der Falkner. »Ich werde mich jetzt um unsere Gäste kümmern. Besuchen Sie uns gerne wieder.« In seiner Stimme schwang deutlich mit, dass er genau das Gegenteil meinte.

Lovis betrat zusammen mit Scatolin Schorschs Kneipe. Im Gegensatz zu seinen früheren Besuchen war nicht nur der Stammtisch besetzt, die gesamte Stube war gut gefüllt – hauptsächlich von Männern. Wie auch bei seinem ersten Besuch hingen dicke Rauchschwaden in der Luft. Lovis und Scatolin warfen sich vielsagende Blicke zu.

»Oha, unser Carabiniere hat sich Verstärkung geholt«, ging Schorsch feixend an den Start. »Ich hoffe, mein Lokal verträgt die geballte Intelligenz.«

Vielstimmiges Gelächter folgte dem Spott des Dorfwirts. Lovis wollte eben zu einer frechen Bemerkung ansetzen, da wurde die Tür geöffnet, und ein älterer Herr betrat den Raum. Niederegger. Lovis erkannte ihn von den Bildern wieder. Eriks Freunde folgten ihm auf dem Fuße. Unsicher sah sich der Professor in der Kneipe um.

Lovis stieß Scatolin mit dem Ellenbogen in die Seite. Endlich lernte er seinen Tatverdächtigen Nummer eins kennen.

Schorsch begleitete den Professor zu einem etwas erhöhten Platz in der Kneipe, an dem an manchen Abenden ein Akkordeonspieler seine Weisen zum Besten gab. »Hier sehen dich alle, Professorchen«, meinte er. »Ein Bierchen? Dann redet es sich leichter.«

»Ein Glas Wasser wäre mir lieber«, entgegnete der Professor mit einem schüchternen Lächeln. Es war nicht zu glauben, dass dies derselbe Mann war, der in seinen Artikeln Feuer und Asche versprühte. Ein Mann mit vielen Gesichtern, stellte Lovis fest.

Schorsch füllte ein Glas mit Wasser und schob es dem Professor hin. Dann wandte er sich an die Jungs. »Griaß di, Iwan, griaß di, Matthias. Euch beiden bring ich ein Schnapsl?«, fragte er die beiden mit einem Augenzwinkern.

Die lachten, und der Rotschopf, Matthias, konterte: »Besser zwei. Der Abend wird lang.«

Als Schorsch ihm grinsend mit dem Zeigefinger drohte, schlug Iwan vor: »Eine Aranciata?«, und Matthias nickte zustimmend. Schorsch ging zurück hinter seinen Tresen und füllte zwei Gläser mit Orangenlimonade. Dann pfiff er auf zwei Fingern. Augenblicklich trat Ruhe ein.

»Für alle, die noch nicht wissen, warum Professor Hans-Wolfgang Niederegger heute Abend hier ist. Nein, Goggo, er wird nicht Patrona Bavariae singen, auch wenn dir der Schmus noch so gefällt.« Der Glatzkopf hob bedauernd die Handflächen, stimmte aber gutmütig in das allgemeine Gelächter ein. »Er erzählt euch etwas über Uhus und was es gegen das Wellnessresort im Winklerwald einzuwenden gibt. Wer will, kann danach bei der Unterschriftenaktion unterschreiben. Wer nicht will, unterschreibt hier, dass er mich als Alleinerben einsetzt.« Er hielt einen kleinen Notizblock hoch. Die Männer lachten gut gelaunt über seinen Scherz. »Damit ihr in der nächsten halben Stunde nicht verdurstet, schlage ich vor, ihr bestellt jetzt noch. Danach wird der Ausschank ausgesetzt, bis der Professor fertig geredet hat. Professorchen, ich bitte um ein kleines bisschen Geduld, meine Kellnerin hat mich heute versetzt.«

Erst da bemerkte Lovis, dass Sissi heute Abend gar nicht hinterm Tresen stand. Ein kleiner Tumult brach aus, als einige der Männer dem Dorfwirt noch schnell ihre Bestellung zuriefen. Schorsch füllte mit schnellen

Bewegungen die Gläser und schob sie den Gästen hin. Zwischendrin brandete Gelächter auf, weil er für jeden der Männer eine spottende Bemerkung parat hatte, und so war die Stimmung heiter und ausgelassen, als kurze Zeit später der Professor mit seinem Vortrag begann. Unterstützt von den beiden Jungs, die Fotos und Skizzen hochhielten, informierte er über die Greifvögel, die in der Felswand im Winklerwald nisteten und durch den Bau des Wellnessresorts unweigerlich ihren Lebensraum verlieren würden. Lovis erfuhr an diesem Abend einiges, was für ihn neu war. Dass Uhus ein Leben lang zusammenblieben etwa oder aus Stress, zum Beispiel aufgrund von Lärm, flugunfähig werden konnten.

»Ein Hotel da oben wäre also genau das Richtige, um unsere beiden Uhus außer Gefecht zu setzen«, sagte Professor Niederegger, und das war die einzige Anspielung auf den geplanten Protzbau seines Widersachers. Mit einem Versuch, den Ruf der Uhus nachzuahmen, beendete er den Vortrag und erntete freundliches Gelächter von den Zuhörern. Danach hatte er keine Schwierigkeiten, Unterschriften gegen den Bau des Resorts zu bekommen.

»Was denkst du?«, fragte Lovis seinen Freund. Er reichte ihm angeekelt einen Dreckbatzen weiter, den ihm einer der Jungen stolz in die Hand gedrückt hatte.

»Das ist Gewölle«, sagte Matthias dazu. »Von den Uhus, die im Winklerwald leben.«

Scatolin gab es genauso angeekelt an seinen Nachbarn weiter. »Ich denke, wenn er sich etwas zum Ziel setzt, erreicht er es auch. Nur eine Sache irritiert mich …«

Lovis ahnte, worauf sein Freund anspielte. »Er würde keine Uhus töten.«

Scatolin nickte. Sie nippten beide an ihrem Bier.

»E adesso?«, fragte Scatolin.

»Keine Ahnung«, meinte Lovis. »Mal sehen, ob ich eine Verbindung zwischen dem Falkner und Niederegger finde.«

»Buona fortuna«, entgegnete Scatolin. Mit ein paar Schlucken trank er sein Bier aus. Dann meinte er: »Io adesso me ne vado.« Er warf sich die Jacke über und blieb abwartend stehen.

Lovis winkte ab. »Ich muss noch mal kurz mit den beiden Bengels sprechen!«

Scatolin warf ihm einen fragenden Blick zu.

»Na ja, ich hab da so ein Gefühl.«

Ein spöttisches Grinsen war die Antwort. »Ti aspetto fuori … Wenn du fertig bist, bis ich die Spielergebnisse gecheckt habe, bekommst du noch eine Mitfahrgelegenheit. Se no … pazienza.« Die EBEL Eishockey Liga ging ihrem Ende zu, und da war es eigentlich ein Wunder, dass Lovis ihn überhaupt vom Fernseher wegbekommen hatte, denn Scatolin war ein erklärter Fan vom HC Bozen und verpasste kein Spiel.

Lovis bahnte sich einen Weg zu den Jungs, die eben ihre fragwürdigen Schätze in einem Schuhkarton verstauten. »He, du«, sprach er den Größeren an – Iwan mit der großen Brille, die er sich gerade wieder die Nase hochschob. »Das war ein gelungener Vortrag. Habt ihr wirklich toll hingekriegt.«

»Na ja, das meiste hat ja der Professor gemacht.«

»Du kennst dich aber auch gut aus, oder?«

»Geht so. Eigentlich mehr mit richtigen Greifvögeln«, meinte Iwan. »Ich möchte einmal Falkner werden. Der Gruber sagt, er arbeitet noch so lange, wie ich brauche, um meine Falknerprüfung zu machen.«

»Du weißt, was du willst.«

Der Junge grinste. »Privatdetektiv wollte ich im Kindergarten werden.«

Vielen Dank für das Kompliment, dachte Lovis belustigt. »Na, siehst du, mein Traumberuf im Kindergarten war Falkner.«

»Echt?« Iwan bekam große Augen.

Lovis winkte ab. »Das war ein Witz. Darf ich dich was fragen?«

»Müssen Sie gar nicht. Ich habe so eine Ahnung, was Sie wissen wollen.« Der Junge grinste frech.

»Ach ja?« Lovis zog verwundert die Augenbrauen hoch und wartete.

»Sie wollen wissen, was Ihnen Herr Gruber nicht gesagt hat.«

Lovis nickte anerkennend. »Vielleicht solltest du doch eine Karriere als Privatdetektiv ins Auge fassen.«

»Was verdient man denn da so?«, erkundigte er sich.

Wenn ich das wüsste, dachte Lovis. »Nicht schlecht, habe ich mir sagen lassen.«

»Sie wissen es nicht? Wie viele Fälle haben Sie denn schon erledigt?«, mischte sich jetzt der rothaarige Matthias vorlaut ins Gespräch.

»Zwei«, schwindelte Lovis.

»Die Uhu-Geschichten von Cavagna und …?« Erwartungsvoll sah Iwan ihn an.

Bevor er sich verplappern konnte, dass er ihrem Freund hinterherspionierte, biss sich Lovis auf die Zunge. »Das geht euch gar nichts an.«

Die Jungs tauschten einen Blick. »Aha«, machte Matthias.

»Nichts da, aha. Meine Fälle sind privat – deswegen auch Privatdetektiv, versteht ihr? Also«, wechselte er das Thema. »Was ist es denn, was mir der Gruber verschwiegen hat?«

»Dass wir sehr wohl noch Uhus hatten. Zwei, um genau zu sein. Einer war bereits fast hinüber, als sie ihn gebracht haben. Der ist dann auch am selben Tag noch gestorben. Der andere war auch sehr schwer verletzt. Aber …« Der Junge verstummte nachdenklich.

»Was aber?«

»Na ja, ich hätte gewettet, dass er's packt. Er hat schon wieder gefressen und recht interessiert um sich geschaut. Und der Tierarzt war eigentlich auch zufrieden.«

»Und?«

»Eines Tages war er nicht mehr im Käfig. Ich habe den Gruber gefragt, was mit ihm passiert ist. Zuerst hat er gesagt, dass er gestorben ist. Ich habe mich gewundert, und da … Er hat so getan, als hätte er sich versprochen, wissen Sie. So: ›Er ist gestorben. Hab ich jetzt gestorben gesagt? So ein Blödsinn, ich habe ihn freigelassen.‹ Aber das hat auch nicht gepasst. Der Uhu war zwar auf dem Weg der Besserung, aber wirklich gesund war er noch nicht, fand ich.«

Lovis' Herz schlug schneller. »Wann war das?«

»Der erste Uhu ist vor ungefähr einem Monat gestorben. Der andere vor zwei Wochen.«

Lovis versuchte, sich an das Datum der Uhu-Vorfälle zu erinnern.

Der Junge erriet seine Gedanken und nickte bedeutungsvoll. »Ja, von der Zeit her könnten es tatsächlich die beiden Uhus sein, die bei Cavagna gefunden wurden.«

»Was ist mit dem Kadaver passiert?«

»Wir haben da nicht darüber gesprochen. Ich bin davon ausgegangen, dass sie wie üblich zu dem Tierpräparator ins Ahrntal geschickt worden sind.«

»Hm.« Lovis runzelte die Stirn. Es sollte nicht schwierig sein, das zu überprüfen. Nur welches Motiv hätte dieser Falkner? »Steht der Gruber mit Cavagna in Verbindung?«, fragte er Iwan.

»Ich habe ihn nie in der Falknerei gesehen.«

»Und den Falkner auch nie beim Baron im Schloss«, ergänzte Matthias. »Jedenfalls nicht zu Zeiten, zu denen ich da bin. Und ich sehe alles, was bei Cavagna passiert, das können Sie mir glauben.«

Lovis zog fragend die Augenbrauen hoch.

»Er hat ein Baumhaus mit Blick auf die Schlosszufahrt«, erklärte Iwan. »Und da sitzt er in jeder freien Minute.«

»Glauben Sie, dass das die zwei Uhus waren, die Cavagna auf der Tür der Jagdhütte und auf der Windschutzscheibe von seinem Porsche gefunden hat?« Matthias sah ihn erwartungsvoll an.

Lovis wiegte den Kopf. »Könnte immerhin möglich sein, nicht?«

Die beiden Jungen nickten eifrig. »Und was haben Sie jetzt vor?«

»Gar nichts. Das ist nur ein Verdacht. Um etwas unternehmen zu können, brauche ich Beweise, nicht wahr?«

»Soll ich mal für Sie nach Beweisen suchen?«, bot sich Iwan mit leuchtenden Augen an, doch Lovis wehrte ab.

»Auf keinen Fall. Ich möchte nicht, dass du Schwierigkeiten bekommst.«

»Wie soll ich denn Schwierigkeiten bekommen?« Der Junge winkte ab. »Ich hab schon eine Idee, wo ich suchen muss.«

Lovis schwankte. Einerseits vermutete er, dass der Halbwüchsige auf Quellen Zugriff hatte, an die er nie rankommen würde. Vielleicht irgendwelche Verzeichnisse über die Neuaufnahmen der Vögel. Aber er konnte doch unmöglich einen Zwölfjährigen damit beauftragen, nach solchen Beweisen zu suchen. Oder konnte er doch?

Iwan erkannte wohl, was hinter Lovis' Stirn vorging, denn er meinte: »Wissen Sie was? Morgen Nachmittag bin ich wieder dort. Könnte ja sein, dass ich ein paar Kabelbinder brauche, um das Gehege von Otto zu flicken. Und wenn da das Aufnahmeverzeichnis herumliegt, kann ich ja einen Blick hineinwerfen. Vielleicht finde ich etwas, was Ihnen weiterhilft.«

Lovis knickte ein. Das Angebot war zu verlockend. »Aber lass dich bloß nicht erwischen! Nicht dass du dich um deinen zukünftigen Arbeitsplatz bringst.«

Iwan grinste großspurig. »Dann kann ich ja immer noch Privatdetektiv werden.« Die beiden Jungs lachten, als ob er nicht direkt neben ihnen stehen würde.

Lovis beschloss, ihnen den Spaß zu lassen und die Gelegenheit beim Schopf zu packen. »Sind morgens übrigens immer so viele Schüler im Bus?«

Die Jungs nickten augenrollend. »Mittags ist es genauso schlimm. Der Bus um Viertel vor eins ist rappelvoll, und der Busfahrer … also, der ist megagrantig.« Matthias tauschte einen verschwörerischen Blick mit Iwan, der verriet, dass die beiden vielleicht nicht ganz unschuldig am Groll des Fahrers waren. »Aber es geht auch noch eine Stunde später ein Bus. Der ist so gut wie leer.«

»Fahrt ihr denn öfter später?«

»Na ja, manchmal schon. Die Geduld des Busfahrers hat auch ihre Grenzen, wenn Sie verstehen, was ich meine.« Jetzt war es Iwan, der seine Mundwinkel zu einem schelmischen Grinsen verzog, das keinerlei Reue beinhaltete.

»Und was macht ihr in der Zeit? Seid ihr nicht ein bisschen zu jung, um euch in der Stadt rumzutreiben?«

Auf diese Frage wollten die Jungs offensichtlich nicht wirklich antworten. Sie drucksten etwas herum, murmelten etwas von »Hausaufgaben« und hatten es dann plötzlich recht eilig. Sie müssten jetzt nach Hause. Lovis schnalzte mit der Zunge, hatten sie also doch etwas zu verbergen. Für dieses Mal ließ er sie laufen, aber er würde schon noch herausfinden, was da los war.

Dann hob er grüßend zwei Finger in die Runde am Stammtisch, warf sich seine Jacke über die Schulter und verließ das Lokal. Als er aus der Tür der Kneipe trat, sah er gerade noch die Rücklichter von Scatolins Alfa Romeo hinter der nächsten Kurve verschwinden. Bedauernd sah Lovis ihm nach, dann entschied er sich zu einem Spaziergang, um den Vortrag noch einmal Revue passieren zu lassen. Er machte einen großen Bogen um Cavagnas Anwesen und wanderte stattdessen querfeldein, vorbei am Kastanienhain seines Nachbarn, schlug sich durchs Unterholz, um auf der anderen Seite auf seiner Gala-Wiese herauszukommen. Der Boden war weich, die Sonne hatte den Tag über ganze Arbeit geleistet. Es roch nach nasser Erde. Lovis betrachtete die dicken Knospen. Es konnte sich nur noch um Tage handeln, bevor sie sich öffneten. Hatte Paul die Frostberegnung jetzt allein wieder in Gang gebracht? Er sah sich um und folgte den schwarzen Bewässerungsrohren bis zu einer Anlage, die in etwa so wie die Heizanlage in seiner alten Wohnung aussah. Jede Menge Rohre, Räder, Ventile und Kabel waren hier zu einem lackglänzenden Etwas verbunden, dessen Funktionsweise sich Lovis nicht erschloss.

Und was ist nun daran nicht in Ordnung?, dachte er und besah sich das Ding von allen Seiten. Er konnte weder eine tropfende Stelle erkennen, noch ob Paul den Fehler bereits behoben hatte. Probeweise drehte er an einem der Räder, doch es tat sich nichts. Lovis zuckte die Schultern. Besser du fragst morgen Paul, ob alles in Ordnung ist, beschloss er und trat im Dämmerlicht auf den Feldweg, der von seinem Hof zum Weinberg führte. Da bog von Stadler um die Kurve. Als er Lovis erkannte, erschrak er sichtlich.

Lovis pfiff leise durch die Zähne. Da bin ich wohl zur rechten Zeit am rechten Ort gewesen, dachte er und grüßte betont freundlich. »So spät noch unterwegs, von Stadler?«

»Sie ja auch.«

»Ja, ich wollte mich heute mal auf die Lauer legen.« Von Stadler musste ja nicht wissen, dass er das gar nicht vorgehabt hatte.

»Ach ja, Ihr Phantom.« Von Stadler bemühte sich um einen spöttisch-überlegenen Gesichtsausdruck, doch Lovis konnte die Beunruhigung in seinem Blick erkennen.

»Sie wollten zum Weinberg? Dann haben wir ja denselben Weg. Ich darf Sie doch ein Stückchen begleiten?«

Nein, stand allzu deutlich in von Stadlers Gesicht. Doch es blieb ihm nicht wirklich eine Wahl, und er nickte kurz. »Sie erlauben, dass ich noch kurz telefoniere, bevor ich mich Ihnen widme?«

Lovis erlaubte es gnädig und beobachtete belustigt, wie von Stadler auf seinem Handy herumtippte. Im selben Moment gab es einen Piepston von sich, eine Nachricht.

»Tja, Planänderung heißt das dann wohl. Ich muss leider dringend zurück, mein Typ wird verlangt. Da müssen Sie Ihren Spaziergang wohl doch allein fortsetzen … oder Ihre Beschattung. Ich wünsche eine nicht allzu kalte Nacht.« Von Stadler nickte ihm spöttisch zu und wandte sich, ohne auf eine Erwiderung zu warten, Richtung Tal. Lovis sah ihm amüsiert nach. Sein Typ wurde verlangt, so, so. Er sah auf die Uhr. Es war kurz vor halb neun und beinahe dunkel. Egal warum von Stadler ursprünglich hier gewesen war: Heute würde er wohl nichts mehr in dem Weinberg anstellen. Lovis fröstelte und steckte seine Hände in die Jackentasche. Ab ins Bett, dachte er und machte sich auf den Weg zum Messner Hof.

Als Lovis eine Viertelstunde später sein Zimmer betrat, thronte Alma wieder auf ihrem Polstersessel.

»Das ist nicht dein Ernst, oder?«, fragte er. Irgendwie hatte sie es wieder geschafft, in sein Schlafzimmer zu gelangen. Entnervt wiederholte er die Prozedur vom vorherigen Tag: Er schob seine Hände unter das Huhn und trug Alma behutsam in den Stadel, wo er sie in die Kuhle bettete, in der noch immer das Ei vom Tag zuvor lag.

»Was soll denn dein Ei von dir denken, wenn du es so schnöde im Stich lässt, meine Schöne?«, fragte er vorwurfsvoll. Statt einer Antwort legte Alma den Kopf schief und ruckelte sich auf dem Ei zurecht. Der Mondstrahl stahl sich wieder durch die Ritze. Instinktiv tastete Lovis nach der Kladde in seiner Brusttasche.

»Hilfst du mir wieder nachdenken?« Alma ruckte ihr Köpfchen zur Seite.

Er klappte die Kladde auf und überflog die Seite mit seinen spärlichen Notizen. »Viel ist das ja nicht, was ich da habe«, sagte er. »Und weißt du was? Jetzt war ich den ganzen Tag auf den Beinen und bin nicht einmal ein kleines Stück weitergekommen. Bin ich ein hoffnungsloser Fall?« Verzweifelt sah er sein Huhn an. Alma beäugte ihn nur aufmerksam. Antwort kam keine von ihr.

»Wobei, eine Sache ist doch klar geworden heute: Der Niederegger ist kein Verbrecher«, meinte Lovis. »Da kann der Cavagna sagen, was er will.«

Er kaute auf dem Bleistift herum und ließ in seinem Kopf den Tag noch einmal Revue passieren. Niederegger schien absolut unfähig, irgendeinem Tier auch nur ein Härchen zu krümmen. Aber es gab einen anderen, der seinen Verdacht erregt hatte.

»Wie findest du es, wenn ich mich ein bisschen mehr um diesen Falkner kümmere? Dass der was auf dem Kerbholz hat, kann ich hundert Meter gegen den Wind riechen.« Mit einem Nicken setzte er den Namen des Falkners neben den des Professors. Von draußen leuchtete ein zunehmender Mond durchs Fenster. Lovis verschränkte die Hände unter seinem Kopf und legte sich im Heu zurück.

Es war neun Uhr morgens, als die Sonne Lovis wach kitzelte. Seine Haut war übersät von juckenden Stichen der Heuhalme, aber er hatte so gut geschlafen wie schon lange nicht mehr. Alma war weg. In der Kuhle, in der sie übernachtet hatte, lagen zwei blaue Eier. Lovis gähnte noch einmal ausgiebig, dann überschlug er, was er an diesem Tag erledigen wollte. Erstens musste er den Babysitterjob zum Abschluss bringen. Heute Mittag um Punkt halb eins würde er vor der Schule stehen und die Piesacker stellen. Wenn es sie denn gab und hinter der Geschichte nicht was ganz anderes steckte. Verzwickter war sein zweites Problem. Niederegger schied als Uhu-Mörder aus. Dafür verbarg der Falkner ganz offensichtlich etwas vor ihm. Aber was? Und wie sollte er das herauskriegen? Und was, wenn das auch eine Sackgasse war und jemand ganz anderes diese Vandalenakte gegen Cavagna zu verantworten hatte? In dem Moment ertönte ein Flügelschlagen, und Alma landete wenig elegant neben ihm im Heu. Mit schief gelegtem Köpfchen beäugte sie ihn. Lovis grinste.

»Du warst wohl frühstücken, meine Schöne«, sagte er gut gelaunt und richtete sich im Heu auf. »Das tue ich jetzt auch.« Er vergewisserte sich, dass außer ihm und Alma niemand im Stadel war, dann rutschte er mit Schwung vom Heuhaufen herunter.

Vor dem Stall stieß er mit Paul zusammen. Der musterte ihn von oben bis unten, dann nickte er zufrieden. »Schaut aus, als wärst du heute Morgen etwas früher aus den Federn gekommen. Wurde aber auch Zeit, dass du beginnst mit anzupacken.« Beinahe liebevoll zupfte er einen Heuhalm aus Lovis' Haar. »Wenn du die Fütterung allein schaffst, gehe ich inzwischen zur Gala-Wiese. Die Frostschutzberegnung ist heute Nacht nicht angesprungen – obwohl ich sie eigentlich repariert hatte. Ohne dich, übrigens. Wenn da nur nicht dieser Saggra von Stadler wieder seine Hände im Spiel hat!«

Siedend heiß fiel Lovis ein, wie er selbst am Abend zuvor an der Anlage herumgedreht hatte. Doch er sagte nichts. Mit schlechtem Gewissen nickte er und ging in den Stall, wo er die Futterraufen mit duftendem Heu befüllte. So kam es, dass er erst eine halbe Stunde später ins Haus kam. Dort empfing ihn schon im Flur verführerischer Kaffeeduft, Angelika war also da. Lovis wunderte sich. Warum hatte sie denn nicht wie sonst auch ihrem Wallach einen Besuch abgestattet, bevor sie sich ans Frühstück machte? Er betrat die Küche und erschrak. Angelika saß über ihre Kaffeetasse gebeugt am Tisch und wirkte mehr wie ein Geist als ein Mensch. Erschrocken betrachtete er die junge Frau, die sonst immer so viel Lebensmut und Energie verströmte. »Was ist denn dir heute über die Leber gelaufen?«, fragte er.

Angelika sah kurz auf. Ihre Augen waren gerötet und verquollen. Sie hatte geweint. »Nichts«, war die Antwort. »Bin müde. Schlimme Nacht. Der normale Wahnsinn.« Sie zwang sich zu einem Lächeln, das zu einer schmerzerfüllten Grimasse mutierte.

Lovis holte eine Tasse und füllte sie mit Kaffee. Als er sah, dass Angelikas Tasse beinahe leer war, sorgte er auch dort für Nachschub.

»Danke.«

»Du schaust aus, als wärst du dem Tod begegnet«, sagte er. »Bist du sicher, dass du nur müde bist?«

Angelika winkte kraftlos ab. »Ich hab gedacht, dass ich bei einer Runde mit Diablo aufwache, aber das ist wohl keine so gute Idee heute. Ich sollte …«

»Du solltest dich mal ein Stündchen aufs Ohr hauen«, unterbrach Lovis sie. »Leg dich einfach in der Stube aufs Sofa. Ich hol dir eine Decke und sorge dafür, dass Fernando nicht zu viel Krach macht.«

»Du bist lieb.« Angelika stemmte sich mühevoll hoch und vollführte eine Geste, die die ganze Küche umschloss. »Das hier erledige ich …«

»Mach dir darum keine Gedanken«, unterbrach sie Lovis. »Ab mit dir aufs Sofa.« Er fasste sie an den Schultern und drehte sie Richtung Küchentür. Ohne sich umzudrehen, schlurfte sie hinaus.

Lovis schaute ihr sorgenvoll nach. Dann stapelte er das Frühstücksgeschirr und erledigte so leise wie möglich den Abwasch. Er hatte Angelika noch nie so gesehen. Ob das normal war, dass sie sich die Schicksale ihrer Patienten so zu Herzen nahm? Wie konnte sie dann diesem Beruf nachgehen, ohne daran zu zerbrechen? Und woher nahm sie die Energie, sich auch noch um das Pferd und den Messner Hof zu kümmern und dabei meistens allen gegenüber freundlich zu sein und eine Fröhlichkeit auszustrahlen, die sogar ihn mitriss? Er bewunderte sie und schämte sich gleichzeitig ein bisschen, dass er ihre Hilfe hier im Haus so selbstverständlich nahm. Er nahm sich fest vor, in Zukunft mehr Verantwortung für den Hof zu übernehmen und auch Angelika zu entlasten. So schnell dieser Entschluss gefasst war, so schnell schweiften seine Gedanken aber auch schon weiter zu seinen Kriminalfällen. Auch hier musste er mehr Engagement zeigen. Die Fälle lösten sich nicht von allein, und wenn er ehrlich mit sich selbst war, musste er zugeben, dass er bisher nicht wirklich viel erreicht hatte. Und morgen war der Stichtag, an dem Cavagna erste Ergebnisse sehen wollte. Lovis schluckte. Langsam wurde es eng.

Hektisch trocknete er das Geschirr ab und ergänzte dabei seine To-do-Liste um einen Punkt: Er wollte sich heute Vormittag zu dem von Cavagna geplanten Wellnesshotel schlaumachen. Vielleicht stieß er dabei ja auf mögliche andere Feinde des Dorfadeligen.

Als alle Spuren des Frühstücks beseitigt waren, ließ er einen letzten prüfenden Blick über die Anrichten und den Tisch wandern und befand die Küche für aufgeräumt. Angelikas Handy sprang ihm ins Auge. Mit einem leisen Stich erinnerte er sich an SSSchatzi. Er war aber auch selber schuld. Da war ihm Angelika Jahr für Jahr über den Weg gelaufen, und er hatte nichts als Spötteleien für sie übriggehabt, weil er in ihr nur eine Art Schwesterersatz gesehen hatte. Jetzt wo sie vergeben war, entdeckte er plötzlich seine Liebe.

Das war wieder typisch für ihn und sein Glück bei den Frauen. Besser, er kümmerte sich um seine Fälle. Wieder blieb sein Blick an dem Telefon hängen.

Angelika ist gewiss einverstanden, wenn ich mir das noch mal ausleihe, überlegte er. Er schnappte sich das Ding und seinen Laptop und wechselte nach draußen auf den Söller. Nach mehreren Anläufen hatte er eine Internetverbindung hergestellt, und die Startseite der Suchmaschine baute sich auf. Er gab »Architekturbüro + Cavagna + Hotel« in die Suchzeile ein und wartete. Nicht lange darauf erschienen die Suchergebnisse. Gleich der erste Eintrag war ein Volltreffer. Für das Wellnesshotel im Winklerwald hatte Cavagna die Architektengemeinschaft Wild & Pranter engagiert, deren Büro sich mitten im Stadtzentrum von Brixen befand.

War ja klar, dachte Lovis zynisch. Er checkte die Öffnungszeiten und stellte fest, dass das Büro bereits geöffnet hatte. »Na dann«, sagte er zu sich selbst. »Auf in den Kampf.«

Die alten Bürgerhäuser, die früher hinter einem Wassergraben auch die Funktion einer Stadtmauer gehabt hatten, waren mustergültig restauriert und in bunten Pastelltönen gestrichen. Vor dem wolkenlosen Frühlingshimmel machten sich die Fassaden aus wie aus einem Werbeprospekt für die Stadt. Das Architekturbüro Wild & Pranter lag im Parterre eines dieser Häuser zwischen Banken und Boutiquen. Der Architekt hatte es geschafft, dass sich das hochmoderne Studio tadellos in den Altbau einfügte und ihm beinahe so etwas wie Glanz verlieh.

Bevor Lovis die Tür öffnen konnte, kam eine ältere Frau rückwärtsgehend heraus, klemmte die schwere Glastür mit einem Holzkeil fest und wischte mit einem Mopp noch einmal über den schwarz glänzenden Marmorboden.

»Oh«, sagte sie nur, als sie erkannte, dass Lovis im Begriff war, einzutreten. Müde strich sie sich eine Haarsträhne aus dem Gesicht. Ihr Blick flatterte kurz zu ihm hoch. Ihre Augen waren von dem hellsten Blau, das Lovis jemals gesehen hatte. Stechend beinahe, eisig, wäre da nicht die Müdigkeit, die tief in ihnen lag. Wahrscheinlich ließ man sie hier für wenig Geld schuften, während man sich mit hoch dotierten Prestigeprojekten eine goldene Nase verdiente.

»Ich mache ganz große Schritte und trete nur mit den Fußspitzen auf«, versprach er mit einem entschuldigenden Lächeln. Ein verhuschtes Kopfschütteln war die Reaktion. »Nein, nein«, sagte sie ergeben. »Gehen Sie nur. Ich wische noch mal drüber, wenn Sie durch sind. Passen Sie aber bitte auf, der Boden ist rutschig.«

Sie trat einen Schritt zur Seite, und Lovis schob sich mit einem gemurmelten »Dankeschön« an ihr vorbei.

Das Architekturstudio war von der Sorte, bei der man das Gefühl hatte, nirgends anstoßen zu dürfen, weil alles zerbrechlich, empfindlich und teuer war. Das strahlende Weiß der Einrichtung bildete einen starken Kontrast zu dem dunklen Boden. Ein überdimensionales Ölgemälde brachte einen orange-roten Tupfer in die Komposition, die eine einzige Aussage hatte: Hier spaziert Geld ein und aus. Vor einem großzügigen Ledersofa lagen auf einem Glastischchen Zeitschriften, die sich mit den Themen Wohnen und Einrichten befassten. Wie in einem Museum waren die Modelle von Referenzprojekten unter Glaskuben ausgestellt.

Lovis hielt ehrfürchtig den Atem an, als er sich über eines davon beugte. »Wellnessresort Winklerwald« stand auf einem kleinen Schild in der Ecke der Glasvitrine. Bingo!

»Kann ich Ihnen helfen?« Eine seidenweiche Stimme ließ Lovis herumfahren. Er sah sich einer Blondine gegenüber, die wie ein vom Himmel gefallener Engel aussah.

»Ähm … äh …« Er brachte nur ein Stottern heraus.

Reiß dich zusammen, Lovis, befahl er sich selbst und zwang sich, die Aufmerksamkeit weg von ihrem verführerisch duftenden Parfüm auf den Grund seines Besuchs zu lenken.

»Haben Sie einen Termin?«, versuchte sie zu helfen.

Lovis atmete tief durch. »Nein, nicht wirklich. Ich ... wollte nur einmal das Modell zu diesem Wellnesshotel ansehen. Ich ... überlege, ob ich mich an dem Projekt beteiligen will.«

Der taxierende Blick, mit dem sie den Preis seiner abgewetzten Lederjacke abschätzte, verriet ihm, dass sie ihm nicht glaubte.

»Herr Wild ist leider nicht im Haus, und ich fürchte, wir dürfen Ihnen auch keine Auskunft zu dem Projekt geben – außer Sie kommen mit dem Bauherrn persönlich, Herrn ...«

»Cavagna«, unterbrach er sie und winkte ab. »Natürlich werde ich auch noch einmal gemeinsam mit Carlo«, er betonte den Vornamen demonstrativ, »kommen, aber ich wollte mir im Voraus bereits einen kleinen Eindruck verschaffen. Ein paar Impressionen. Das ist doch sicher möglich, nicht wahr?« Er hoffte, dass sein breites Lächeln gewinnend auf die Empfangsdame wirkte. »Es reicht, wenn ich mir dieses Modell hier ansehen darf. Es ist doch öffentlich zugänglich, nicht wahr?«

Unsicher nickte die Blondine.

»Vielleicht können Sie mir sogar ein paar Fragen beantworten? Ganz harmlos, versteht sich. Dieser See hier zum Beispiel ... Ich kenne das Grundstück, auf dem das Hotel gebaut werden soll in etwa, aber einen See vermisse ich dort.«

Lovis verstärkte sein Lächeln. Allmählich begannen seine Wangenmuskeln zu schmerzen. Doch es zeigte die gewünschte Wirkung. Die Blondine entspannte sich, lächelte und wirkte gleich viel zugänglicher.

»Tatsächlich ist in dem Gebiet nirgends ein See. Aber Herr Cavagna wollte einen für das Resort.« Sie betonte das Wort Resort. »Natürlich haben wir seinen Wunsch in das Projekt einbezogen.«

»Also werden Sie einen Kunstsee anlegen? Schwimmen im Sommer und Eislaufen im Winter. Und das mitten in der Natur und nur für die Gäste, ganz ohne lästige Einheimische. Carlo hatte einfach immer schon die besten Ideen!«

Lovis verzog anerkennend die Mundwinkel. Er versuchte weitere Details zu erkennen.

»Der Spa-Bereich ist auf dem Dach angelegt, wie ich sehe – mit Blick auf den Brixner Talkessel. Sehr schön! Und das hier ist der Golfplatz?« Angelika hatte auch noch etwas von einer Reitbahn gesagt. »Und die Reitbahn ...«

»... wird hier untergebracht. Außerdem ist eine Reithalle geplant. Hier!« Die Dame deutete auf einen Bau, der etwas abseits stand. »So ist das Reiten wetterunabhängig garantiert. Bei schönem Wetter bietet der Winklerwald ja genügend Gelegenheiten zum Ausritt.«

Lovis dachte an Angelikas tägliche Runde und wägte ab, wie groß ihre Bereitschaft war, den Winklerwald mit Horden von betuchten Urlaubern zu teilen, die höchstwahrscheinlich keine Ahnung von Pferden hatten. Die Empfangsdame schien die Ablehnung in seinem Gesicht zu lesen, denn plötzlich kehrte sie zu ihrer anfänglichen Reserviertheit zurück.

»Hören Sie, Herr ... Ich habe keine Ahnung, was Sie wirklich wollen. Egal ob Sie zu den Umweltschützern gehören oder von der Presse sind: Lassen Sie sich gesagt sein, dass an diesem Projekt alles hieb- und stichfest ist. Wir haben das Gutachten der Umweltkommission, der Gemeinderat hat es bewilligt, und die Landschaftsschutzkommission hat ebenfalls grünes Licht gegeben. Im Juni wird der Grundstein gelegt. Da führt kein Weg dran vorbei.«

Ihre seidenweiche Stimme hatte einen harten Unterton bekommen. Plötzlich duftete auch ihr Parfüm nicht mehr so berückend.

»Ich bin an einer Beteiligung …«, machte er noch einen Versuch, doch sie schnitt ihm das Wort ab.

»Zufällig weiß ich, dass Herr Cavagna eine Beteiligung anderer Finanziers nicht in Erwägung zieht.«

Im nächsten Augenblick war das seidenweiche Lächeln wieder da, doch nur, um der folgenden Bemerkung zusätzliches Gift zu verpassen.

»Aber ich kann ihn gern anrufen, um mich eines Besseren belehren zu lassen, falls Sie eine Sonderabsprache mit ihm haben?«

Spöttisch lächelnd umrundete sie den schneeweißen Tresen und hielt einen Telefonhörer in die Höhe. »Wie war Ihr Name noch mal?«

Lovis ergab sich. Er hob abwehrend seine Hände. »Einen Versuch war es wert, nicht wahr?«

Die Blondine zuckte mit den Schultern. »Ich darf Sie jetzt bitten, das Studio zu verlassen.«

»Sie werfen mich hinaus?«

»Sie können gern einen Termin mit den Herren Architekten Pranter oder Wild vereinbaren und denen das Märchen von Ihrer Beteiligung vortragen. Vielleicht kommen Sie bei ihnen damit durch, wobei ich das stark bezweifle.«

Wieder wanderte ihr Blick vielsagend über seine Kleidung. Lovis wurde vage bewusst, dass diese eine Nacht im Heu und die morgendliche Stallarbeit mitgemacht hatte. Unauffällig zog er die Luft ein. Stallgeruch! »Nein, danke«, murmelte er ertappt.

»Na, dann …« Sie kam wieder hinter dem Tresen hervor und stöckelte ihm voraus zur Tür, die sie ihm demonstrativ höflich aufhielt. »Ich wünsche Ihnen noch einen angenehmen Tag.«

Ohne zu wissen, wie das geschehen war, fand sich Lovis auf der Straße wieder.

Junge, Junge, deinen nächsten Auftritt musst du aber besser planen, dachte er bei sich. Er nickte der Reinigungsfrau zu, die eben die ohnehin sauberen Scheiben des Architekturstudios putzte, und machte sich auf den Weg zu einem Ort, wo er sicher willkommener war.

»Ich dachte, du machst viel früher auf«, meinte Lovis, als er gegen halb zwölf Uhr vor der Dorfkneipe eintraf. Schorsch war eben dabei, die Tür aufzusperren – so sah es zumindest aus. Der Privatdetektiv wurde allerdings schnell eines Besseren belehrt.

»Ich sperre nicht auf, sondern zu«, sagte sein Freund und deutete auf ein schnell dahingekritzeltes Schild. Wegen Todesfall geschlossen, stand darauf.

Lovis erschrak. »Doch nicht etwa …« Der Name wollte ihm nicht über die Lippen. Wenn Anna … Plötzlich gaben seine Knie nach.

Schorsch winkte beruhigend ab. »Bei mir zu Hause ist alles in Ordnung.« Er rüttelte noch einmal an der Türklinke, um sich zu vergewissern, dass er auch wirklich abgesperrt hatte. Dann steckte er seufzend die Hände in die Jackentaschen. »Es ist Sissi.«

»Deine Kellnerin? Aber sie war doch …« Sissis trauriges Gesicht schob sich vor Lovis' inneres Auge. Schorsch schüttelte nur traurig den Kopf.

»Ein Unfall?«

Schorsch wich Lovis' forschendem Blick aus.

»Selbstmord?«

Unbehaglich zog sein Freund die Schultern hoch. »Ich weiß auch nichts Genaueres.«

»War es wegen Cavagna?«

Schorsch schüttelte wieder den Kopf, diesmal energischer. »Lovis, ich hab keine Ahnung, was passiert ist. Hör auf, mir mit deinen Fragen auf die Nerven zu fallen, und kümmere dich um deine anderen Aufträge.« Er hob die Hände zu einer hilflosen Geste. »Sie ... wirkte in letzter Zeit öfters bedrückt. Ich ... wollte sie darauf ansprechen. Sie fragen, ob alles klar ist. Aber ... du weißt ja ... Wie spricht man so was an? Wäre ich ihr Vater oder ihr Freund ... Aber jetzt ...«

»... machst du dir Vorwürfe.« Lovis konnte ihn nur zu gut verstehen. Wenn solche Dinge passierten, blieben bei den Hinterbliebenen immer Schuldgefühle zurück. Und Fragen. Plötzlich schoss ihm das Bild von Angelika durch den Kopf, wie sie heute über ihrem Frühstückskaffee gehangen hatte, mehr tot als lebendig. Er hatte ihre Ausrede mit der schlimmen Nacht im Krankenhaus einfach akzeptiert. Aber vielleicht ... Lovis wurde unruhig.

Schorsch seufzte. »Ich bin auf dem Weg zu ihrer Mutter. Vielleicht kann ich ihr ein bisschen beistehen.«

Lovis nickte. Er konnte es kaum abwarten, bis Schorsch sich abgewandt und den Weg Richtung Reitstall eingeschlagen hatte. Plötzlich hatte er das Bedürfnis, ganz schnell nach Angelika zu sehen. Er schwang sich auf sein Rad und trat in die Pedale.

Leise drückte er die Türklinke hinunter und spähte in die Stube. Angelika lag schlafend auf dem Sofa, und die verwaschene Flickendecke hob und senkte sich mit ihren gleichmäßigen Atemzügen. Lovis wollte die Tür wieder zuziehen, doch ihr Anblick hielt ihn gefangen. Angelikas Wangen waren gerötet. Ihr Gesicht sah im Schlaf so friedlich und jung aus, und die ganze Stube war erfüllt von ihrem süßen Geruch. Er fühlte, wie sein Herz höherschlug, und musste an sich halten, um nicht zu ihr zu stürzen und ihr einen Kuss auf die Stirn zu drücken.

Ein Poltern an der Eingangstür ließ ihn herumfahren. So leise wie möglich schloss er die Tür zur Stube und zischte Paul an, der sich an der Schwelle den Stalldreck von den Stiefeln trat.

»Psssst! Sie schläft!«

»Wer schläft?«, fragte Paul zurück.

»Angelika.«

Paul schüttelte verständnislos den Kopf. »Am helllichten Tag?«

»Hat eine schwere Nacht hinter sich, hat sie gesagt. Was brauchst du denn von ihr?«

»Na, essen«, grinste Paul. »Warum wohl komme ich sonst um zwölf ins Haus?«

Daran hatte Lovis nicht gedacht. Er hatte zwar über Angelikas Anblick seinen Hunger völlig vergessen, doch nun meldete sich auch sein Magen knurrend zu Wort. Er warf einen flüchtigen Blick auf die Stubentür, doch den Gedanken, Angelika zu wecken, verwarf er sofort wieder. »Komm in die Küche«, flüsterte er Paul zu. »Aber leise. Wir lassen sie schlafen.«

»Sicher«, grinste Paul. Er zog vielsagend die Augenbrauen in die Höhe. »Kochender Mann – das bringt viele Punkte auf der Plusliste.«

Lovis boxte ihn in die Seite. »Still, du Lästermaul.«

Paul rieb sich die Schulter und grinste weiter. »Zu Befehl, Chef. Beim Kochen wirst du aber auf meine Hilfe verzichten müssen. Ich habe mein Arbeitspensum erfüllt und mache jetzt Pause.« Mit diesen Worten verschwand er ins Bad.

Lovis betrat die Küche und überprüfte den Inhalt des Kühlschranks: Graukäse, Eier … Das Kochen musste schnell gehen. Er hatte ja vor, um 12.30 Uhr seine Schützlinge zu beschatten. Er überlegte. Eieromelette gehörte definitiv zu seinem Kochrepertoire. Beschwingt griff er sich eine Schüssel und machte sich daran, alle zehn Eier aufzuschlagen. Er würzte sie, goss sie in eine Pfanne und legte den Deckel drauf.

»Was gibt's denn nun?«, fragte Paul von der Tür her.

»Frittata«, gab Lovis zurück. »Und Graukäse.«

»Doch nicht den, den dein Onkel uns vererbt hat?« Paul verzog misstrauisch das Gesicht.

»Genau den«, gab Lovis zurück. »Ich hab mir sagen lassen, dass er erst gut ist, wenn er von allein läuft. Und das tut der ganz gewiss.«

Paul seufzte ergeben. »Na, dann her damit. Ich hab so einen Kohldampf, ich esse alles.«

Lovis hob den Deckel. Das Omelett war ordentlich aufgegangen. Das kriegt auch ein Sternekoch nicht besser hin, dachte er und präsentierte Paul stolz das Ergebnis seiner Kochkünste.

»Hmmm«, machte der und griff nach der Pfanne. »Schaut nicht mal so übel aus.« Damit schob er sich das gesamte Omelett auf den Teller und begann es in sich hineinzuschaufeln. »Und was isst du?«

Das frage ich mich auch, dachte Lovis leicht verärgert. Eigentlich hatte er auf die Hälfte des Omeletts spekuliert.

Aber daraus wurde ja wohl nichts. Dann würde er eben noch eins kochen. »Ich sehe nach, ob die Hühner noch was gelegt haben.«

»Apropos Hühner«, meinte sein Knecht zwischen einem Bissen und dem nächsten. »Alma ist unauffindbar. Die muss der Fuchs geholt haben.«

»Nein, nein«, beruhigte ihn Lovis. »Ich weiß, wo sie ist. Was hältst du davon, wenn wir ihr die Eier einfach mal lassen? Ich glaube, sie will brüten.«

»Ich sag's ja.« Paul grinste spöttisch. »Ein Bauer mit einem Herz für Tiere. Na ja, meinetwegen. Dem Kreuzwirt seine Gäste werden heuer halt gefärbte Eier kriegen. Wo ist sie denn?«

Lovis zuckte die Achseln. »Sagen wir mal: Sie hat ein ausgezeichnetes Versteck gefunden.« Paul musste ja nicht wissen, dass er Alma allabendlich in den Stadel trug, um ihr dort sein ehemaliges Versteck als Nest schmackhaft zu machen. Sein Blick fiel auf die Uhr. Es war Zeit zu verschwinden. Fünfzehn Minuten blieben ihm, um pünktlich in der Stadt zu sein.

Lovis hatte sich hinter einem Baum vor dem Schulgebäude postiert und wartete auf das Schulende. Von der Mensa kam der Geruch nach frittiertem Essen. Sein Magen grummelte bedrohlich. Wenn das hier vorüber war, musste er unbedingt an einem Schnellimbiss vorbei. Da ertönte die Schulglocke, und beinahe zeitgleich flog die Eingangstür auf. Ein Schüler stürmte heraus. Mit schlenkernden Armbewegungen rannte er Richtung Bushaltestelle. Weitere Kinder verließen das Gebäude, manche spurteten, als gäbe es kein Morgen, andere schlurften so langsam und ohne Energie, dass man meinen konnte, sie hätten die härteste Bergtour hinter sich und nicht ein paar Stunden Unterricht. Die nächsten schlenderten in ernsthafte Gespräche vertieft daher oder schubsten sich gegenseitig. Lovis musste beim Anblick der bunten Schar lächeln. Dann endlich kam Erik. Wie üblich flankierten ihn Matthias und Iwan. Das Trio unterhielt sich laut lachend und schlenderte ohne Eile Richtung Bushaltestelle.

Lovis folgte den Jungs mit einigem Abstand und hatte Glück. In dem Moment, in dem die drei die Bushaltestelle erreichten, fuhr der Bus ein, und sie kamen gar nicht auf die Idee, sich umzusehen. Als sie drin waren, beeilte auch er sich, zum Bus zu kommen. Leutselig grüßte ihn ein schmerbäuchiger Fahrer, den er vage vom Ostereiersuchen in Erinnerung hatte.

»Lovis«, stellte er sich vor.

»Karl«, gab der Busfahrer zur Antwort.

Himmel, wie viele Karls gibt es in diesem Land eigentlich?, fragte sich Lovis leicht irritiert.

»Bist du der Privatdetektiv?« Der Busfahrer-Karl grinste spöttisch.

»Und anscheinend das Hauptgesprächsthema im Dorf«, stellte Lovis leicht genervt fest.

»Nicht nur im Dorf«, meinte Karl. »Die halbe Stadt weiß auch schon davon.«

»Himmel«, entfuhr es ihm. »Na ja, mir soll's recht sein. Dann kann ich mir das Inserat in der Tageszeitung sparen.«

»Auch wieder wahr.« Karl startete den Bus.

»Ist dir mal aufgefallen, dass einer der Jungs aus dem Dorf von anderen drangsaliert wird?«

Der Fahrer warf einen Blick in den Rückspiegel und lenkte den Bus auf die Straße. »In meinem Bus wird niemand drangsaliert. Sag das der Mutter vom Erik!«

»Wieso weißt du...«

»Ich bin ja nicht blöd. Hast du eine Ahnung, wie oft die mich angerufen hat? Die muss mal ein bisschen zurückschalten, wenn du mich fragst!«

Theoretisch konnte Lovis dem Fahrer nur zustimmen. Aber praktisch musste er der besorgten Mutter möglichst bald irgendein Ermittlungsergebnis vorweisen, sonst wäre sein Ruf als Privatdetektiv schneller den Bach runter, als er Piep sagen konnte. »Also nichts?«

»Weniger als nichts! Der Bub ist immer mit seinen zwei Kumpels unterwegs. Und abgesehen davon, dass ich sie mal rausgeworfen habe, weil sie nichts Besseres zu tun hatten, als eine Coladose zu schütteln und den ganzen Saft durch den Bus zu spritzen, sind sie nie aufgefallen.«

»Hmmm.« Lovis schürzte nachdenklich seine Lippen. »Irgendwas ist da faul.«

»Ach was«, gab der Busfahrer zurück. »Das sind Buben. Man darf vielleicht nicht immer alles für bare Münze nehmen, was sie einem weismachen wollen. Und wenn du mich fragst: Das Geglucke von der Mutter tut dem Bub sicher nicht gut.«

Lovis nickte zustimmend. Er ließ seinen Blick über die bunte Schar gleiten und hatte prompt Pech. Iwan sah ihn und winkte ihm fröhlich zu. Lovis nickte unverbindlich zurück. Doch Iwan stand auf und bot ihm seinen Sitzplatz an. Lovis ärgerte sich über sich selbst. Eine unauffällige Beschattung war schon wieder hinfällig. Mit besonderem Talent war er wohl nicht gesegnet. Er beugte sich zum Busfahrer.

»Du musst mich retten, Karl!«, sagte er. »Die dürfen nicht bemerken, dass ich ihretwegen hier im Bus bin. Red was mit mir! Schnell!«

»Ich soll mit dir reden? Worüber denn?« Karl grinste.

»Keine Ahnung – über das Wetter?«, schlug Lovis vor.

»Oder darüber, ob du schon herausgefunden hast, wer dem Gunsch sein Fahrrad zu Allerheiligen gestohlen hat«, entgegnete Karl und lachte in sich hinein. »Ich tippe ja auf Reini. Der kommt mit seinem Lehrergehalt nie aus. Aber mir glaubt ja keiner.«

Der Bus hielt an. Ein Schwarm Mittelschüler drängte hinaus. Kaum hatten sie festen Boden unter den Füßen, begannen die Halbwüchsigen, sich gegenseitig zu schubsen und zu rempeln.

»Wie die sich nur selbst den lieben langen Tag aushalten«, meinte Karl.

Lovis nickte zustimmend und verlor fast das Gleichgewicht, als der Bus ruckelnd wieder anfuhr.

»Bei der nächsten Haltestelle müssen wir raus«, sagte er mehr zu sich selbst als zum Busfahrer. Doch die Leuchtanzeige, mit der man seinen Haltewunsch signalisierte, blinkte nicht auf.

Lovis warf einen vorsichtigen Blick zurück. Warum drückten die Jungs den Halteknopf nicht? Karl scherte sich nicht darum. Als er die Haltestelle des Dorfes erreichte, fuhr er rechts ran, und die Türen des Busses öffneten sich.

»Jungs«, rief er zurück. »Raus hier!«

»Nein, danke. Wir fahren heute weiter.«

Iwan schien wirklich ein höflicher Junge zu sein. Lovis konnte sich kaum vorstellen, dass er Cola im Bus herumspritzte oder auf Hausdächern herumkletterte.

»Aber müssen Sie nich hier raus?«

Lovis fühlte, wie ihm das Blut in die Wangen schoss. Panisch suchte er nach einer Ausrede. »Nein, ich fahre weiter ... ich muss ...« Rat suchend sah er den Busfahrer an.

»Palmschoß ... das ist die Endstation«, flüsterte er ihm zu.

»Nach Palmschoß hinauf. Meinen ...«

»... alten Lehrer ...«, soufflierte der Busfahrer, und Lovis grinste ihm dankbar zu.

»Meinen alten Lehrer besuchen. Der wohnt da, seit er in Pension ist.« Er hätte sich die ganze Lügengeschichte sparen können. Mit hochgezogenen Augenbrauen quittierte Iwan das Märchen. Lovis war durchschaut und wandte den Blick ab. Nicht einmal solchen Bengels konnte er etwas vormachen.

»Im Nachbardorf gibt es eine Heimatbühne. Die würden sich über so ein Schauspieltalent freuen.« Karl grinste schadenfroh.

»Ich weiß selbst, dass ich nicht gerade ein Meisterlügner bin«, gab Lovis zu.

»Na ja«, lenkte der Busfahrer ein. »Ehrlich währt am längsten.«

Lovis verdrehte die Augen. »Nur nicht sehr hilfreich, wenn man in meinem Geschäft nicht auch ein bisschen schwindeln kann.«

»Was nicht ist, kann noch werden«, meinte Karl. Da ertönte ein kurzes Klingeln, und die Leuchtanzeige »Haltestelle vorgemerkt« blinkte auf. Iwan, Matthias und Erik rafften ihre Sachen zusammen und machten sich fertig.

»Was tu ich jetzt?«, fragte Lovis sich laut.

»Du lässt die Jungs aussteigen und fährst noch ein Stückchen mit.«

»Dann verliere ich sie.«

»Nur ein paar Meter, sodass sie meinen, dass du weiter nach Palmschoß gefahren bist. Dann werfe ich dich aus dem Bus. Weil du mir nämlich die Ohren vollaberst, obwohl das verboten ist.« Karl deutete auf das Schild über seinem Haupt.

»'tschuldigung.«

Doch der Busfahrer schüttelte belustigt den Kopf. »Daran hält sich sowieso keiner. Und wieso auch? Wenigstens erfahre ich so hin und wieder was Neues.«

Die Bustüren schlossen sich wieder. Die drei Jungs warfen sich ihre Schultaschen über die Schultern und schlugen einen schmalen Weg ein, der von der Hauptstraße abzweigte. Karl fuhr an. Nach der nächsten Kurve hielt er und zwinkerte Lovis zu. »Weidmanns Heil!«, sagte er und grinste dem Privatdetektiv hinterher, der auf die Straße sprang und machte, dass er den Jugendlichen nachkam. Zwar hatte er keinen Rüpel dabei ertappen können, wie er seine neuen drei Gehilfen drangsalierte, aber vielleicht erfuhr er den Grund dafür, warum sie häufig so spät zu Hause ankamen.

Bereits nach mehreren Metern hörte er das Lachen der Jungs durch die Bäume hallen und orientierte sich danach. Sie blieben eine Weile auf der schmalen Straße, dann schlugen sie sich talwärts ins Gebüsch. Lovis verfluchte seine ausgetretenen Segeltuchschuhe, die sich für einen Geländelauf absolut nicht eigneten.

Und gleich darauf fluchte er wieder. Als sein Telefon einen durchdringenden Ton von sich gab. In letzter Sekunde duckte er sich hinter ein Marterl, ein Wegkreuz, von denen es hier zum Glück so einige gab, und nahm das Gespräch an. »Ja? verdammt noch mal, ich bin beim …«

»Es ist mir völlig egal, wobei du bist. Du tauchst jetzt auf der Stelle hier auf und hältst mir die verrückte Meute vom Hals, oder ich kündige!« Lovis hatte Paul noch nie so erregt erlebt.

»Was ist los?«

»Was los ist? Das ist los!« Im Hintergrund ertönte lautes Stimmengewirr, das von einem durchdringenden Hundegebell noch überlagert wurde. »Ich geb dir zehn Minuten!« Dann unterbrach Paul das Gespräch.

Unschlüssig sah Lovis in die Richtung, in der die Jungs verschwunden waren, dann auf das Telefon. Verdammt! Die Jungs oder Paul? Der Abschluss des Babysitterfalls würde ihm Geld einbringen. Andererseits: Paul hatte ziemlich dramatisch geklungen. Falls er wirklich kündigte, wenn Lovis nicht auf dem Hof auftauchte, wäre das bisschen Geld, das er hier verdiente, auch egal. Dann kannst du selbst zusehen, wie du das mit dem Hof auf die Reihe kriegst!

Schlagartig war Lovis klar, wie seine Entscheidung aussehen musste. Mit einem letzten Fluchen steckte er sein Telefon in die Hosentasche und machte kehrt. Er musste wohl zusehen, dass er es innerhalb von zehn Minuten ins Tal schaffte …

Lovis konnte von Glück reden, dass es Gunsch war, der genau in dem Moment, als er wieder auf die Hauptstraße gelangte, um die Kurve bog und auch noch stehen blieb, als Lovis ihm verzweifelt zuwinkte.

»Ich muss ganz schnell auf meinen Hof. Sonst passiert noch ein Unglück«, sagte er, und Gunsch drückte, statt Fragen zu stellen, einfach aufs Gas. In Rekordzeit waren sie wieder im Tal, und kurze Zeit später holperte Gunschs Wagen den Feldweg zum Messner Hof hinauf.

»Den Weg könntest du auch mal in Ordnung bringen«, meinte er brummend, als bei einem besonders tiefen Schlagloch die Ölwanne aufschlug.

»Gleich wenn ich den Rest meines Lebens in Ordnung gebracht habe«, meinte Lovis und dachte zähneknirschend an den Schuldenberg, seine ungelösten Fälle und an Angelikas geisterhafte Erscheinung am Morgen. Gunsch grinste. Er grinste noch mehr, als er das Szenario erblickte, das sich ihnen auf dem Hofplatz bot. Der blöde Spitz kläffte aus Leibeskräften, wetzte zwischen den einzelnen Mitgliedern der Urlauberfamilie hin und her, und eines der Kinder heulte.

»Dann wünsch ich dir mal viel Spaß«, meinte er und grüßte in stillem Einverständnis zu Paul hinüber, der den Blick Richtung Himmel sandte und ohne ein Wort im Stall verschwand.

»Da senn Se ja!«, keifte die Frau los, kaum dass sie Lovis erblickte. »D'Angelika hat mein Kerle faschd ibern Haufe gritte mit ihrm schwarze Ungetüm!«

»Ah … hm«, brummte Lovis nur. Was sollte er auch sagen? Verstohlen beobachtete er den Jüngsten, der auf dem Arm der Mutter hing und das Gesicht in die Grube an ihrem Hals bohrte. Er schien unversehrt, wenn auch etwas blass um die Nase. Möglicherweise erschreckte ihn vor allem das Gezeter seiner Mutter.

»Jetz isch er traumadisiert!«, bellte sie ihn weiter an. »Mir wolled a Entschädigong! Gell, Otto?«

Der Mann sah erschrocken von der Wanderkarte auf, die er studierte. »Hilde?«

»Mir wolled a Entschädigong für dui verantwordungslose Raserei. Onser kloiner Leander isch traumadisiert! Gugged Se doch, Herrgodd! Jetz sag du doch au mal ebbes, Otto!«

»Ich kann dieses Kirchlein im Wald nicht finden. Wir wollten da hin, aber … Können Sie mir zeigen, wo es ist?«, sagte der Mann und löste damit ein entrüstetes Schnauben der Ehefrau aus.

Ohne sich weiter um sie zu kümmern, ging Lovis zu ihm hinüber. Er beugte sich über die Wanderkarte, suchte ein bisschen und tippte dann auf eine Stelle. »Wahrscheinlich meinen Sie diese hier«, sagte er. »Heute schaffen Sie das aber nicht mehr. Die Sonne verschwindet in ungefähr drei Stunden. Dann verirren Sie sich im Wald.«

Der Mann zuckte die Schultern. Was willst du machen, sagte sein Ausdruck. Es passiert sowieso, was sie will.

Lovis verbiss sich ein Grinsen. »Fahren Sie wenigstens bis hierher. Da sparen Sie sich ungefähr fünfhundert Höhenmeter. Aber ich empfehle Ihnen wirklich, die Wanderung auf morgen zu verschieben und dann früher zu starten.«

Der Mann nickte resigniert, schaute noch einmal auf die Karte. »Danke, Herr Lovis.«

»Sagen Sie doch Lorenz zu mir«, bot der an. »Und was den Jungen betrifft ...«

Der Mann winkte ab. »Der kriegt sich schon wieder ein. Er muss auch lernen, seine Augen ein bisschen offen zu halten. Angelika konnte ihn nicht sehen. Auch wenn sie tatsächlich etwas schnell losgeritten ist ...«

Die Frau schnaubte wieder. Doch der Mann warf ihr einen beschwichtigenden Blick zu. »Ich weiß jetzt, wo das Kirchlein ist, Hilde. Wenn du da hochwillst, sollten wir sofort los. Du wirst sehen, kaum klettert das erste Eichhörnchen einen Baum hoch, hat Leander alles vergessen.«

Er ging über ihr neuerliches Schnauben hinweg und bugsierte die anderen beiden Kinder und den Hund ins Auto. Dann half er, den nur noch leise schniefenden Kleinen auf dem Kindersitz zu verstauen, und öffnete ihr die Tür. Mit einem Augenrollen verabschiedete er sich von seinem Gastgeber.

Wenn der diesen Urlaub übersteht, braucht er erst recht Erholung, dachte Lovis mitleidig und tätschelte Barnabas, der sich schwanzwedelnd an seine Seite gestellt hatte, das Fell. Gemeinsam sahen sie dem Wagen nach, wie er den Kiesweg hinabrollte, eine große Staubwolke hinter sich aufwirbelnd.

»Und nun?«, fragte er den Hund. Barnabas wedelte weiter mit dem Schwanz. Du hast leicht wedeln, dachte Lovis. Du hast keine Sorgen. Ich habe zwei Fälle, bei denen ich nirgends einen Anhaltspunkt habe, und soll bis morgen erste Ergebnisse liefern. Mit Grauen dachte er an Cavagnas überhebliche Miene, mit der er ihm den Schuldschein unter die Nase gerieben hatte.

Genervt stieß er die Luft aus. Wo sollte er anfangen zu suchen? Der Falkner hatte sich zwar auffällig benommen, aber wie sollte er herauskriegen, was der Kerl vor ihm verbarg? Niederegger war ein naives Männlein, das sicher keine Uhus tötete, um sich am Baron zu rächen. Andererseits hatte er sonst überhaupt keinen Anhaltspunkt, wer diese Streiche an Cavagna verübte. Wo sollte er weitersuchen? In Brixen gab es zig Hoteliers, denen Cavagnas größenwahnsinniges Hotelprojekt vielleicht sauer aufstieß, auf der anderen Seite die Umweltaktivisten, die nicht einmal greifbar waren, und dann die Anrainer, die um die Wasserversorgung fürchten mussten.

Zu viele Möglichkeiten! Lovis seufzte. Es fühlte sich an wie die berühmte Nadel im Heuhaufen, die er suchen sollte. Auf der anderen Seite dieser verdammte Babysitterjob. Er war heute kurz davor gewesen, herauszufinden, was die Jungs nach der Schule trieben. Wenn nicht Paul beschlossen hätte, die Dramaqueen zu spielen. Die Fälle verhedderten sich in seinem Kopf zu einem wirren Wollknäuel. An welchem Ende sollte er bloß anziehen, um die Fäden zu entwirren? Er brauchte dringend Ablenkung, und vielleicht war es ja noch nicht zu spät, um dem Geheimnis der Jungs auf die Spur zu kommen.

»Lust auf einen kleinen Spaziergang?«, fragte Lovis den alten Bernhardiner. Der setzte sich hin und fegte mit seinem Schweif einen Halbkreis von Kieselsteinen frei. »Na, dann los, du Töle! Wollen wir mal hoffen, dass der Kübel anspringt.« Lovis wandte sich Richtung Remise. Widerspruchslos sprang Barnabas auf die Rückbank, und genauso widerspruchslos sprang der Motor an. Heute ist wohl doch mein Glückstag, dachte Lovis vergnügt und fuhr los.

Kurze Zeit später kam er dort an, wo Pauls Anruf ihn aus seiner Ermittlung gerissen hatte. Eine Schranke zeigte das Ende der öffentlich befahrbaren Straße an. An einem Speltenzaun lehnte ein Rad. Lovis lenkte seinen Wagen in die kleine Parkbucht und scheuchte Barnabas von der Rückbank.

Das war das letzte Mal, dass ich dich in meinen Kübel gelassen habe, dachte er angewidert. Die hintere Scheibe hatte der Bernhardiner mit undurchsichtigem Schleim besabbert, die Rückbank war voller Sand und Haare. Seufzend kurbelte er ein Fenster hinunter und hoffte, dass der Gestank sich bis zu seiner Rückkehr legen würde. Dann schlug er die Wagentüren zu und machte sich auf den Weg.

Der Boden duftete nach feuchter Erde und Fichtennadeln, von irgendwoher mischte sich süßer Blütenduft dazu. Vereinzelt zirpten ein paar Finken, und weiter weg schlug ein Specht einen Trommelwirbel an einen Baum. Lovis sog die Luft ein und streckte sich, dann atmete er noch einmal tief durch. Ihm war, als fiele aller Druck von ihm ab. Belustigt beobachtete er, dass es Barnabas ähnlich erging. Er schien zehn Jahre jünger und kreuzte mit erhobener Rute vor Lovis' Füßen. Aufgeregt schnüffelte er an Gräsern und markierte seinen Weg.

Ein Eichhörnchen sprang vor ihnen auf die andere Seite, kletterte pfeilschnell den Stamm einer Zirbe hoch und verharrte auf sicherer Höhe, um das auffordernde Gebell des Bernhardiners mit spöttischem Keckern zu beantworten. Lovis pfiff durch die Zähne, um seinen Begleiter wieder zum Schweigen zu bringen. »Gegen den kleinen Kerl hast du keine Chance, Kumpel«, stichelte er. Plötzlich wurde ihm klar, dass er nicht nur den Jungs auf der Spur war, sondern auch den geplanten Ort des Wellnesshotels in Lokalaugenschein nehmen konnte. Wenn er das Modell im Architekturbüro Wild & Pranter richtig interpretiert hatte, war es nämlich genau die Forststraße, auf der er eben wanderte, die in baldiger Zukunft zu einer asphaltierten Zufahrt werden sollte – zweispurig natürlich. Mit der Ruhe im Wald wäre es dann dahin … Ob Niederegger im Kampf gegen Cavagna eine Chance hatte? Lovis merkte, dass er daran glauben wollte. Insgeheim bereute er, am Tag zuvor nicht auch seinen Namen auf die Unterschriftenliste gesetzt zu haben. Es war so friedlich hier.

Eine Weile wanderten Lovis und Barnabas schweigend nebeneinander her. Lovis genoss die Stille und hing seinen Gedanken nach, bis der Bernhardiner stehen blieb und bedrohlich grollte. Lautes Knacken im Unterholz kündigte das Nahen eines größeren Tieres an. Lovis' Muskeln spannten sich an. Auch wenn er sich gern in der Natur aufhielt, hatte er wenig Lust, einem Hirsch oder womöglich einem Wolf in freier Wildbahn zu begegnen. Seit einiger Zeit sorgten die aus Slowenien eingewanderten Wölfe immer wieder für Schlagzeilen und heftige Diskussionen. Auch wenn Lovis nicht glaubte, dass sich die Tiere wirklich an Menschen heranwagten – ganz wohl war ihm so allein im Wald plötzlich nicht mehr. Das Ungetüm entpuppte sich einen Augenblick später aber als Professor Hans-Wolfgang Niederegger, der – mit Fotokamera und Feldstecher bewaffnet – aus dem Dickicht auf den Forstweg heraus stolperte. Beim Anblick des Privatdetektivs hellte sich sein Gesicht auf.

»Sie sind's«, rief er vergnügt. »Sie waren gestern bei meinem Vortrag!«

Lovis nickte bestätigend.

»Jetzt sind Sie sicherlich auf der Suche nach den Uhus?« Der Professor grinste verschmitzt.

»Eigentlich ...« Lovis wollte ihm gerade widersprechen, folgte dann aber einem inneren Impuls. »Ja. Sie haben es erraten. Ich wollte mir die Dinger aus der Nähe ansehen.« Die Jungs würde er sowieso nicht finden. Die konnten sich Gott weiß wo herumtreiben. Dafür bot sich jetzt eine Gelegenheit, den Professor ein bisschen besser kennenzulernen, vielleicht herauszufinden, wie weit er wirklich gehen würde, ob er nicht vielleicht doch fähig zu solchen Aktionen war. Er musste es nur geschickt anstellen. »Wollen Sie mir beschreiben, welchen Weg ich nehmen muss?«

Der Professor biss an. »Ohne jemanden, der sich auskennt, finden Sie die gar nicht.«

»Na, da bin ich ja froh, dass wir uns hier begegnen«, gab Lovis zurück. »Das heißt, wenn Sie Zeit und Lust haben, mir die Viecher zu zeigen. Mein Name ist übrigens Lovis.« Er hielt dem Umweltschützer die Hand hin. Dieser schlug ein, ohne zu zögern.

»Hans-Wolfgang.« Der Professor kniff schelmisch ein Auge zu. »Die Zeiten, wo es mir wichtig war, dass man mich siezte, sind seit meiner Pensionierung vorbei. Und dein Vorname ist ...?«

»Lorenz.«

Niederegger nickte. »Na dann los, Lorenz!« Unvermittelt drehte er sich um und schlug sich in die Büsche.

Hoffentlich weißt du, wo es lang geht, dachte Lovis und folgte dem Professor im Vertrauen auf den Bergrettungsdienst ins Unterholz. Eine Weile war er vollauf damit beschäftigt, die Zweige abzufangen, die der Professor nach hinten schnellen ließ. Oft genug schaffte er es nicht, und er steckte jede Menge peitschender Ohrfeigen ein – vornehmlich von jungen Fichten. Endlich lichtete sich der Wald etwas, und sie hatten sogar manchmal Platz genug, um nebeneinander zu wandern. Im Vorbeigehen deutete der Professor auf einen Kastanienbaum.

»In der Kastanie hat vor ein paar Jahren ein Waldkauzpärchen genistet. Siehst du die Baumhöhle da oben? Ich habe ein ganzes Album voll mit Fotos der Ästlinge.«

»Ästlinge?« Lovis hatte das Bild von Stockmännchen vor Augen und den leisen Verdacht, dass der Professor ihm als Nächstes Geschichten von Trollen und weisen Frauen auftischen würde.

»So nennt man die Jungvögel. Sie hangeln sich durch die Äste wie Eichhörnchen.«

»Wo sind sie jetzt hin?«

»Erwachsen geworden?« Er zwinkerte Lovis zu. »Das weiß der Himmel.« Dann blieb der Alte stehen und deutete auf eine Felswand, die direkt vor ihnen aufragte. Ein Weiterkommen war unmöglich.

»Haben wir uns verlaufen?« Lovis schwante Furchtbares.

Niederegger lächelte. »Nein. Wir sind da. Hier sind die Uhus.«

Lovis ließ seinen Blick über die Fläche aus dem typischen grauen Schiefergestein der Gegend wandern. An einigen Stellen sprossen Büsche aus dem Fels, die jungen, grünen Blätter verliehen ihm im Sonnenschein ein freundliches Aussehen. Uhus konnte Lovis keine sehen.

»Du hast Glück«, flüsterte der Professor erregt. »Dort!« Er deutete auf eine Stelle oben in der Wand und schälte sich mit der anderen den Feldstecher vom Hals.

Noch immer konnte Lovis keinen Uhu ausmachen. So winzig sind diese Biester doch nicht, dachte er und kniff die Augen zusammen. Plötzlich nahm er eine Bewegung wahr. Er stieß einen leisen Überraschungslaut aus. Unter einer Felsnase saß doch tatsächlich ein Uhu! Sein Gefieder verschmolz beinahe mit dem Stein.

»Das ist das Weibchen«, flüsterte der Professor.

»Hast du nicht gesagt, dass die Uhus brüten?«, fragte Lovis. »Wo ist das Nest?«

Der Professor winkte ab. »Das gibt es nicht. Die Uhus benutzen manchmal ausgediente Nester von Habichten oder Bussarden, aber sie sind auch ganz zufrieden mit einem halbwegs geschützten Platz in einer Schottergrube. Notfalls reicht ihnen sogar eine Kuhle unter einer Baumwurzel.«

»Und da machst du so ein Trara wegen dem Brutplatz?« Lovis runzelte die Stirn. Wenn die Viecher so genügsam waren, brauchten sie doch bloß woanders zu brüten.

»Wenn sie ihren Brutplatz nicht mehr kriegen, verschwinden sie auf Nimmerwiedersehen – wenn sie nicht am Stress eingehen. Das kann nämlich auch passieren, weißt du? Und für so ein Protzhotel gibt es zwanzig bessere Standorte. Das kannst du mir glauben.«

»Zum Beispiel?«

»Zum Beispiel neben der Autobahn. Die Urlauber, die sich in dieses Resort verirren, machen doch keinen Schritt nach draußen. Da können ihnen der Lärm und die Abgase doch egal sein.«

Na ja, so einfach, wie du dir das jetzt ausmalst, ist es leider nicht, dachte Lovis, aber er ließ das Thema auf sich beruhen.

In dem Moment blähten sich die Nasenflügel des Professors. Unruhig ließ er den Blick durch das Dickicht schweifen. »Riechst du das auch?«

Lovis schnüffelte und schüttelte den Kopf. »Was denn?«

»Rauch.« Niederegger sog noch einmal die Luft ein, deutete dann ostwärts. »Ich glaube, es kommt von dort drüben. Schau, der Hund riecht es auch.« Der Professor wies auf Barnabas, der die Nase hoch in die Luft reckte und leise grollte.

Lovis roch immer noch nichts. »Da wird halt jemand ein Feuer gemacht haben«, sagte er gleichgültig.

»Im Wald?« Niederegger sah ihn scharf an. »Komm, Lorenz, wir schauen, wer das ist. Vielleicht können wir das Schlimmste noch verhindern.« Ohne ein weiteres Wort schlug er sich wieder in die Büsche.

Bald konnte auch Lovis den Rauch riechen, und je näher sie der Brandquelle kamen, desto stärker wurde er. Ein unheilvolles Tosen war zu hören, es wurde lauter, bald übertönte es die Geräusche des Waldes. Dicker Qualm lag jetzt wie Nebel in der Luft. Angst packte ihn. Was wir da tun, ist Wahnsinn, dachte er. Wir sollten schauen, dass wir von dem Feuer wegkommen, ihm nicht auch noch entgegenrennen.

Doch Niederegger steuerte unbeirrt weiter darauf zu, und Lovis blieb nichts anderes übrig, als ihm zu folgen. Endlich standen sie auf einer Lichtung. Und der Anblick, der sich ihnen bot, ließ Lovis erstarren. Eine kleine Jagdhütte war von Flammen ergriffen. Undurchdringliche, schwarze Rauchwolken waberten durch die Ritzen zwischen den Dachschindeln Richtung Himmel. Hinter den geborstenen Fensterscheiben loderte es rot. Das Feuer hatte bereits auf den Wald übergegriffen. Wie große Fackeln umstanden ein paar hohe Fichten das Blockhaus.

Obwohl der Professor und er gut zwanzig Meter entfernt standen, versengte die Hitze ihnen die Haut, und Lovis musste sich die Arme schützend vor die Augen halten, so sehr schmerzten sie in der Hitze.

Der Professor war bleich geworden. Lovis erriet mehr, als dass er in dem Getöse des Feuers hören konnte, was Niederegger stammelte. »Die Feuerwehr! Wir müssen die Feuerwehr rufen. Hast du ein Handy?«

Fahrig tastete Lovis nach seinem Telefon, zum Glück hatte er es eingesteckt. Mit zitternden Händen wählte er den Notruf, nur um dann festzustellen, dass er keine Chance hatte zu verstehen, was am anderen Ende der Leitung gesagt wurde. Schnell schlug er sich in den Wald, zehn Meter, zwanzig Meter, endlich konnte er die ungeduldige Stimme am anderen Ende hören: »Notrufzentrale, hallo?« Er atmete erleichtert aus. »Hier Lorenz Lovis. Ich bin im Winklerwald. Eine Hütte brennt, ungefähr auf halber Höhe zwischen dem letzten Hof und dem Köpfl. Aber Sie können den Brand nicht übersehen. Das Feuer hat bereits auf die Bäume übergegriffen.«

»Gibt es Verletzte?«, fragte die Stimme.

»Nein«, sagte Lovis. Doch da stieg ein furchtbarer Verdacht in ihm hoch. In gefährlicher Nähe zu dem Feuer war ein schwarzer Geländewagen auf der Wiese geparkt. »Also … ich weiß es nicht. Ein Auto steht vor der Hütte. Ich … Vielleicht ist wirklich noch jemand drin!«

Niederegger kam auf wackligen Knien durch die Bäume getapst und sah aus, als müsse er sich übergeben.

»Hans-Wolfgang«, schrie Lovis. »Komm her!« Als der Professor bei ihm war, drückte er ihm das Telefon in die

Hand. »Bleib du am Apparat. Ich muss noch mal …« Lovis ließ den Satz unvollendet und rannte Richtung Jagdhütte. Wieder schlug ihm die Hitze entgegen, schützend legte er einen Ärmel vor das Gesicht und tappte halb blind weiter. Doch nach ein paar Schritten gab er auf. Blinzelnd schaute Lovis zur Hütte. Die Tür war verschlossen, alle Fensterläden verrammelt. Unmöglich zu sagen, ob da jemand drin war. Im selben Moment erregte etwas seine Aufmerksamkeit. Gleich neben dem Wagen schien das Gras in zwei weiteren Spuren eingedrückt, als hätte noch ein anderes Fahrzeug hier gestanden. Obwohl ihm die Hitze den Atem raubte, ging Lovis zu der Stelle, an der die Spuren von der Wiese in die Forststraße mündeten, und erkannte, dass er recht gehabt hatte: Eine deutliche Reifenspur hatte sich in die aufgeweichte Erde gegraben.

Plötzlich drehte der Wind, und Lovis wurde von einer Rauchwolke eingehüllt. Hustend und nach Luft ringend hielt er sich seinen Ärmel vor den Mund und machte, dass er von dem Inferno wegkam.

Nicht lange danach hörte Lovis das Martinshorn näher kommen. Aus den Rauchschwaden tauchten die ersten Einsatzwagen der Feuerwehr auf, und im Nu wimmelte es auf der Lichtung von Menschen.

»Haben Sie uns angerufen?«, fragte ihn ein bärtiger Feuerwehrmann.

Lovis nickte stumm.

»Ihr Name?«

Er gab Auskunft und erntete ein knappes Nicken.

»Bleiben Sie hier stehen und halten Sie sich zu unserer Verfügung.«

Ergeben nickte er, ließ sich am Stamm einer Fichte zu Boden gleiten und beobachtete, wie die Feuerwehrleute auf der Lichtung herumrannten, Schläuche entrollten und endlich ihre Wasserrohre auf das Feuer richteten. Es sah so hilflos aus, dass Lovis beinahe Mitleid mit den Einsatzkräften bekam. Der Wasserstrahl, der einen erwachsenen Mann von den Beinen gerissen hätte, bewirkte an der Brandstelle kaum etwas. Dann endlich ging der schwarze Rauch allmählich in weißen über, einer der Feuerwehrmänner richtete seinen Strahl auf eine andere Stelle, nur damit an der ersten wieder die Flammen loszüngelten. Die Strafen des Sisyphos waren nichts gegen das, was die Feuerwehrleute hier vollbringen mussten.

Eine nasse Schnauze schnupperte an seinem Hals, und bevor er es verhindern konnte, fuhr Barnabas mit seiner schleimigen Zunge über Lovis' Gesicht. Er wehrte ihn mit beiden Händen ab. »Lass das, du Monster«, schimpfte er. Der Hund legte ihm seinen Kopf auf die Oberschenkel und wimmerte leise. »Hast du so was schon mal gesehen?«, fragte er den Bernhardiner. »Das Feuer ist dir unheimlich, stimmt's?« Lovis strich ihm über den Kopf und erntete ein müdes Wedeln und ein erneutes Winseln. »Mir auch«, sagte er und beobachtete die Feuerwehrleute weiter bei der Arbeit. Das erste Löschfahrzeug war bereits abgefahren, da der Tank leer war. Wie lange würde es wohl dauern, bis der Tankwagen wieder einsatzbereit war? Solange mussten die anderen jedenfalls alleine klarkommen. Der Rauch hatte mittlerweile die Konsistenz von Zuckerwatte, vor der die Funken durch die Luft tanzten. Verglühende Fetzen flogen zu Boden wie Herbstblätter. Da erst fiel ihm auf, dass Niederegger nirgends zu sehen war.

»Weißt du, wo das Professorchen ist?«, fragte er Barnabas.

Der hob eine Augenbraue und ließ sie wieder sinken.

»Keine Antwort ist auch eine Antwort«, meinte Lovis.

Was war das für ein Mensch, der sich einfach so davonstahl? Ein scharfer Schmerz im Bein ließ ihn zusammenfahren. Eine dicke rote Waldameise. Verärgert wischte er das Insekt weg, um festzustellen, dass sie nicht die einzige war. Er saß keine drei Meter von einem riesigen Ameisenhaufen entfernt. Die Tiere machten offenbar ihn für die grässliche Luft und die Hitze verantwortlich und sagten ihm den Kampf an. Lovis sprang auf und schlug auf seinen Beinen herum.

Er fluchte. »Es reicht! Komm, Barnabas, wir verkrümeln uns.« Der Bernhardiner erhob sich schwerfällig und schüttelte sich missmutig.

»Komm schon, so gemütlich ist es hier nicht«, sagte Lovis und trottete zum Forstweg. Aber nach wenigen Schritten ließ ihn ein scharfer Ruf zusammenzucken.

»Habe ich Ihnen nicht gesagt, Sie sollen sich nicht von der Stelle rühren?«, fragte der Einsatzleiter.

Lovis zuckte mit den Schultern. »Ich sehe nicht, dass ich hier irgendetwas ausrichten könnte.«

»Ich muss Ihre Personalien aufnehmen«, meinte der Bärtige ruppig.

»Lorenz Lovis, wohnhaft unten im Dorf, Telefonnummer ...« Mist! Er kannte seine Nummer nie auswendig. Mit der Hand fuhr er in die rechte hintere Hosentasche, wo er normalerweise das Mobiltelefon trug, um festzustellen, dass es nicht da war. Wo hatte er es gelassen? Plötzlich fiel es ihm ein, und er fluchte laut. Niederegger! Der Alte hatte sich mitsamt seinem Handy davongemacht. Der Teufel sollte ihn holen!

»Die Telefonnummer kenne ich nicht auswendig. Die habe ich in meinem Telefon abgespeichert, und das hat der Professor.«

»Der Professor?« Die Augenbrauen des Einsatzleiters fuhren hoch.

»Niederegger. Er war mit mir im Wald unterwegs.«

Aufgeregte Schreie von der Jagdhütte unterbrachen das Gespräch. Die Feuerwehrleute hatten die Tür eingetreten, wohl um besser an den Brandherd im Inneren der Hütte zu kommen.

»Sie bleiben hier stehen. Rühren Sie sich nicht vom Fleck!« Der Einsatzleiter rannte zurück zu seinen Männern.

Lovis scherte sich nicht um den Befehl und folgte ihm. Die Jagdhütte strahlte immer noch Hitze aus, aber sie war auf ein erträgliches Maß gesunken. Die Feuerwehrleute, denen sie in ihren Asbestanzügen nichts anhaben konnte, hatten die Löscharbeiten kurz eingestellt und standen im Kreis um die Überreste der Jagdhütte. Lovis lugte dem Bärtigen über die Schulter, und ihm stockte der Atem. Auf dem Boden lag ein Mensch: schwarz wie ein Stück Kohle, gekrümmt, mit ausgestreckter Hand, die Kleider und Haare zu Klumpen geschmolzen, das Gesicht zur Unkenntlichkeit verunstaltet. Der Mund grinste lippenlos Richtung Himmel. Der Geruch nach versengtem Fleisch stieg Lovis in die Nase. Er würgte.

»Habe ich Ihnen nicht gesagt, Sie sollen da hinten stehen bleiben?«, schnarrte ihn der Einsatzleiter an.

Lovis nickte und wünschte, er hätte dem Mann gehorcht. Mit weichen Knien wankte er in die angewiesene Richtung. Von seiner Neugierde war er gründlich geheilt. In sicherer Entfernung von dem Ameisenhaufen ließ er sich ins Gras sinken. Vor seinem inneren Auge grinste der lippenlose Mund in dem schwarzen Gesicht ihn an. Ihm war übel. Wer hatte so einen furchtbaren Tod sterben müssen? Und warum?

Irgendwann hörte er zwei Sirenen näher kommen. Bald darauf holperte ein Polizeiwagen den Waldweg herauf, dicht gefolgt von einem Rettungswagen. Blaue Lichter zuckten über die Lichtung, über die sich inzwischen die Dämmerung gelegt hatte. Weitere Menschen drängten sich um die verkohlte Hütte.

»Ma per l'amor di dio, Lovis, che fai qui?«

Der Gescholtene schaute auf und erkannte Scatolin, der sich den Weg durch das Getümmel zu Lovis bahnte. Erleichterung machte sich in ihm breit. »Scatolo!« Er stand auf.

»Sei nei guai«, sagte Scatolin kopfschüttelnd.

»Erzähl mir was Neues.«

»Ich muss dich jetzt vernehmen, das weißt du, oder?«

Lovis nickte. Natürlich musste Scatolin das. »Es ist Cavagna, oder?«

Sein Freund zuckte mit den Schultern. »Das kann man nicht sagen. Die Leiche ist … Du hast sie selbst gesehen, nicht wahr?«

Lovis nickte.

»Man hat die Frau bereits erreicht. Sie hat bestätigt, dass ihr Mann zur Jagdhütte wollte. Also … ja, wir nehmen an, dass er es ist. Aber sicher kann man das erst sagen, wenn …« Scatolin verstummte, und Lovis winkte ab. Er wusste, was Cavagnas Ehefrau nun bevorstand. »Hör zu, Scatolo.« In kurzen Sätzen berichtete er seinem Freund, was geschehen war. Als er erwähnte, dass er nicht allein gewesen war, zog Scatolin die Augenbrauen hoch.

»Niederegger? Dov'è adesso?«

Lovis runzelte die Stirn. »Keine Ahnung. Ich habe ihn mit meinem Handy da drüben stehen lassen, damit einer von uns beiden erreichbar ist, aber er ist verschwunden. Und mein Handy hat der Halunke einfach mitgenommen.« Er empfand das Verschwinden des Professors wie einen Verrat.

Scatolin notierte etwas in seiner schwarzen Kladde. Kurz überkam Lovis Schadenfreude, als er daran dachte, mit welcher Mühe die Neue die dahin gekrakelten Zeichen entziffern würde. Sein Freund hatte von allen Beamten der Staatspolizei die wildeste Klaue.

»Kann ich jetzt gehen?«

Scatolin nickte. »Halte dich …« Er winkte ab. »Du weißt eh.«

Lovis verdrehte die Augen himmelwärts. »Ich werde euch schon nicht davonlaufen.« Er pfiff nach Barnabas, der sich widerwillig aufstemmte, und zusammen flohen sie von dem Inferno.

Bei Lovis' Ankunft auf dem Messner Hof leuchtete der südliche Himmel in einem flammenden Rot. Eigentlich ein schöner Anblick, heute konnte Lovis damit allerdings gar nichts anfangen. Müde öffnete er die hintere Autotür. Barnabas sprang schwanzwedelnd heraus. Eine Geruchsmischung aus Hundeausdünstungen und Rauch schlug Lovis entgegen. Er beschloss kurzerhand, die Tür offen zu lassen. Gewiss wartete Angelika bereits mit dem Abendessen auf ihn. Er hatte sie nicht einmal anrufen können, um ihr zu sagen, dass er sich verspäten würde, weil dieser Verräter von Niederegger sein Mobiltelefon eingesteckt hatte. Doch er war zu müde, um sich weiterhin darüber zu ärgern.

»Heute will ich nur noch eine Dusche und irgendwas Gutes zum Essen. Das kannst du verstehen, nicht wahr, Barnabas?« Der Bernhardiner wedelte zustimmend mit dem Schwanz und watschelte ihm voraus den Kiesweg hinauf zum Eingang. Als Lovis die Klinke hinunterdrückte, spürte er, dass etwas nicht so war, wie es sein sollte. Der Flur lag im Dunkeln. Aus der Küche drangen weder Licht noch das Geklapper von Töpfen und Geschirr. Angelika war nicht da. Auch in der Stube war sie nicht mehr. Die Decke lag ordentlich zusammengefaltet auf dem Sofa. Und obwohl er ahnte, dass er sie auch im Stall nicht finden würde, machte er sich noch einmal auf den Weg dorthin. Diablo sah ihm leise schnaubend entgegen, doch seine Reiterin fehlte. Im Kuhstall stieß Lovis auf Paul.

»Feierabend«, meinte der grinsend zur Begrüßung. Dann verzog er das Gesicht. »Puh, du stinkst, als würdest du direkt aus der Selchkammer kommen. Du hast nicht zufällig Luise zu Speck verarbeitet?«

»Weißt du, wo Angelika ist?«, fragte Lovis.

»Dienst«, kam die einsilbige Antwort. »Wie ich gefragt habe, was es zum Essen gibt, hat sie mich angeschnarrt und gemeint, es gibt auch noch einen Pizzaservice, wenn uns die Eier ausgegangen sind.«

»Pizzaservice ...« Lovis war fassungslos.

»Ja. Rufst du an, oder soll ich? Ich hätte gern eine Feuerwehrpizza.«

Bei dem Wort Feuerwehr lief es Lovis kalt den Rücken hinunter. Er hatte für diesen Tag definitiv genug davon gehabt. Er drehte sich um und ging ohne ein weiteres Wort Richtung Wohnhaus.

»He, Chef!«, rief ihm Paul nach. »Heißt das dann, dass du anrufst?«

Lovis blieb stehen und ballte die Fäuste. »Nein, heißt es nicht. Und ich habe keinen Hunger.« Und auch kein Telefon, fügte er in Gedanken hinzu. Dann setzte er seinen Weg fort und knallte die Eingangstür hinter sich zu.

In seinem Zimmer wurde er von empörtem Gackern empfangen. Auch das noch, dachte er entnervt. Er war sich sicher, dass er die Tür am Morgen geschlossen hatte. Wie war das dumme Huhn nur wieder in sein Zimmer gelangt? Egal, Alma musste hier raus. »Entschuldige, Majestät, aber deine Gemächer sind woanders. Raus mit dir.«

Einladend öffnete er die Zimmertür, aber Alma blieb sitzen, legte nur ihr Köpfchen schief und plusterte sich auf. Lovis stieß einen Seufzer aus. Er wünschte sich nichts mehr als eine Dusche und sein Bett, aber der Tag war wohl noch nicht zu Ende.

»Komm schon, du stures Huhn.« Schicksalsergeben schob er seine Hände unter Almas Federbauch, steckte das neue Ei in seine Hosentasche und machte sich auf zum Stadel. Dort setzte er das Huhn auf sein Gelege, das mittlerweile drei Eier umfasste. Alma plusterte sich auf und ruckelte sich zurecht. Dann sah sie ihn erwartungsvoll an.

Lovis seufzte. Irgendwem musste er erzählen, was heute passiert war, sonst platzte er. Und wenn sonst niemand da war, musste eben Alma die Geschichte hören.

»Du hast keine Ahnung, was ich mitgemacht habe«, begann er und strich ihr über die seidigen Federn. »Wenn du einmal bei einem Feuerwehrfest bist, halt dich fern vom Grillhendlstand. Sonst geht es dir wie mir heute. Es ist wirklich ein grässliches Gefühl, einen Artgenossen dermaßen verkokelt vor sich zu sehen. Das kannst du mir glauben.«

Vor Lovis' inneres Auge schob sich wieder das grinsende Gesicht der verbrannten Leiche. Er schauderte. Man musste keine Autopsie abwarten, um zu wissen, dass es Cavagna war, der heute seinen grausamen Tod in den Flammen gefunden hatte. Nur warum? Konnte es sein, dass es nur ein seltsamer Zufall war? Ein Unfall? Lovis kaute nachdenklich an seiner Unterlippe. Der Dorfadelige war vor der Eingangstür am Boden gelegen. Der ausgestreckte Arm stand Lovis allzu deutlich vor Augen. Als habe Cavagna versucht, die Tür zu öffnen. Je mehr er darüber nachdachte, desto mehr kam er zur Überzeugung, dass es sich bei Cavagnas Tod nicht um einen Unfall handelte, sondern …

»Ich glaube, es war Mord«, sagte er an Alma gewandt. Es fühlte sich schrecklich an, seine Vermutung auszusprechen. Aber Lovis war sich sicher: Die Uhu-Vorfälle hingen mit dem Tod des Dorfadeligen zusammen.

»Weißt du, was ich mich außerdem frage?« Er sah sein Lieblingshuhn nachdenklich an. »Warum Niederegger verschwunden ist. Das ist schon verdächtig, findest du nicht? Wenn er geblieben wäre …«

Hatte Niederegger etwas zu verbergen? Plötzlich erinnerte sich Lovis, wo er Niederegger im Wald getroffen hatte. Wo war er vorher gewesen?

»Er hätte jede Möglichkeit gehabt, die Hütte samt Cavagna abzufackeln, Alma. Glaubst du, Niederegger ist doch nicht so harmlos, wie er tut?«

Alma legte ihren Kopf schief. Lovis wertete das als »vielleicht« und nickte. »Ja, ich finde auch, dass wir ihm morgen mal auf den Zahn fühlen sollten. Allein schon, um ihn zu fragen, wann er vorhatte, mir mein Handy zurückzugeben.« Grimmig dachte Lovis daran, dass der Kerl ihm auch noch sein Eigentum gestohlen hatte. Was dachte er sich eigentlich dabei?

Plötzlich schoss ihm ein anderer Gedanke durch den Kopf. Sissi! Sie war Cavagnas Geliebte gewesen. Hatte ihr Tod etwas mit seinem zu tun? Gab es jemanden, der Cavagna die Schuld an Sissis Tod gab, der sie rächen wollte? Immer mehr Fragen, keine einzige Antwort. Der Fall wuchs sich zu einem Monsterfall aus und nahm Ausmaße an, die ein mulmiges Gefühl in seinen Eingeweiden entstehen ließen. Mit Mord hatte er eigentlich nichts zu tun haben wollen. Was sollte er jetzt machen?

Du legst den Fall einfach nieder, sagte er sich. Dein Auftraggeber ist tot. Niemand bezahlt dich mehr dafür, dass du diesem Uhu-Täter das Handwerk legst, und Mord fällt eindeutig nicht in deinen Kompetenzbereich.

»Du bist doch auch der Meinung, nicht wahr?«, fragte er Alma. Die jedoch hatte bereits ihren Kopf unter einen Flügel gesteckt und gab keine Antwort mehr. Lovis lehnte sich zurück und atmete den beruhigenden Geruch des Heus ein. Draußen zirpten erste Grillen ihr eintöniges Lied.

Plötzlich starrte ihn Cavagna aus schwarzen Augenhöhlen an. »Den Auftrag können Sie sich jetzt jedenfalls abschminken«, knurrte er. Das höhnische Grinsen aus dem verkohlten Mund kam Lovis vor wie eine Drohung aus dem Jenseits. Lovis sah ihn entsetzt an, als er mit ungelenken Zombieschritten auf ihn zu kam.

Was soll ich tun, wenn er mir jetzt die Hand zum Abschied reicht? Der Gedanke entsetzte ihn, und er musste würgen. Eine Sirene näherte sich. Erleichterung machte sich in ihm breit. Die Feuerwehr war da, um ihn zu retten.

»Sie können mir gar nichts tun!«, erwiderte er kühn und beobachtete gleichgültig, wie Cavagna den Schuldschein aus der versengten Jackentasche zog und ihm damit vor der Nase herumwedelte. Der Sirenenton schwoll an. Wurde lauter und drängender. Lovis hielt sich die Hände vor die Ohren, fuhr hoch. Und erkannte endlich, dass das gar keine Sirene war, sondern eine Autohupe, die ihn aus seinem Albtraum gerissen hatte. Ein ums andere Mal drückte jemand auf die Hupe. Immer wieder, immer wütender.

Verdutzt sah er um sich und stellte fest, dass er im Heu lag. Schon wieder. Ungnädig rutschte er von dem Heuhaufen und humpelte mit steifen Gliedern aus dem Stadel. Im Hof stand ein Polizeiwagen, Scatolin lehnte in der offenen Tür und drückte mit der rechten Hand auf die Hupe. Als er Lovis erblickte, nahm er die Hand weg, schlug die Autotür zu und ging seinem Freund zögernd entgegen.

»Du … hier … so früh?«, fragte Lovis irritiert.

Scatolin hob unbehaglich die Schultern. »Es ist etwas passiert. Ich dachte …« Er schnüffelte. »Sag mal, hast du immer noch dieselben Kleider wie gestern an?«

Lovis zuckte die Schultern. »Ist das strafbar?« Scatolin musste ja nicht wissen, dass er gestern an der Seite seines Lieblingshuhns im Heustadel in voller Montur eingeschlafen war.

»Strafbar nicht, aber …« Scatolin grinste. »Du stinkst. Kann ich mit dir reden?«

»Tust du das nicht gerade?«, gab Lovis zurück. Er hatte eine miserable Laune und wünschte sich nichts mehr als eine Dusche. Dass er zum Himmel stank, wusste er selbst.

»Gehen wir in deine Küche? Du siehst aus, als könntest du einen Kaffee …«

Doch der Privatdetektiv unterbrach ihn ungeduldig. »Jetzt rück endlich raus mit der Sprache. Sonst glaube ich noch, dass du hier bist, um mich zu verhaften.« Er lachte über seinen Scherz.

Scatolin zog unbehaglich die Schultern hoch.

Ungläubig starrte Lovis den Ispettore an. »Du … willst mich verhaften?«

Sein Freund setzte mehrmals zum Sprechen an, dann atmete er hörbar aus und meinte: »Können wir bitte hineingehen?« Er deutete mit dem Kinn zum Wohnhaus.

Einen Augenblick schaute Lovis ihn sprachlos an, dann drehte er sich wortlos um und tappte voran ins Haus. Mitten in der Küche blieb er stehen. Ohne sich umzudrehen, sagte er: »Du kommst, um mich zu verhaften? Weil ich gestern bei der Hütte war? Ich melde ein Verbrechen und werde selbst verdächtigt?«

Scatolin hob wieder unbehaglich die Schultern. »Ich bin nicht hier, um dich zu verhaften, amico. Aber ...« Er rang nach Worten.

»Aber was?«

Scatolin sah beschämt zu Boden. »Der Alte hat mir den Fall übertragen und ... na ja.« Hilflos blickte er seinem Freund ins Gesicht.

»Er hat dich auf mich angesetzt?« Lovis schüttelte ungläubig den Kopf. »Er verdächtigt mich?«

»Du warst zur Tatzeit am Tatort.«

»Ich habe die Feuerwehr verständigt!« Lovis wurde beinahe laut, so himmelschreiend ungerecht fand er diese Verdächtigungen.

»Lo so, amcio, aber der Alte ...«

»Was soll ich denn mehr tun, als zu kündigen? Muss er mir das Leben auch noch schwer machen, wenn ich aus seinem Blickfeld verschwinde?«

Scatolin schwieg.

»Und du bist ein verdammter Feigling!«, schnaubte Lovis.

»Ich habe Frau und ...«

»Ja ja, ich weiß. Und die müssen für jede deiner Feigheiten als Ausrede herhalten.«

»Amico ...«

»Spar dir den amico.«

»Glaubst du mir, wenn ich dir sage, dass ich die Meinung des Alten nicht teile?«

Statt einer Antwort knurrte Lovis nur. Aber er war etwas versöhnlicher gestimmt. Der Ispettore hörte es aus seiner Stimme heraus. »Es war kein Unfall, amico.

Irgendjemand muss ihn in seiner Hütte eingesperrt haben. Der Schlüssel steckte außen, und alle Fensterläden waren von außen verrammelt. Das Feuer … wurde vorsätzlich gelegt. Und du … warst eben zur Tatzeit am Tatort. Wenn du nicht mein Freund wärst, würde ich dich auch vorladen, als Zeugen.«

»Dann ist das jetzt eine offizielle Vorladung als Zeuge? Warum sagst du das nicht gleich?«

Scatolin wand sich, bevor er fortfuhr: »Für mich bleibst du das, ja. Ein Zeuge. Aber der Alte … Na ja … Sei nel registro degli indagati.«

»Nel registro degli indagati …«, wiederholte Lovis fassungslos. Seine Beine gaben nach, und er ließ sich auf der Ofenbank nieder. Das musste er erst mal verdauen.

»Moment mal, darfst du mir das überhaupt sagen?«

»Sai che non posso«, sagte Scatolin. »Aber um unserer Freundschaft willen sag ich es dir. Damit du … in den nächsten Tagen ein bisschen aufpasst.«

Lovis lachte zynisch auf. »Ich werde mich davor hüten, die Einsatzkräfte zu alarmieren, wenn wieder eine Hütte brennt. Meinst du das?«

Scatolin nestelte verlegen an seiner Jacke. »Lovis, wir müssen zusammenarbeiten, verstehst du? Ich werde dir sagen, was ich weiß, und du musst mich auch auf dem Laufenden halten, wenn du etwas herausfindest, klar?«

Langsam nickte er. »Du hast recht, Scatolo. Entschuldige bitte. Es war ein bisschen zu viel zu so früher Stunde. Ich hab noch nicht einmal gefrühstückt.«

Scatolin grinste schwach. »Allora … dov'è il caffè?«

Lovis deutete unbestimmt Richtung Küchenzeile. Während Scatolin die Mokkamaschine befüllte, erzählte Lovis ihm von den Reifenspuren.

»Hat sich dieser Niederegger inzwischen bei dir gemeldet?«, fragte er.

Lovis schüttelte den Kopf. »Wie denn? Mein Telefon hat ja er …«

»Stimmt auch wieder.« Scatolin grinste. »Dann schlage ich vor, du holst es dir auf dem schnellsten Weg zurück und schaust dabei, ob du was aus ihm rauskriegst.«

Lovis reckte den Daumen in die Höhe. »Und du?«

»Ich kümmere mich um die trauernde Witwe.« Scatolin seufzte.

Lovis wusste, dass dies der schwierigste Part im Leben eines Polizisten war. Mit den Hinterbliebenen zu sprechen, sie in ihrer Trauer zu stören mit Fragen, die ihre Lieben nicht mehr zurückholen würden. Er beneidete Scatolo nicht und war froh, dass ihn die Mokkamaschine davor rettete, eine mitfühlende Antwort suchen zu müssen.

Lovis stand vor einem kleinen weißen Häuschen. Mit seinen grünen Fensterläden und dem dunklen Dachstuhl sah es aus, als sei es einem Märchen entsprungen. Dahinter rauschte ein Wildbach vorbei. Gänseblümchen und Tulpen blühten in einem schmalen Beet entlang der Hausmauer. Auf dem Namensschild an der Tür stand »Fam. Hans-Wolfgang Niederegger«. Entschlossen drückte Lovis auf die Klingel. Ein paar Augenblicke später öffnete sich die Tür, und der Professor kam zum Vorschein.

»Lorenz?«

»Hans-Wolfgang.« Lovis legte distanzierte Kühle in seine Stimme und hoffte, dass der Professor die Botschaft verstand. Doch das zerknirschte Gesicht des Professors nahm ihm den Wind aus den Segeln.

»Bist du sehr böse auf mich?«

Lovis schnaubte. »Das sollte ich wohl. Du haust einfach ab und lässt mich mit dem ganzen Chaos da oben allein, und zu allem Überfluss klaust du mir mein Handy.«

»Oh, das habe ich nicht geklaut. Das habe ich oben gelassen. Genau dort, wo ich gestanden bin. In der Astgabel auf Kopfhöhe. Das muss dir doch sofort ins Auge gesprungen sein!« Niederegger setzte eine reumütige Miene auf, als er an Lovis' Reaktion erkannte, dass dem wohl nicht so war. »Ist es nicht. Oh … Ich dachte … Weißt du was, ich fahre sofort hinauf und hole es dir zurück. Warte hier … in einer halben Stunde …«

Lovis unterbrach das Gestammel mit einer unwirschen Handbewegung. »Schalt einen Gang zurück, Hans-Wolfgang. Ich hole es mir selbst. Aber davor wirst du mir ein paar Dinge erklären. Und glaube nicht, dass ich der Letzte bin, der dich damit belästigt. Ich habe bei der Polizei ausgesagt, dass du gestern mit mir da oben warst. Und es ist nur eine Frage der Zeit, bis du zu einer Vernehmung geladen wirst.«

Erschrecken flackerte über das Gesicht des Professors. Er trat zurück und machte eine einladende Geste. »Komm erst mal rein.«

Lovis folgte ihm ins Wohnzimmer, das roch, als sei es seit Jahren nicht gelüftet worden. Wie auch? Die Glastür, die in den verwilderten Garten führte, war von Bücherstapeln verstellt, auch auf den Fensterbrettern türmten sich massenweise Bücher. Auf dem Boden, auf einem schmalen Sims oberhalb der Heizung, auf dem gläsernen Beistelltisch vor dem Sofa, ja selbst auf dem Sofa lagen Bücher. Dazwischen drei Brillen, eine Lupe, zusammengeknülltes Papier, verschiedene Stifte.

Niederegger folgte Lovis' Blicken und errötete. Mit umständlichen Bewegungen räumte er einen der Polstersessel frei, entdeckte dabei eine der Brillen und setzte sie auf. »Die hab ich schon eine Weile nicht mehr gefunden«, meinte er erklärend. Dann deutete er auf den Sessel. »Du hast Fragen?« Er selbst setzte sich auf den einzigen freien Platz auf dem Sofa.

»Ja.«

»Dann los.«

»Hast du Cavagna umgebracht?«

Entsetzt schnappte der Professor nach Luft. »Er war in der Jagdhütte?«

Lovis nickte nur kurz. »Hast du ihn getötet?«

»Würdest du mir glauben, wenn ich Nein sage?«

Lovis überlegte. Gestern noch hatte er Niederegger nicht einmal zugetraut, dass er für die Missetaten mit den Uhu-Kadavern zuständig war. Aber mit seinem plötzlichen Verschwinden hatte er sich verdächtig gemacht. Konnte er ihm noch trauen?

»Wieso bist du gestern abgehauen?«

»Das fragst du noch? Glaubst du, ich weiß nicht, warum du plötzlich beim Vortrag auftauchst? Und warum du mir im Winklerwald zufällig über den Weg läufst? Der neue Privatdetektiv vom Messner Hof? Cavagna hat dich auf mich angesetzt, nicht wahr? Und dann brennt plötzlich seine Hütte. Wer wird da wohl wieder die Schuld zugeschoben kriegen? Ich natürlich. Der dumme alte Professor, der die ganze Zeit gegen das Protzhotel gewettert hat. Wärst du an meiner Stelle da oben geblieben?«

Lovis fühlte sich wie ertappt.

»Als wir vor der brennenden Hütte gestanden sind, konnte ich von deinem Gesicht ablesen, was dir durch den Kopf gegangen ist: ›Der Professor hat gezündelt … das war jetzt wohl der letzte Streich‹. Stimmt es nicht?«

Lovis musste ihm recht geben. Irgendwann zwischen der Entdeckung des Feuers und der Einsicht, dass sich der Professor klammheimlich davongestohlen hatte, war ihm dieser Gedanke tatsächlich durch den Kopf geschossen.

»Mit deinem Verschwinden hast du dich jedenfalls erst recht verdächtig gemacht«, sagte er. »Glaubst du, ich nehme alles auf mich und verschweige der Polizei, dass ich nicht allein war? Ich stehe im *registro degli indagati,* verdammt noch mal!«

Die beiden Männer funkelten sich an. Niederegger brach den Blickkontakt als Erster ab. »Schöner Mist.«

»Das kannst du laut sagen.«

»Und was nun?«, fragte der Professor.

»Jetzt schauen wir, dass wir aus diesem Dreck wieder rauskommen, schlage ich vor.«

»Was ich dazu beitragen kann, mache ich gern.«

»Dann hilf mir, Licht ins Dunkel zu bringen. Also: Wenn du es nicht warst und ich auch nicht, wer könnte es dann gewesen sein?«

»Die Ehefrau, seine diversen Geliebten ...«

»... von denen eine Sissi war«, überlegte Lovis laut. »Aber er hat mit ihr Schluss gemacht.«

»Was ein Tatmotiv wäre«, ergänzte Niederegger.

»Na ja.« Lovis wiegte den Kopf. »Das Blöde ist nur, dass sie bereits vor ihm tot war. Das macht einen Mord ein bisschen schwierig.«

»Dann eben eins von seinen anderen Betthäschen.«

»Hans-Wolfgang!«, rief Lovis mit gespielter Entrüstung.

»Na, ist doch wahr! Das hat ja bereits angefangen, als wir beide noch miteinander die Schulbank gedrückt haben.« Niedereggers Augen sprühten Funken. »Da war diese Küchenhilfe. Sie hatte Augen, so blau, so unbeschreiblich blau! Diese Augen vergisst man nicht mehr. Rosa war ihr Name. Rosa Faller ... Als ihr Bauch immer runder wurde, nannten wir sie ›die gefallene Rosa‹. Es hieß, Cavagna habe ihr das Kind angedreht und sie sitzen lassen.«

»Echt?«

»Vorstellbar wäre es. Es wurde gemunkelt. Über eine riesige Abfindungssumme, damit sie Stillschweigen über den Vater bewahrt.«

»Und trotzdem wurde er als Vater gehandelt?«

»Er war möglicherweise nicht ganz unschuldig an dem Gerede ...«

»Na ja«, sagte Lovis. »Ich würde sagen, diese Rosa scheidet als Verdächtige aus. Vierzig Jahre lang wartet niemand mit einem Mord.«

»Auch wieder wahr«, gab Niederegger zu. »Eine andere Möglichkeit wäre: Cavagna hat oft Geld verliehen, sagt man …«

Lovis stöhnte. »Womit ich selbst an die Spitze der Liste rücke.«

»Du? Wie viel Zeit hast du denn gehabt, dir von ihm Geld zu leihen?«

»Nicht ich«, seufzte Lovis. »Sebastian. Als ich von Cavagna den Auftrag bekommen habe, hat er mir mit einem Schuldschein über 20.000 Euro vor der Nase herumgewedelt.«

Niederegger sah ihn mitfühlend an. »Ich bin sicher, du bist nicht der Einzige.«

»Aber der Einzige, der zudem noch zur Tatzeit am Tatort war.« Lovis biss die Zähne zusammen. Er hatte das Gefühl, das Zimmer würde sich drehen. »So eine verdammte Scheiße aber auch!«

»Du warst es aber nicht.«

Mit schlechtem Gewissen stellte Lovis fest, dass Niederegger weit weniger Probleme hatte, an seine Unschuld zu glauben, als umgekehrt.

»Wer kommt sonst noch infrage?«

»Der Kerl, der Cavagna mit den Uhu-Streichen schikaniert hat. Aber wenn das nicht du bist, bin ich mit meinem Latein am Ende.«

»Ich war's nicht. Ich kämpfe mit fairen Mitteln. Vor allem würde ich nie etwas tun, das auf Kosten von Tieren geht. Also: Wir haben diesen Uhu-Strolch, die Ehefrau und die Geliebten. Was wissen wir noch?«

Lovis überlegte. »Der Täter muss zur selben Zeit wie wir im Wald gewesen sein. Hast du jemanden getroffen?«

Niederegger schüttelte verneinend den Kopf.

»Ich auch nicht. Aber vielleicht meine Urlauber. Die waren nämlich gestern auch noch im Winklerwald unterwegs.«

»Könnten die ihre Finger im Spiel haben?«

Lovis lachte auf. Die wilde Hilde hatte Temperament genug, um einen Menschen kaltblütig zu ermorden. Aber welches Motiv hätten sie oder ihr Mann? Und wenn sie an diesem Tag jemanden ermordet hätte, dann wohl Angelika, die ihren Sprössling beinahe über den Haufen geritten hätte.

Angelika!, schoss es ihm siedend heiß ins Hirn.

Seine Gedanken überschlugen sich in einem dreifachen Looping. Angelika ritt gern auf dem Waldweg Nr. 8 Richtung Köpfl, vorbei an der Jagdhütte der Cavagnas. Und sie hasste Cavagna. Genug, um ihn umzubringen? Wäre Angelika überhaupt fähig zu so etwas? Lovis wollte den Gedanken nicht zu Ende denken. Schnell lenkte er sich selbst ab. »Wir dürfen die Reifenspuren neben seinem Auto nicht vergessen.«

Niederegger nickte nachdenklich. »Womit wollen wir beginnen?«

»Zuerst rufst du einmal den Ispettore Scatolin von der Polizei an und gibst zu Protokoll, dass du gestern auch bei der Jagdhütte warst. Er weiß ohnehin Bescheid, und es macht ein besseres Bild, wenn du dich selbst meldest. Ich werde die Schmidts befragen und Angelika. Vorher muss ich aber mein Handy holen, das irgendso ein Nichtsnutz in einer Astgabel im Winklerwald versteckt hat.«

Der Professor verzog schuldbewusst sein Gesicht.

»Melde dich bei Scatolin, Hans-Wolfgang. Am besten jetzt gleich!«

Mit beiden Daumen signalisierte Niederegger, dass er verstanden hatte. Dann verabschiedete sich Lovis und machte sich auf den Weg in den Winklerwald.

Lovis fand das Mobiltelefon tatsächlich an dem beschriebenen Ort. Der Akku war leer, aber mehr hatte die Nacht in freier Wildbahn dem alten Ding nicht anhaben können. Zufrieden steckte er es ein und sah sich noch einmal um.

Der Bereich um die Brandstelle war mit Absperrband abgegrenzt, der Boden aufgewühlt von den Reifen der Einsatzkräfte. Der scharfe Geruch nach Verbranntem lag immer noch in der Luft. Von Cavagnas Jagdhütte war nur ein schwarzes Skelett übrig. Der gemauerte Kamin ragte durch die Balken des Dachstuhls in den Himmel. Am Türstock hing ein Tontöpfchen in einer Halterung aus Eisen, das irgendwie fehl am Platz aussah, unberührt von dem Feuer. Lovis bückte sich unter dem Absperrband durch und näherte sich der Ruine.

Allerhand Hausrat, der das Feuer überstanden hatte, lag auf dem Boden zwischen den verkohlten Überresten der Hütte herum: eine gusseiserne Pfanne, zu Klumpen geschmolzene Plastikgegenstände, vielleicht Schüsseln oder Teller, geborstenes Glas.

»He, Sie!«, riss ihn plötzlich eine barsche Stimme aus seinen Nachforschungen.

Ertappt fuhr Lovis herum und atmete erleichtert auf, als er sich einem bekannten Gesicht in voller Feuerwehrmontur gegenübersah.

»Hast du mich erschreckt!«

Als er ihn erkannte, zwinkerte ihm Gunsch verschwörerisch zu. »Was machst du da, Lovis? Kehrt der Täter an den Tatort zurück?«

»Jetzt fängst du auch noch damit an?«

Der Feuerwehrmann vollführte eine beschwichtigende Geste. »Komm runter. Ich bin nicht die Polizei.«

»Was tust du dann hier? Der Brand ist doch längst gelöscht ...«

»Brandwache. Aber allzu lang wird es wohl nicht mehr dauern.« Wie um zu beweisen, dass die Brandstätte ungefährlich war, legte er eine Hand auf einen dicken Balken. Lovis tat es ihm nach. Obwohl mittlerweile eine ganze Nacht vergangen war, fühlte sich das Holz immer noch warm an.

»Na dann«, meinte er.

»Ja dann«, machte auch Gunsch.

»Werd' ich mal gehen ...«

»Tu das«, sagte der Feuerwehrmann. »Wenn du schlau bist, treibst du dich in den nächsten Tagen nicht unbedingt hier rum. Sie reden eh schon über dich.«

»Über mich?«, fragte Lovis. »Wieso das denn? Weil ich den Notruf abgesetzt habe?«

»Es heißt, du hast einen ziemlichen Schuldenberg bei Cavagna«, sagte Gunsch. »Das heißt ... hattest ... Ich weiß, dass du in Ordnung bist, aber ... du weißt schon ...«

»Es wird geredet«, ergänzte Lovis seinen Satz.

»So ist es«, meinte Gunsch.

Lovis zog die Augenbrauen hoch und schob die Hände in die Jackentaschen. So schnell ging das also. »Dann werde ich mal schauen, dass ich nach Hause komme«, verabschiedete er sich von Gunsch.

»Das ist eine gute Idee«, stimmte der ihm zu und gab Lovis die Hand. Dann setzte er sich auf die verkohlte Bank und legte seinen Arm auf die Tischplatte. »Wenn du unterwegs Franz begegnest, sagst du ihm, er soll einen Zahn zulegen. Ich habe Kohldampf!«

Lovis nickte und schlenderte über die Lichtung zum Waldweg.

Als er wieder am Hof angekommen war, stapfte er direkt die Treppe zu der Ferienwohnung hoch und klopfte an die Tür. Hundegekläff ertönte. Wenn das meiner wäre, hätte ich ihm schon längst die Gurgel umgedreht, dachte Lovis genervt.

Die Tür öffnete sich, und Herr Schmidt stand in der Öffnung – in Pyjama und Morgenmantel. Er gähnte und blinzelte den Privatdetektiv verschlafen an. »Ja?«

Lovis warf einen Blick auf seine Armbanduhr. Es ging bereits auf Mittag zu. »Ich habe Sie geweckt?«

Schmidt hob entschuldigend die Hände. »Mich hat's erwischt. Wieder mal. Das Südtirol-Fieber, sozusagen. Das muss die gute Luft sein. Die vertrage ich einfach nicht.« Er grinste schief. »Was gibt's, Lorenz?«

»Gestern gab es einen Unglücksfall, und ich wollte Ihnen dazu ein paar Fragen stellen. Aber wenn Sie nicht auf der Höhe sind …«

In Schmidts Augen blitzte Neugier auf. »So schlimm ist es nicht. Kommen Sie nur rein. Aufgeräumt ist halt nicht …« Er trat einen Schritt zurück und ließ Lovis in die Ferienwohnung. Es roch abgestanden. Der Boden war übersät mit Spielzeug. Plastikteile, Stofftiere, Bücher und ein angenagter Büffelhautknochen bildeten ein buntes Durcheinander auf den Fliesen, die vor Dreck nur so strotzten.

Allein das Spielzeuggerümpel aufzuräumen würde die Familie einen Urlaubstag kosten, dachte Lovis und rümpfte unbewusst die Nase. Vorsichtig stieg er über ein Plastikspielzeug auf Rädern, das mit bunten Knöpfen übersät war. Als er dabei leicht mit dem Fuß dagegen stieß, gab es ein Jammern von sich, und Schmidt zuckte zusammen.

»Ich hasse dieses Ding!«, sagte er.

Lovis sparte sich eine Erwiderung, fragte sich aber insgeheim, warum der Deutsche das Ding nicht einfach entsorgte, wenn es ihn so störte. Wieso er den Müll überhaupt anschaffte, ganz zu schweigen davon, dass er es in den Urlaub mitnahm …

Schmidt sah seine Grimasse und zuckte ergeben die Schultern. »Haben Sie mal Kinder«, sagte er. »Da kaufen Sie alles, um die kleinen Monster zu beschäftigen. Nicht dass es etwas nützen würde …«

Wenn ich welche bekomme, lasse ich sie im Heu spielen. Von mir aus mit Hühnerdreck, nahm sich Lovis vor. Ich gebe mein Geld gewiss nicht für solchen Müll aus. So wie in dieser Ferienwohnung wird es bei mir nie ausschauen.

Schmidt seufzte. Offensichtlich erriet er seine Gedanken. »Glauben Sie mir: Wenn Sie Kinder haben, sind Sie nicht mehr der Herr im Haus.« Er deutete auf die Sitzecke am Fenster.

Lovis schob ein paar klebrige Pappbücher zur Seite und setzte sich. »Gestern hat es im Winklerwald einen Brand gegeben.«

Der Urlauber nickte. »Wir sind abends dran vorbeigekommen. Die Einsatzkräfte waren bereits beim Aufräumen. Muss ein furchtbares Inferno gewesen sein.«

»Bei dem Brand ist ein Mensch ums Leben gekommen.«

»O mein Gott!« Der Deutsche sah erschrocken aus. »Das ist ja schrecklich. Einer der Feuerwehrkräfte?«

»Nein. Der Eigentümer der Hütte.«

»Der arme Mann!« Schmidt sah erschrocken drein und knetete bestürzt seine Hände.

»Ja. Wie Sie vielleicht wissen, bin ich neben meiner Tätigkeit als Bauer auch noch Privatdetektiv. Und ...«

»Privatdetektiv? War es Mord?«

Lovis winkte ab. Sein Gast musste ja nicht alles wissen. »Man hat mich beauftragt, die näheren Umstände des Brandes zu klären. Und weil Sie gestern in der Gegend wandern waren, hätte ich ein paar Fragen an Sie. Wenn Sie einverstanden sind.«

»Gerne, gerne«, sagte Schmidt und richtete sich auf. »Spannend, spannend – wie in einem Krimi! Wenn ich das den Kids erzähle ... Also schießen Sie los! Außer ...« Er unterbrach sich und schaute Lovis misstrauisch an. »Wir stehen nicht unter Verdacht, das Feuer gelegt zu haben, nicht wahr? Dann sollte ich meinen Anwalt konsultieren, bevor ich irgendwelche Fragen beantworte.«

»Nein, nein!«, beschwichtigte ihn Lovis rasch. Das Misstrauen in Schmidts Gesicht wich wieder einer unverhohlenen Neugierde. Ihm schien das Verhör Vergnügen zu bereiten, und Lovis beschloss, ihn nicht zu enttäuschen. Er setzte eine wichtigtuerische Miene auf, zückte einen Bleistift und seinen Notizblock und räusperte sich. Ganz Matula, dachte er spöttisch. Aber Schmidt fand nichts Auffälliges an dem Schauspiel.

»Wo und wann genau waren Sie denn gestern im Winklerwald?«

Schmidt nickte eifrig. »Wir sind ja gegen dreizehn Uhr hier vom Hof gestartet. Meine Frau wollte gestern unbedingt noch los, wenigstens habe ich sie davon überzeugen können, dass es besser war, vom Parkplatz aus nur bis zum Froschtümpel hochzulaufen. Den kennen wir vom letzten Jahr. Das ist nicht so weit.«

Lovis nickte. »Dort sind Sie dann auch gewesen?«

Schmidt bejahte. »Es gab jede Menge Kaulquappen oben. Die Kinder waren nicht mehr wegzukriegen von dem Tümpel.«

»Auf dem Hinweg … ist Ihnen da jemand begegnet?«

Schmidt überlegte einen Augenblick. »Na ja, ein paar Leute waren schon im Wald unterwegs. Drei Jungs, ein älterer Herr …«

Das könnte Niederegger gewesen sein, dachte Lovis. »Fahrzeuge?«

»Nein. Keine Fahrzeuge. Oder …« Er unterbrach sich und sah den Privatdetektiv mit zusammengekniffenen Augen an. »Ganz unten, dort, wo der Parkplatz ist, vor der Schranke, da ist uns ein Wagen entgegengekommen. Ein kleiner, gelber … Was war das bloß für eine Marke?« Er überlegte einen Augenblick. Dann zuckte er verlegen die Schultern. »Ihnen kann ich's ja sagen … Ich habe nicht wirklich auf das Auto geachtet. Ich bin hinterhergetrottet, habe einfach nur die Ruhe im Wald genossen, wenn Sie verstehen, was ich meine …«

Lass das bloß nicht deine Frau hören, dachte Lovis belustigt und fragte sich, ob der wilden Hilde die Blicke ihres Gatten aufgefallen waren.

»Es war ein gelber Kleinwagen. Vielleicht ein Austin. Ich werde meine Frau fragen. Die kann sich gewiss erinnern.«

»Danke«, meinte Lovis. »Sonst niemand?«

Der Mann überlegte. »Na ja, oben am Köpfl war Diablo. Ich denke jedenfalls, dass er das war. Er war an der Bank angeleint. Angelika war allerdings nirgends zu sehen. Meine Frau hat sich wieder ein bisschen aufgeregt, weil sie so nicht auf der Bank sitzen konnte. Na ja, Sie kennen sie ja inzwischen.«

Lovis grinste ihm verschwörerisch zu. Aber was er da hörte, beunruhigte ihn zutiefst. Angelika war also, wie er es befürchtet hatte, im Wald unterwegs gewesen, und sie hatte ihr Pferd auf dem Köpfl allein gelassen. Warum? War sie zu Cavagnas Jagdhütte gelaufen, um das Feuer zu legen? Ein Niesen riss ihn aus seinen Gedanken.

»Entschuldigen Sie bitte«, meinte Schmidt. Er putzte sich geräuschvoll die Nase. »Ich sollte mich besser wieder hinlegen.«

Lovis verstand den höflichen Hinauswurf und erhob sich. »Das sollten Sie, Herr Schmidt. Vielen Dank, dass Sie meine Fragen beantwortet haben. Wenn Sie etwas brauchen, melden Sie sich einfach.«

Vorsichtig bahnte sich Lovis einen Weg durch das Durcheinander am Boden. Als er an dem Plastikgerät vorbeikam, stieß er wie unbeabsichtigt an den roten Knopf und grinste zufrieden, als ein durchdringendes Sirenengeheul ertönte.

Schmidt zuckte zusammen. Dann verzog er wissend die Mundwinkel und drohte ihm spielerisch mit dem Zeigefinger. So übel war dieser Deutsche gar nicht, dachte Lovis, während er die Eingangstür der Ferienwohnung hinter sich zuzog.

Beim Anblick der leeren Küche machte sich Enttäuschung in Lovis breit. Er merkte, dass er ganz automatisch erwartet hatte, Angelika dort anzutreffen. Er sehnte sich danach, mit ihr zu sprechen, seine Erkenntnisse mit ihr zu teilen. Doch sie war nicht da, und er stellte fest, dass sich zu seiner Enttäuschung auch Erleichterung gesellte. Wie konnte er ihr unter die Augen treten, wenn er diese Gedanken nicht loswurde? Was hatte Angelika im Winklerwald getan? Warum war Diablo allein am Köpfl angeleint? War ihr Hass gegen die Cavagnas groß genug, um ihm etwas anzutun?

Lovis seufzte und versuchte, an etwas anderes zu denken. Sein Magen knurrte wie ein in die Enge getriebener Wolf. Ein Blick auf die Uhr verriet ihm, warum. Es war weit nach fünfzehn Uhr. Kurz überlegte er, in die Stadt zu fahren, dann entschied er sich anders.

Wenig später stand Lovis vor der Tür der Dorfkneipe. Das Schild vom Tag zuvor war verschwunden, und hinter den Fenstern brannte Licht.

»Habe die Ehre, der Carabiniere«, witzelte Schorsch bei seinem Eintreten müde. Dass kein Carabinieri-Witz folgte, verriet Lovis, dass die Stimmung seines Freundes noch immer am Tiefpunkt war.

Kein Wunder, dachte er. So eine Nachricht verdaut man nicht einfach so.

Die Kneipe war leer bis auf einen Mann, der an der Theke vor einem halb vollen Glas Bier lehnte. Er hatte

Lovis seinen schmächtigen Rücken zugewandt, trotzdem erkannte er ihn sofort.

»Ernst?«, fragte er.

Der Angesprochene sah auf. »Lovis! Endlich ein bekanntes Gesicht in diesem Kaff hier.«

»He, he«, warnte Schorsch. »Beleidigungen gegen unser schönes Dorf werden hier nicht gern gehört. Besonders nicht von Städtern, die unsere besten Frauen wegheiraten.«

Schrambach klopfte auf den leeren Stuhl neben sich am Tresen. »Komm her und vertreib mir die Zeit, bis meine Frau alle ihre Freundinnen abgeklappert hat. Schorsch ist heute merkwürdig zugeknöpft.«

Lovis klaubte unter der Käseglocke ein belegtes Brot heraus. Der Schinken hatte eingetrocknete, braune Ränder und sah nicht sehr appetitlich aus. Aber er war nicht wählerisch. »Hast du frei?«

Schrambach nickte und seufzte. »Wurde auch Zeit! Das war vielleicht eine Woche. Erst eure Kellnerin und dann Cavagna. Was ist denn los in diesem Nest? Ist das Wasser vergiftet?«

Keiner lachte. Doch Lovis horchte auf. »Was ist mit Sissi? Wurde sie auch ermordet?«

Schrambach winkte ab. »Unwahrscheinlich. Da liegt Selbstmord vor. Sie hat sich die Pulsadern aufgeschnitten. Das Messer lag neben der Badewanne, nur ihre Fingerabdrücke drauf.«

»Warum haben sie dich dann dazugeholt?«

»Tun sie bei Selbstmord immer. Aber in diesem Fall … Das Mädchen hatte wohl seine Gründe.« Vielsagend zog der Pathologe die Augenbrauen hoch.

Lovis runzelte die Stirn. »Was willst du damit sagen?«, fragte er.

Schrambach zog unbehaglich seine Schultern hoch. »Na ja, ich darf darüber ja eigentlich nicht reden …«

Ungeduldig klopfte Lovis mit der flachen Hand auf den Tisch. »Wenn du solche Andeutungen machen kannst, kannst du auch gleich den Rest verraten. Wir erzählen's auch gewiss nicht weiter, nicht wahr, Schorsch?«

Der Wirt schüttelte den Kopf. »Raus mit der Sprache!«

»Na ja.« Schrambach sah sich um, als könne sonst noch jemand mithören, wie er Berufsgeheimnisse ausplauderte. »Sie hatte einen Schwangerschaftsabbruch hinter sich. Damit kommen viele nicht klar.«

»Eine Abtreibung?«, wiederholte Schorsch nachdenklich. Dann änderte sich seine Miene zu einer wütenden Grimasse. »Dieser Scheißkerl!«

»Wer?«, fragte nun Schrambach interessiert.

»Cavagna! Bis vor einigen Wochen hatte sie doch was mit ihm laufen!« Schorsch schnaubte durch die Nase.

»Den kann ja nun leider niemand mehr zur Rechenschaft ziehen«, meinte Schrambach.

Die Männer schwiegen und hingen ihren Gedanken nach. Dann meinte der Pathologe: »Das klingt blöd, aber wenn Sissi noch leben würde und die Polizei bekäme von der Schwangerschaft Wind …«

»Tja, so verdächtigen sie mich«, gestand Lovis freimütig.

»Dich?« Schrambach sah ihn neugierig an.

»Ja. Da gibt es diesen Schuldschein.« In wenigen Worten erzählte Lovis seinem ehemaligen Kollegen, wie er es in so kurzer Zeit geschafft hatte, sich zum Hauptverdächtigen in einem Mordfall hochzuspielen.

Der lachte auf. »Ja, das klingt nach dir.«

»Das hilft mir jetzt auch nicht weiter.«

»Nein. Du hast recht. Schöne Scheiße.« Die beiden drehten eine Weile ihre Gläser zwischen den Händen. »Was ist mit der Ehefrau?«, fragte Schrambach in die Runde.

Lovis winkte ab. »Da ist die Polizei sicher schon dahinter.«

»Hat Cavagna auch anderen Geld geliehen?«

»Worauf du einen lassen kannst«, brummte Schorsch. Seine Augenbrauen zuckten vielsagend nach oben.

»Rück raus mit der Sprache«, knurrte Lovis.

Schorsch beugte sich vor und senkte seine Stimme, obwohl außer ihnen dreien niemand in der Kneipe war. »Na ja, nicht nur dein Onkel hat Cavagna um einen ... nennen wir's mal ›Überbrückungskredit‹ gebeten. Er hat Menschen in Notlage gern mal ausgeholfen. Aber er war gnadenlos beim Einkassieren. Nach dem Fall mit dem Reiterhof hielten sich die Leute mit Anleihen bei ihm zurück.«

»Der Fall mit dem Reiterhof ...?«, bohrte Lovis nach.

»Das ist bald zwanzig Jahre her. Die damaligen Eigentümer des Reitstalls unterhalb vom Schloss hatten einen Engpass. Die Eltern deiner Angelika waren das übrigens. Sie haben sich Geld von Cavagna geliehen. Viel Geld. Am vereinbarten Stichtag konnten sie es nicht zurückzahlen. Er hat kurzen Prozess gemacht ... Angelikas Vater hat sich das Leben genommen. Seine Frau ist in die Depression verfallen und wenige Jahre danach auch gestorben. Wir fühlten uns damals alle grauenhaft ... eine der ältesten Familien im Dorf. Der Reitstall befand sich seit Generationen in ihrem Besitz. Und plötzlich war alles dahin. Ein schreckliches Schicksal.«

»Angelika hat nie was davon erzählt«, meinte Lovis. Ebenso wenig wie Sebastian.

Lovis erinnerte sich, wie er Angelika damals das erste Mal getroffen hatte, ein blasses Ding mit braunen Zöpfen. Sie stand im Vorhof und striegelte einen schwarzen Wallach. Zwischendurch legte sie ihre Wange an den Hals des Pferdes. Vom Stubenfenster aus konnte Lovis sehen, dass sich die Lippen des Mädchens bewegten, als erzähle es dem Tier eine Geschichte.

»Wer ist sie?«, hatte er gefragt, ohne den Blick von dem Mädchen zu wenden.

»Des isch die Angelika«, sagte Onkel Sebastian. »Dass du mir a wian fein mit ihr umgeasch, hosch mi?«

»Geh ich mit irgendwem nicht nett um?« Lovis war wie gebannt von der verlorenen Gestalt im Vorhof.

Sebastian schnaubte.

»Wird sie jetzt öfter hier auf dem Hof sein?«

»Kannt schun sein.«

Sebastian erhob sich von seinem Stuhl und stellte sich neben ihn ans Fenster. Das Mädchen lehnte die Stirn an den Hals des Rappen. Er hielt ganz still, zuckte nur mit dem Schweif, um die Bremsen zu verscheuchen.

»I hon ihr unbotn, dass sie ihr Ross gegen a wian a Hilfe im Haus bei mir unterstellen konn. I derricht nimmer olls alloan. Zufrieden?« Sebastian ging zu seinem Stuhl zurück. »Und a wian a Gsellschoft isch a oftramol fein. Du bisch jo nimmer do.«

Ein Stich der Eifersucht fuhr Lovis ins Herz. Doch er wusste, dass Sebastian recht hatte. Er hatte nun sein eigenes Leben. Die Polizeischule hatte er eben hinter sich und eine Stelle in Chioggia in Aussicht. Er würde sich um seinen Onkel vorerst nicht mehr kümmern können. Und Sebastian hatte recht: Er brauchte ein bisschen Unterstützung im Haus.

Das Mädchen hob den Kopf und fuhr sich ungeduldig mit dem Handrücken über die Nase. Sie hievte ohne erkennbare Schwierigkeiten einen Sattel auf den Rücken des Tieres. Dann zurrte sie die Gurte fest, ruckte noch einmal daran und schwang sich auf das Pferd. Bevor sie lostrabte, warf sie einen kurzen Blick Richtung Stubenfenster direkt in Lovis' Augen.

Bei seinen Besuchen auf dem Messner Hof hatte Lovis Angelika immer öfter getroffen. Die Melancholie, die sie anfangs umgeben hatte wie eine graue Wolke, hatte er auf pubertäre Stimmungsschwankungen zurückgeführt und nie hinterfragt, warum so ein junges Mädchen selbst für die Unterhaltskosten für sein Reitpferd aufkommen musste oder warum er nie ihre Eltern zu sehen bekam. Dafür hatte er es genossen, sie zu triezen, und sich darüber gefreut, wie seine Sticheleien ihr die Farbe in die Wangen trieben. Dass sie genau wie er ihre Eltern so früh verloren hatte, hatte er nie geahnt. Und er fragte sich, warum Sebastian ihm das verheimlicht hatte. Plötzlich sah er ihren Hass auf Cavagna in einem anderen Licht, und ihm gefiel nicht, welche Schlüsse sich daraus ergaben.

»Schöne Scheiße«, brummte Schrambach und riss Lovis aus seinen Gedanken.

»Schaut beinahe so aus, als würde ein Fluch auf dem Reitstall liegen«, meinte Lovis nachdenklich. »Erst der Selbstmord von Angelikas Vater, jetzt Sissi.« Seine Gedanken ratterten. Außer dass Sissi zu Cavagnas Verflossenen gehörte, gab es keinen Zusammenhang zwischen den beiden Todesfällen. Trotzdem hatte er das Gefühl, dass da etwas war, was sie verband. Nur was?

»Könnte es jemanden geben, der Cavagna die Schuld an Sissis Tod gibt?«

Schorsch und Schrambach sahen ihn an. Der Pathologe zog eine anerkennende Miene.

»Nehmen wir mal an, Sissi wollte keine Abtreibung, sondern Cavagna hat sie von ihr verlangt«, spann Lovis den Gedanken weiter.

»Was nur logisch wäre. Einen Eheskandal kurz vor den Wahlen hätte er sicher nicht gebrauchen können«, warf Schorsch ein.

»Eben.« Lovis nickte, erleichtert darüber, dass die anderen seinen Gedankengang nicht allzu abwegig fanden. »Cavagna hätte also von ihr verlangt, dass sie abtreibt, und sie hat es gemacht, hat die Entscheidung aber bitter bereut und keinen Ausweg mehr gesehen. Vielleicht hat jemand ihren Selbstmord gerächt?«

Erwartungsvoll sah er die beiden Männer an.

»Möglich«, meinte Schrambach abwägend. »Aber wer könnte das sein?«, fragte er.

Schorsch zuckte hilflos die Schulter. »Keine Ahnung, Sissi hat zwar hier gearbeitet, aber sie hat nie viel über sich erzählt. Oder was sie so trieb in ihrer Freizeit. Gewohnt hat sie ja noch bei ihrer Mutt...«

»Ihre Mutter, natürlich!«, rief Lovis und schlug mit der flachen Hand auf den Tresen. »Die hat auf jeden Fall ein Motiv, sich an demjenigen zu rächen, der ihre Tochter ins Unglück gestürzt hat.« Lovis sah die anderen erwartungsvoll an.

Doch Schorsch wehrte ab. »Das vergiss mal ganz schnell wieder. Sissis Mutter ... die ist viel zu ... sanft. Wie Sissi eben.«

Doch Lovis ließ sich nicht von seiner Idee abbringen. Er musste unbedingt mit Sissis Mutter sprechen, ihr auf den Zahn fühlen, sehen, ob sich sein Verdacht bestätigte.

Schon um dem anderen Verdacht nicht nachgehen zu müssen, der seine Gedanken immer stärker beherrschte. Angelika …

Er erhob sich und leerte sein Glas in einem Zug. »Stille Wasser sind tief. Ich muss los. Ich berichte euch danach, was ich rausgekriegt habe.«

»Lovis«, rief ihm der Wirt nach, bevor er aus der Tür war. »Vergiss nicht, dass Sissis Mutter erst gestern ihr einziges Kind verloren hat? Ein bisschen Taktgefühl, ja?«

Lovis nickte unwirsch. Was dachte Schorsch von ihm? Dass er die trauernde Mutter mit wilden Anschuldigungen überfiel? Leicht beleidigt verließ er die Kneipe und schlug den Wanderweg zum Reitstall ein. Durch einen Hohlweg kam er auf eine Wiese. Das Cavagna'sche Schloss lag direkt vor ihm, und Lovis dachte mit einem flauen Gefühl im Magen daran, wie es jetzt wohl der Witwe ging. Schnell setzte er seinen Weg fort, wanderte durch den neu angelegten Weinberg in die Apfelfelder des nächsten Hofes und von da aus auf eine geteerte Straße. Zu seiner Rechten lag jetzt das Anwesen der Cavagnas. Undurchdringliches Gestrüpp schützte die Besitzer wahrscheinlich noch besser gegen Eindringlinge als die zwei Mann hohe Schlossmauer. Dahinter ein dichter Urwald aus Bäumen, deren Stammumfang verriet, dass sie zumindest die Freiheitskämpfe gegen die bayrisch-französische Besetzung Anfang des 19. Jahrhunderts schon gesehen hatten, wenn nicht sogar die Bauernkriege im 16. Jahrhundert. Bei einem schmalen Durchlass erhaschte er sogar einen Blick in den Schlosswald. Düster war es da drinnen und seltsam still. Ein schmaler Fußweg verschwand im Dunkel zwischen den Bäumen. War das der Weg, den Sissi immer genommen hatte, wenn sie spätabends nicht mehr auf der Hauptstraße unterwegs sein wollte? Beim Gedanken an die junge Frau und wie sie nachts durch diesen Wald schlich, schauderte es Lovis, und er war froh, als er endlich beim Hof ihrer Eltern ankam.

Er fand Sissis Mutter im Reitstall. Sie stand in einer Box, den Kopf an den Hals eines riesigen braunen Pferdes gelehnt. Ihre Schultern bebten, während das Tier stillhielt. Erst jetzt erkannte Lovis, wie rücksichtslos sein Vorhaben war, Sissis Mutter in ihrer Trauer zu stören. Schorsch hatte recht gehabt, aber der Gedanke an Angelika hatte ihn angetrieben. Jetzt verwarf Lovis seinen Plan und versuchte, ungesehen den Rückzug anzutreten. Da ruckte das Pferd den Kopf hoch und schnaubte.

Die Frau richtete sich auf und sah mit verweinten Augen in seine Richtung. »Der Reitbetrieb ist momentan eingestellt«, gab sie mit müder Stimme zur Auskunft, wandte sich wieder dem Pferd zu und striegelte es mit kraftlosen Bewegungen.

»Ich wollte nicht … Ich wollte Ihnen mein Beileid aussprechen«, sagte Lovis leise und machte einen Schritt auf sie zu. »Ich bin Lorenz Lovis … vom Messner Hof, der Neffe von Sebastian.«

Die Frau sah ihn ausdruckslos an. »Dann muss ich auch Ihnen Beileid wünschen«, sagte sie. »Ist ja nicht so lange her.«

Lovis brauchte einen Moment, um zu verstehen, dass sie Onkel Sebastians Tod meinte, und wunderte sich darüber, dass die Frau in ihrer Trauer nicht das Leid anderer Menschen vergaß. »Nein«, sagte er. »Aber das ist nicht vergleichbar.«

»Nein, wahrscheinlich nicht.« Sie nahm das Striegeln wieder auf.

Lovis hatte keine Ahnung, was er jetzt tun sollte. Die Idee, dass diese Frau etwas mit dem Mord an Cavagna zu tun haben könnte, kam ihm jetzt völlig absurd vor. Sie wirkte gebrochen, kraftlos – zu kraftlos, um einen Mord zu vollführen.

»Ich habe Sissi in der Kneipe kennengelernt«, sagte er vorsichtig.

Sie antwortete nicht, sondern fuhr mit der Pflege des Pferdes fort. Auf einmal hielt sie inne. Ohne ihn anzusehen, fragte sie: »Was wollen Sie wirklich?«

Lovis fühlte sich ertappt. Das Blut schoss ihm in die Wangen. Sein Blick flüchtete durch den Stall. An einer Inschrift, die in den Balken über der Box geschnitzt war, blieb er hängen. »Diablo«, las er laut vor. »So ein Zufall. Das Pferd einer Freundin von mir heißt auch so. Ihr Diablo ist aber schwarz.«

Die Frau sah stirnrunzelnd zu der Inschrift empor. »Sie meinen Angelika? Das hier wird wohl Diablos Box gewesen sein. Der Hof gehörte ja ihren Eltern, bevor wir ihn gepachtet haben. Thunder kann nicht lesen, und uns ist es egal, was in den Balken geritzt ist. Aber wollten Sie wirklich über Pferde sprechen?« Ein gereizter Ausdruck lag auf ihrem Gesicht.

»Nein … entschuldigen Sie.« Wie kannst du nur so ein Idiot sein, Lovis?, schalt er sich. »Ich bin … Privatdetektiv.« Er wartete kurz, ob eine Reaktion von ihr kam. Da sie schwieg, fuhr er fort: »Ich sollte die Vandalenakte gegen Cavagna aufklären. Aber bevor ich dazu kam, wurde er …« Er verstummte, und sie nickte müde.

»Und wie kann ich Ihnen dabei helfen?«

Lovis holte tief Luft. »Wussten Sie, dass Sissi ein Verhältnis mit Cavagna hatte?«

Die Frau zuckte die Achseln. »Recht war es uns nicht, aber was sollten wir dagegen tun?« Das Pferd stupste sie mit der Schnauze an.

Mit viel Überwindung brachte er seine nächste Frage heraus: »Wussten Sie, dass Sissi schwanger war? Und dass sie …« Der gequälte Ausdruck in den Augen von Sissis Mutter ließ ihn innehalten. »Ein ehemaliger Kollege von der Polizei hat es mir gesagt.« Sie kniff die Lippen zusammen und schluckte hart. Lovis wünschte sich meilenweit weg. »Ich weiß nicht, ob ich mich da nicht in etwas verrannt habe, aber ich habe gedacht, dass der Mord an Cavagna und Sissis Selbstmord möglicherweise zusammenhängen.«

Die Mutter zuckte müde die Schultern. Was soll das noch bringen?, schien sie sagen zu wollen. Mein Kind ist tot. Deine Fragen machen Sissi nicht mehr lebendig.

Trotzdem tastete sich Lovis vorsichtig weiter vor. »Schorsch hat angedeutet, dass Cavagna möglicherweise der Vater des Kindes war. Angenommen, er wollte nicht, dass sie das Kind bekommt, und hat Druck auf sie ausgeübt …«

Lovis hielt inne, weil die Frau aufschluchzte. Wieder verbarg sie ihr Gesicht am Hals des Pferdes, und ihr ganzer Körper bebte. Ohne eine bewusste Entscheidung machte er die paar Schritte, die ihn von ihr trennten, und legte ihr sanft die Hand auf den Arm.

»Ich entschuldige mich. Ich weiß, was Sie durchmachen. Ich … Es war falsch von mir, Sie jetzt mit so etwas zu belästigen.« Er strich hilflos über den Arm.

Die Frau hob den Kopf und sah ihn mit verquollenen Augen an. »Man verdächtigt Sie, Cavagna umgebracht zu haben, nicht wahr?«

Sie sollte die Ermittlungen übernehmen, dachte Lovis und nickte.

»Stellen Sie Ihre Fragen.«

Er kam sich unmöglich und wie ein Egoist vor, aber sie wirkte gefasst. Und Lovis wollte die Gelegenheit nicht ungenutzt verstreichen lassen. »Gab es jemanden, der Sissi nahestand? Eine Vertraute, einen Freund?«

»Sissi war erwachsen, sie hat mich nicht mehr in alles eingeweiht. Natürlich hatte sie Freunde. Aber so genau weiß ich auch nicht, mit wem sie besonders eng war oder nicht. Früher ...« Sie zögerte kurz. »Früher war Angelika ihre beste Freundin – aber das ist lange her.«

Lovis schluckte hart. Zum dritten Mal an diesem Tag fiel Angelikas Name. Er hätte gern darüber weggehört, aber jetzt ging das nicht mehr. »Angelika? Meine ...« Er verstummte.

Sissis Mutter bemerkte nicht, was in ihm vorging, und fuhr fort: »Es war beinahe eine Art Abhängigkeit. Die Mädels steckten in jeder freien Minute zusammen. Uns war das gar nicht recht. Angelika war ja schon älter und ...« Sie umschloss die Ställe mit einer ungeduldigen Handbewegung. »Wir hatten ein ungutes Gefühl dabei, wenn sie auf dem Hof herumstrich. Ein bisschen schämten wir uns, aber der Ausdruck in ihren Augen hat uns beinahe Angst gemacht ... Als gäbe sie uns die Schuld an dem, was sie durchgemacht hatte. Wir waren erleichtert, als sie nicht mehr bei uns aufgetaucht ist.« Sissis Mutter schwieg einen Augenblick. Dann richtete sie ihren Blick auf Lovis und meinte: »Ich kann Ihnen nicht weiterhelfen. Lassen Sie mich jetzt allein. Bitte.«

Lovis war ihr nicht böse. Er an ihrer Stelle hätte das Gespräch bereits schon viel eher beendet, wenn er überhaupt mit ihr geredet hätte. »Danke«, sagte er leise. »Und mein Beileid.« Er wandte sich um und machte, dass er davonkam. Nach Hause, dachte er und hoffte, dass nicht ausgerechnet heute Angelika dort auf ihn wartete.

»**Mahlzeit.**«

Angelika stellte vor jeden einen Teller mit Gerstensuppe hin. Es roch himmlisch, aber der Appetit wollte sich bei keinem von ihnen so recht einstellen. Sie war ein Schatten ihrer selbst. Mit grauem Gesicht und verquollenen Augen rührte sie lustlos in der Suppe herum.

Lovis machte es ihr gleich und versuchte die Fragen zu verdrängen, die seit dem Morgen ständig in seinem Kopf kreisten. Schweigend tauchten sie ihre Löffel in die Suppe und führten sie zum Mund. Nur das leise Klappern und Scharren auf dem Tellergrund war zu hören. Plötzlich legte Paul sein Besteck neben den Teller.

»Das ist ja nicht auszuhalten«, sagte er. »Kann mir mal einer verraten, was los ist?«

Lovis warf Angelika einen Blick zu und zuckte die Schultern. Angelika starrte ohne die geringste Regung auf ihre Suppe.

»Was hast du schon wieder verbrochen, Chef?«

»Er hat nichts getan.« Angelika erhob sich kraftlos. »Niemand von euch. Lasst mich einfach in Ruhe.«

Lovis fühlte sein Herz schwer werden. Was konnte einen Menschen so verändern, wenn nicht ein dunkles Geheimnis? Er wusste, dass er Angelika irgendwann darauf ansprechen musste, aber nicht jetzt. Nicht wenn sie so kaputt war.

»Ich muss ... zur Chorprobe«, sagte er und stand auf.

»Pass nur auf, dass dir nicht irgendwann ein Heiligenschein wächst«, stichelte Paul.

Angelikas Miene verzog sich kein bisschen.

Als Lovis den Chorraum betrat, befanden sich die meisten Sänger bereits an ihren Plätzen. Eine besondere Stimmung erfüllte die Kirche. Ostern war nicht mehr weit, ein wichtiges Fest im Kirchenjahr und für den Domchor Hochsaison. Nur zu Weihnachten war der Terminkalender noch dichter gedrängt.

Das Kirchenschiff lag im Dunkeln, allein der Chorstuhl war spärlich beleuchtet. Die Streicher stimmten ihre Instrumente, während die Sänger ihre Noten zusammensuchten und mit gedämpften Stimmen die letzten Neuigkeiten austauschten.

»Hast du das von dem Brand gehört?«, raunte sein Nachbar Arthur und reichte ihm die Noten weiter. »Du bist doch aus demselben Dorf?«

Lovis nickte. Er hatte gehofft, bei der Chorprobe auf andere Gedanken zu kommen. Aber natürlich war auch hier der Mord in aller Munde.

»Und – weißt du Genaueres?«, fragte sein Pultnachbar neugierig.

Lovis schüttelte den Kopf. Dass er selbst unter Verdacht stand, war offenbar noch nicht bis in die Stadt vorgedrungen.

»Also, wenn ich bei der Polizei wäre, würde ich die Ehefrau ein bisschen genauer unter die Lupe nehmen.« Arthur zog bedeutungsvoll die Augenbrauen hoch.

»Das haben sie sicher bereits getan. Sie wird halt ein stichfestes Alibi haben – oder kein Tatmotiv.«

»Dafür würde ich nicht die Hand ins Feuer legen«, meinte Arthur. »Ich kenne die Cavagnas.« Jetzt war es Lovis, der die Augen bedeutungsvoll nach oben zog. »Na ja, mein Chef ist der rechtliche Berater … war der rechtliche Berater von Cavagna. Und weißt du was: Jetzt wo er tot ist, erbt alles seine Ehefrau. Hast du aber nicht von mir.«

So gern Lovis der Polizei einen anderen Tatverdächtigen präsentiert hätte: Er wusste genau, dass diese Information ihn kaum entlasten würde. Er winkte ab.

Doch Arthur ließ sich nicht bremsen. »Cavagna war in den letzten Tagen bei uns in der Kanzlei, und weißt du, was er da – ganz beiläufig – gefragt hat? Wie viel er seiner Gattin im Falle einer Scheidung abtreten müsste!«

Lovis stockte der Atem. Jetzt wurde es doch spannend. »Und?«

»Minimal. Das Vermögen wäre beinahe vollständig in seinem Besitz geblieben. Im Falle einer Scheidung wäre sie arm wie eine Kirchenmaus gewesen!« Arthur blickte Lovis Beifall heischend an.

Dem klopfte das Herz jetzt bis zum Hals. Das waren in der Tat interessante Neuigkeiten. Wenn Cavagnas Frau gewusst hatte, dass ihr Ehemann sich mit Scheidungsgedanken trug, dann hätte sie in der Tat ein Motiv gehabt, sich seiner zu entledigen. »Und? Wusste sie das?«

»Ja, das ist jetzt die Frage.« Arthur grinste.

Ja, das war die Frage, auf die Lovis eine Antwort finden musste. Es zuckte ihn in den Beinen. Am liebsten wäre er sofort zurück ins Dorf gefahren, um Frau Cavagna genauer zu durchleuchten, doch da klopfte der Chorleiter mit seinem Stöckchen an das Dirigentenpult, und die Probe begann. Sie hatten ein Monsterprogramm für die Osterzeit zu absolvieren. Die Chrisammesse am Gründonnerstag, die Karfreitagsliturgie, die Auferstehungsfeier am Karsamstag und schließlich die beiden Messen am Ostersonntag und Ostermontag. Es war die anstrengendste Zeit für den Domchor, und in der Probe langte die Zeit kaum, sich den einzelnen Musikstücken ausführlich zu widmen, aber das war egal. Das meiste davon hatte der Chor im Repertoire.

Statt sich auf die Musik zu konzentrieren, sann Lovis allerdings die ganze Zeit über die neue Information nach, und er überlegte, wie er sie zu seiner Entlastung nutzen konnte. Lovis seufzte mitten in eine Pause hinein und erntete einen rügenden Blick des Dirigenten.

Arthur stieß ihn in die Seite. »Jetzt konzentrier dich mal«, spottete er. »Sonst lässt er uns nie gehen!«

Lovis beschloss, Cavagna für den Rest dieses Abends aus seinen Gedanken zu verbannen, und richtete die Aufmerksamkeit auf die Musik, die das Kirchenschiff erfüllte.

Almas angestammter Platz auf dem Polstersessel war leer, als Lovis von der Chorprobe nach Hause kam.

Na also, dachte er und begann sich auszukleiden. Dann setzte er sich auf sein Bett, zog seine Kladde hervor und las seine Notizen.

- *Die Kerle finden, die Erik Leitner belästigen: Klassenkameraden? Ältere Jungs aus der Stadt?*
- *Wer hat etwas mit den Uhu-Vorfällen zu tun? Örtliche Naturschützer?*
- *Wer will Cavagna mit den Uhus etwas auswischen?*
- ~~*Hat Niederegger etwas damit zu tun?*~~ *Falkner Gruber?*
- *Nachweisen, dass von Stadler den Weinberg manipuliert*
- *von Stadler das Handwerk legen!!!*
- ~~*Warum hat Sissi sich umgebracht?*~~
- *Wer ist der Vater von Sissis Kind?*
- *Wer hat Cavagna ermordet? Wer hat ein Motiv?*

- ~~*Warum ist Niederegger spurlos verschwunden?*~~ *Ist Niederegger so unschuldig, wie er tut?*
- *Hat der Mord an Cavagna etwas mit Sissis Tod zu tun? Hatte sie Freundinnen oder Freunde, die ihren Selbstmord rächen wollten?*

Er kaute auf dem Bleistift herum. Irgendwie wollten seine Gedanken nicht fließen. Als er auch nach zehn Minuten nichts Brauchbares auf das Blatt geschrieben hatte, klappte er die Kladde zu, steckte sich den abgekauten Bleistift hinters Ohr und wanderte in den Stadel hinüber, wo er Alma in ihrer Kuhle fand.

»Ohne dich geht nichts«, erklärte er und ließ sich neben ihr im Heu nieder.

Alma streckte ihr Köpfchen neugierig nach der Kladde aus und pickte einmal dagegen.

»Ja, ja, ich lese es dir ja gleich vor«, meinte er und strich ihr über die Federn. Dann ging er die Liste noch einmal mit halblauter Stimme durch. Seine Finger strichen über das glatte Gefieder, und Alma gurrte leise dazu. »Am wichtigsten ist, dass wir beweisen, dass Angelika unschuldig ist«, sagte er und versuchte, seine Stimme dabei fest klingen zu lassen. »Denn das ist sie doch, oder?«

Alma gurrte zustimmend, und Lovis ergänzte seine Liste:

- *Beweisen, dass Angelika nichts mit der Sache zu tun hat*

»Aber wenn sie es nicht ist, wer dann?« Alma ruckte den Kopf zur Seite. »Du bist keine große Hilfe, weißt du das?« Lovis überlegte. »Cavagnas Frau?« Ohne auf Almas Reaktion zu warten, schrieb er auf seine Liste:

- *Frau Cavagna auf den Zahn fühlen*

Mit gequältem Gesicht schrieb er in Klammer (*Anna*) daneben. Und weil er gerade bei den unangenehmen Aufgaben war, setzte er noch

- *Termin beim Alten*

darunter. Scatolin hatte ihm beim Abschied noch einmal eindringlich geraten, nicht zu spät zu kommen.

»Und dann soll er mir ins Gesicht sagen, dass ich der Hauptverdächtige bin. Mal sehen, ob er sich das traut.«

Aber er fühlte sich lange nicht so mutig bei diesen Worten, wie er sich das gewünscht hätte. Dann fiel ihm noch etwas ein:

- *Was für ein Kleinwagen war im Winklerwald, und wer hat ihn gefahren?*

Das war vielleicht eine Spur. Die einzige wirkliche Spur, die nicht zu Angelika oder zu ihm führte, und er nahm sich vor, dem gleich am nächsten Morgen nachzugehen. Scatolin konnte ihm dabei sicher helfen.

Er betrachtete seine Notizen. Ganz schön viel Arbeit hast du dir da aufgehalst, dachte er. Mit jedem Tag wurde die Liste länger. Zeit, dass er auch ein paar Ergebnisse vorwies.

Der Duft nach frisch aufgebrühtem Kaffee kitzelte Lovis in der Nase. Schlagartig war er wach. Angelika war da. Unschlüssig lag er im Bett. Sollte er aufstehen und sie geradeheraus fragen, was sie am Donnerstag zur Tatzeit im Winklerwald getan hatte? Er verwarf den Gedanken sofort wieder. Mit dieser Frage gestand er ihr offensichtlich ein, dass er sie für verdächtig hielt. Aber einfach in die Küche spazieren, Kaffee mit ihr trinken und tun, als sei alles in bester Ordnung – das schaffte er auch nicht. Lovis ließ sich wieder in sein Kissen sinken und starrte zur Decke. Sein Magen knurrte. In der Küche wartete ein leckeres Frühstück. Aber er war noch nicht bereit für eine Begegnung mit Angelika. Und plötzlich wusste er, was er tun würde.

»Ruft eine Frau die Nummer 113 an und fragt: Ist da 113? – Nein, antwortet der Carabiniere am anderen Ende. Nur einer davon. Die anderen 112 sind auf Streife.« Schorsch grinste.

»Aktualisier mal deine Witzequelle. Die 113 ist Schnee von gestern. Seit Herbst 2017 gilt auch für die Carabinieri die 112.«

»Na, ich weiß nicht. Die Carabinieri kriegen das doch erst in ein paar Jahren mit. Einen Schwarzen?«

»Einen Schwarzen.«

Schorsch machte sich an der Kaffeemaschine zu schaffen. »Wie war's gestern bei Sissis Mutter? Hast du deine Mörderin bei ihr gefunden?«

»Was fragst du? Du weißt die Antwort ja sowieso schon, nicht wahr?«

»Tja, ich und noch einer wissen eben alles.« Schorsch deutete feixend auf das Kreuz im Herrgottswinkel. Dann erstarb sein Grinsen. »Sissis Mutter war hier. Sie ist …«

»… am Boden zerstört«, ergänzte Lovis seinen Satz.

Schorsch nickte. »Gut, dass du dich ein bisschen einfühlsam gezeigt hast. Wenn das anders gewesen wäre, hätte ich dich eigenhändig erwürgt.« Er machte eine unmissverständliche Geste mit seinen Pranken. »Du wolltest heute aber nicht über Sissis Mutter mit mir sprechen, nicht wahr?«

Lovis schnippte ein paar Mal gegen ein Zuckerpäckchen, bevor er dessen Inhalt in den Kaffee rieseln ließ. »Ich hab leider nicht genug Arbeit für zwei, aber sollte das jemals der Fall sein, wärst du die erste Wahl für einen Assistentenjob bei mir.«

»Na, viel braucht es nicht, um zu erkennen, dass du dich bezüglich Sissis Mutter in eine Sackgasse verrannt hast und jetzt umdenken musst. Und da kommen vermutlich Cavagnas Liebschaften ins Spiel, nicht wahr?«

»Und?«

»Ich muss dich leider enttäuschen. Da bin ich nicht so gut informiert, wie ich gern möchte. Ich weiß nur, dass er den Barbietyp bevorzugt hat. Blond, blauäugig und Busenwunder. Unsere Sissi war da keine Ausnahme. Aber wer ihre Nachfolgerin ist, weiß ich nicht. Da musst du mit Anna reden.«

Lovis schüttelte schnell den Kopf. Zu schnell, denn Schorsch brummte: »Es ist langsam Zeit, dass ihr euch wie Erwachsene benehmt.«

»Würde ich ja, aber sie …«

»Lovis, sei ein Mann und rede mit ihr.« Schorschs Ton duldete keinen Widerspruch.

Lovis wusste nicht, was er erwidern sollte. Da fiel sein Blick auf die Uhr. Er sprang auf, wie von der Tarantel gestochen. »Ich muss los!«, sagte er. »Schreib's auf, Schorsch, bitte!« Er deutete auf den Kaffee. »Termin beim Alten. Wünsch mir, dass ich lebend wieder rauskomme!«

»Ich verstehe zwar nur Bahnhof, aber ich wünsche dir, dass du lebend wieder rauskommst«, sagte Schorsch, nahm Lovis' Tasse und leerte sie in einem Zug. Dann schüttelte er den Kopf. »Kinder, Kinder …«

»Si sieda!«

Der Alte sah nicht von seinen Dokumenten auf. Scheinbar hochkonzentriert blätterte er in den Akten und tat, als sei Lovis Luft. Unentwegt klickte er auf seinem Kugelschreiber herum. Das Geräusch wirkte ähnlich entnervend wie das Ticken einer Uhr bei einer Prüfung.

Lovis versuchte, Ruhe zu bewahren, und sah sich betont gelangweilt in Bottas Büro um. Die Neonröhren summten immer noch, der ganze Raum machte denselben Eindruck von schmuddeliger Verwahrlosung, den er immer gemacht hatte, und trotzdem kam er Lovis verändert vor. Er dachte darüber nach, was es war, und stellte fest, dass es an ihm selbst liegen musste. Er war ein anderer geworden. Er war nicht mehr der Untergebene des Hauptkommissars Fernando Botta, sondern ein freier Mann, der zu einer Zeugenvernehmung geladen war.

»Lorenz Lovis.« Das rollende »r« ließ ihm die Nackenhaare zu Berge stehen.

»Signor Botta?« Betont gelassen ließ er sich in den Sessel sinken.

Der Alte sah ihn durchdringend an und fuhr fort, mit seinem Kugelschreiber herumzuspielen. Der silberne Stift kreiste blitzschnell um die Finger, ohne eine sichtbare Unterbrechung. Langsam stieg doch eine gewisse Nervosität in Lovis hoch.

»Lei è sospettato di omicidio.« Der Alte musterte ihn wie ein ekliges Insekt.

Unter Verdacht ... Obwohl er es bereits von Scatolin gehört hatte, fühlte Lovis nun, da es von offizieller Seite ausgesprochen worden war, wie das Blut hart in seinen Adern pochte. Schadenfreude überzog das Gesicht seines ehemaligen Vorgesetzten. Und Lovis war kurz versucht, dem Impuls nachzugeben, dem Alten an die Gurgel zu gehen. Doch stattdessen ballte er die Hände zu Fäusten und zählte langsam bis fünf. »Come mai?«

»Sono io quello che fa le domande«, schnauzte der Alte sofort zurück.

Lass ihn reden. Irgendwann hat er sein Pulver verschossen.

»Sie wissen, warum wir Sie vorgeladen haben?«, setzte der Alte sein Verhör auf Italienisch fort. Lovis nickte. »Dann können Sie mir gewiss sagen, wo Sie sich am Donnerstag in der Zeit zwischen 13 und 14 Uhr aufhielten.«

Lovis nickte wieder. »Im Winklerwald. Gemeinsam mit einem ... Bekannten.« Er wollte es nicht sein, der den Professor ans Messer lieferte.

»Anse-Wolfgange Niedereggere«, radebrechte der Alte.

Lovis verbiss sich ein Grinsen. Und du krittelst an meinem Akzent herum, dachte er höhnisch. Doch er nickte wieder.

»Der von dem Toten verdächtigt wurde, ihn mit diversen Vandalenakten belästigt zu haben?«

Lovis zuckte die Schultern. »Ich hatte den Auftrag zu beweisen, dass der Professor für diese Vandalenakte verantwortlich war, und versuchte, in Kontakt mit ihm zu treten, um ihm … auf den Zahn zu fühlen.«

Der Alte grunzte amüsiert. »Sie hatten den Auftrag? Von wem?«

»Von Cavagna selbst.«

»Der ja nun tot ist und den Wahrheitsgehalt Ihrer Aussage nicht bestätigen kann.«

»Aber seine Frau.«

Botta winkte gelangweilt ab. »Und was ergaben Ihre Ermittlungen?«

»Sie ergaben, dass Professor Hans-Wolfgang Niederegger zwar etwas schrullig und Uhu-fixiert ist, aber höchstwahrscheinlich mit den Vandalenakten nichts zu tun hat.«

»Das konnten Sie durch einen Spaziergang im Wald beweisen?« Die Bemerkung des Commissario Capo triefte vor beißendem Spott.

Lovis fühlte, wie seine Wangen heiß wurden. »Nein, das konnte ich nicht. Es war nur so ein Gefühl, eine Vermutung.«

»Dem Himmel sei Dank, dass Sie Ihren Dienst bei der Polizei quittiert haben. Nur so ein Gefühl …« Der Alte wandte seine Aufmerksamkeit wieder den Dokumenten zu. »Erkennen Sie diesen Schuldschein?«

Lovis brauchte nicht zweimal hinzuschauen, um zu wissen, was der Alte zwischen seinen Fingern hielt. »Sissignore.«

»20.000 Euro.« Der Alte ließ sich den Betrag auf der Zunge zergehen. »Sie haben natürlich so viel Kleingeld beisammen.« Er verzog die Mundwinkel zu einem wissenden Lächeln.

Lovis kniff bockig die Lippen zusammen. »Die Antwort auf diese Frage kennen Sie vermutlich bereits.«

»Eh sì.« Der Alte schnalzte zufrieden. »Eine Prüfung Ihrer Bankkonten hat ergeben, dass Sie absolut nicht über die nötige Barschaft verfügen, um den Schuldschein zu bezahlen – sogar die Begleichung der ersten Rate dürfte Ihnen schwerfallen.« Er blätterte weiter in den Akten. Dann fuhr er fort: »Hier haben wir die Zeugenaussage eines gewissen Signore Franz Wegener. Kennen Sie ihn?«

Lovis schüttelte den Kopf. Den Namen hatte er noch nie gehört.

»Tuttofare in casa Cavagna«, half ihm der Alte auf die Sprünge. Lovis seufzte in Erinnerung an den Hausmeister und sein Kuscheltier. »Er gibt an, dass Sie am Dienstag dieser Woche hocherregt von einem Zusammentreffen mit Cavagna gekommen sind und ...«

»Ich hatte einen Termin, er hat mich damit beauftragt, den Verursacher ...«

Der Alte fuhr ungerührt fort: »Und am selben Tag überraschte er Sie gegen Mitternacht im Park der Cavagnas.«

»Ich hatte ein Geräusch gehört und hoffte, den Kerl ...«

Doch wieder schnitt ihm der Alte das Wort ab. »Der Commandante dei Vigili del Fuoco hat Sie am Tag nach dem Mord am Tatort herumschnüffelnd angetroffen.«

»Herr Niederegger hatte mein Handy ...«

»Ein bisschen viele Zufälle, Lovis, nicht wahr? Was sagt Ihnen da Ihr Privatschnüfflerverstand?« Lauernd fixierte der Alte sein Gegenüber.

»Dass nichts von dem als Beweis ausreicht, um mich anzuklagen.«

Der Alte zog die Augenbrauen hoch. »Was zu entscheiden allein meine Angelegenheit ist, Herr Privatdetektiv. Wenn wir Sie noch einmal irgendwo antreffen, wo Sie nicht sein sollten, dann setze ich Sie persönlich fest. Egal was Ihr Busenfreund Scatolin sagt und egal wie stichhaltig Ihre Gegenargumente sind. Und wenn es nur ist, um zu hören, wie Sie mich anflehen, Ihren Anwalt anrufen zu dürfen.« Damit klappte er die Dokumentenmappe zusammen und ließ sie auf die Tischplatte fallen. »Glielo giuro, Lovis. E adesso se ne vada. Sie verpesten die Luft in meinem Büro.«

Als Lovis nicht sofort reagierte, wurde Botta lauter: »Fuori!« Mit ausgestrecktem Zeigefinger deutete er auf die Tür. Dann stemmte er sich ächzend aus seinem Stuhl. Bevor Botta sich auf ihn werfen oder die Pistole zücken konnte, trat Lovis den Rückzug an. Eilig schloss er die Tür hinter sich, und als ein Poltern ihm signalisierte, dass der Alte seinen schweren Körper wieder in den komfortablen Drehstuhl fallen gelassen hatte, lehnte er sich aufatmend an die Wand. Erst jetzt merkte er, dass ihm die Knie zitterten.

»Va al diavolo! Maledetto stronzo!« Mit gesenkter Stimme verfluchte er den Commissario Capo mit allen Kraftausdrücken, die er sich im Laufe von zwanzig Jahren Polizeidienst angeeignet hatte. Dann holte er tief Luft und sah Richtung Ausgang. Ein stark geschminktes Augenpaar zwinkerte ihm entgegen. Lovis lief rot an.

»Ich …« Er hatte keine Ahnung, was er zu seiner Entschuldigung vorbringen sollte.

Sabrina winkte ab. »Er war heute Morgen so glänzender Laune wie noch nie. Keiner hatte eine Erklärung dafür, bis Sie zur Tür hereinkamen. Jetzt kommen Sie mal in unser Hinterzimmer und trinken einen Kaffee. Dabei können Sie mir ein paar Schauergeschichten vom Alten preisgeben. Ich bin sicher, da gibt es einige, die ich noch nicht kenne.«

Erst eine halbe Stunde später ließ er die erdrückende Atmosphäre des Kommissariats hinter sich. Bin ich froh, dass ich nicht mehr jeden Tag in diesen dreckigen Kasten muss, dachte er erleichtert und warf einen Blick auf die Uhr. Da er bei seinem überstürzten Aufbruch am Morgen seinen Kübel in der Remise hatte stehen lassen müssen, war Lovis nun auf die öffentlichen Verkehrsmittel angewiesen. Noch jede Menge Zeit bis Schulschluss, stellte er fest, zog das Telefon aus der Hosentasche und wählte Scatolins Nummer.

»Scatolo, sono qui davanti al Commisariato«, eröffnete Lovis das Gespräch und grinste, als sein Freund sofort vorschlug, auf einen Kaffee herauszukommen. »Jeder Vorwand, von der Arbeit wegzukommen, ist dir recht, nicht wahr? Bei Bruni?«

»Bei Bruni«, bestätigte der Ispettore kurz. Lovis machte kehrt und überquerte die Straße.

»Einer?«, fragte die Kellnerin, deren Stimme so viel Volumen hatte wie sie selbst, als sie ihn erblickte.

Er streckte zur Antwort Zeige- und Mittelfinger in die Höhe. »Scatolin kommt gleich.«

Sie nickte, drehte sich um, und kurz darauf zischte die Espressomaschine los. Als der Ispettore die Bar betrat, standen die beiden Macchiati auf dem Tresen, und Bruni war gerade dabei, das wuchtige Ding zu umrunden, um sie ihnen zu bringen. Doch Scatolin winkte ab.

»Faccio io«, sagte er, nahm vorsichtig die Tässchen in die Hand und trug sie zum Tisch, an dem Lovis inzwischen Platz genommen hatte.

»Ich hab kein Fußbad bestellt«, witzelte der und deutete auf den verschütteten Kaffee in der Untertasse.

»Ich bin Polizist und kein Kellner. Vielleicht eher was für dich?«, gab Scatolin zurück, setzte sich zu Lovis und machte eine etwas ernstere Miene. »War's schlimm?«

»Schlimmer. Ist es nicht eine Riesenungerechtigkeit, dass so einer uns zwischen Zeigefinger und Daumen zerquetschen kann? Und das, ohne dass er überhaupt aus seinem dicken Sessel aufsteht?«

»Man muss einfach lernen, nicht aufzufallen«, meinte Scatolin.

»Darin warst du schon immer besser«, sagte Lovis.

Zum Glück war Scatolin nicht leicht eingeschnappt. »Ich bewundere dich für das, was du getan hast. Und nicht nur ich ... die ganze Mannschaft! Endlich hat es ihm mal jemand gezeigt. Du bist unser Held!«

Unbehaglich dachte Lovis an die Kündigung. Er verzog das Gesicht zu einer Grimasse. »Es hat sich nicht halb so gut angefühlt, wie man meinen sollte.«

Scatolin warf einen Blick auf die Uhr. »Ich muss gleich wieder ins Büro. Bist du in deiner Angelika-Sache weitergekommen?«

»Nein.« Lovis wand sich verlegen, als er an seine Flucht am Morgen dachte.

»Scatolin, habt ihr die Ehefrau durchleuchtet?«

»Haben wir«, sagte der. »Ich, um genau zu sein. Sie ist sauber. Ihr Alibi ist hieb- und stichfest. Sie war bei Mathieu.« Mathieu war der In-Friseur der Stadt. Wenn er neben verschiedenen Aufträgen für Modeschauen in Mailand und Paris Zeit hatte, blondierte und föhnte er der Brixner High Society die Haare. »Er schwört, dass die Frau Gnädige den ganzen Nachmittag bei ihm in Behandlung war. Die Locken sind wohl in natura nicht so blond, wie sie ausschauen.«

»Der Busen auch nicht«, sagte Lovis und fügte auf den erstaunten Blick seines Freundes rasch hinzu: »... behauptet Angelika.«

»Die wird es wohl wissen«, meinte Scatolin. »Jedenfalls hat Frau Cavagna am besagten Nachmittag die ganze Prozedur mit Waschen, Färben und Föhnen über sich ergehen lassen, inklusive Kopfhautmassage, wie Mathieu extra betont hat. Wenn sie nicht einen Auftragskiller engagiert hat, kann sie nicht dahinterstecken.«

»Hmmm«, machte Lovis und kratzte mit dem Löffel den Kaffeeschaum vom Innenrand seiner Tasse. »Ist er bestechlich?«

Scatolin zog missbilligend die Augenbrauen zusammen. »Er hat mindestens vier Angestellte und unzählige andere Zeugen, die sich gleichzeitig im Salon aufhielten. Lovis, sie war es nicht. Den Mörder müssen wir woanders suchen! Und weil wir gerade dabei sind: Hast du mir nicht versprochen, dass sich dein Professor bei mir melden wird?«

»Hat er etwa nicht?«

»Also bei mir ist kein Anruf angekommen.«

»Na ja, vielleicht hat er es ja versucht und ist einfach nicht durchgestellt worden?«

»Würdest du noch die Anrufe entgegennehmen, wäre das eine Möglichkeit«, meinte Scatolin feixend. »Aber bei Sabrina passiert so was nicht.«

»Vielen Dank auch«, sagte Lovis leicht beleidigt. »Dann hat er eben nicht angerufen. Und?«

»Ich denke, *ich* werde *ihn* anrufen. Ich habe das Gefühl, er ist nicht so unschuldig, wie er tut.« Scatolin stand auf und fischte den Kassazettel vom Tisch. »Den Kaffee übernehme ich.«

Da fiel Lovis noch etwas ein. »Scatolo? Die Schmidts haben zur Tatzeit einen Kleinwagen im Winklerwald gesehen. Die Marke konnten sie nicht erkennen, aber die Farbe ist ziemlich auffällig: Kanariengelb. Vielleicht checkt ihr mal, was für einen Wagen Frau Cavagna fährt.«

Scatolin seufzte und wollte etwas erwidern. Dann aber wischte er seine Bemerkung mit einer Handbewegung weg. »Werd' ich machen, amico. Auch wenn nichts dabei rauskommen wird.«

»Sie ist es, Scatolin. Ich bin sicher!« Lovis sah seinen Freund fast flehend an.

Der gab klein bei. »Möglicherweise solltest du dich als Wahrsager versuchen, amico.« Er tippte sich zum Gruß mit zwei Fingern gegen die Stirn.

Lovis tat es ihm gleich, dann blieb er sich selbst überlassen. Doch der Frieden währte nicht lang, denn kurz nachdem sein Freund die Bar verlassen hatte, summte sein Telefon.

»Lorenz, mir ist was eingefallen.« Lovis erkannte die aufgeregte Stimme des Professors auf Anhieb. »Vielleicht ist es ja gar nicht wichtig. Aber wie ich vorgestern zum Winklerwald geradelt bin, hat mich kurz vor der Schranke ein Auto überholt. Ein Kleinwagen – du hast doch gemeint, dass vor der Jagdhütte Reifenspuren waren, nicht wahr?« Lovis brummte zustimmend. »Es war ein kleiner Wagen. Knallgelb. Das war so gegen halb eins.«

Lovis wurde hellhörig. Das passte mit der Aussage von Herrn Schmidt zusammen. »Kannst du dich an die Marke erinnern?«

»Ich hab's nicht so mit Automarken.« Niederegger klang verlegen.

»Na ja, trotzdem danke«, meinte Lovis. »Mein Freund bei der Polizei behauptet übrigens, dass du dich noch nicht bei ihm gemeldet hast.« Am anderen Ende der Leitung trat Schweigen ein. »Mensch, Hans-Wolfgang ...«

»Ich tu's ja.« Der Professor klang geknickt.

»Jetzt sofort!«, verlangte Lovis.

»Versprochen«, sagte Niederegger. »Gleich, wenn du aus der Leitung bist.«

»Dann seh ich wohl besser zu, dass ich da rauskomme. Ruf ihn an, Professorchen. Und wenn dir noch so was Brauchbares einfällt, meldest du dich bei mir, klar?«

»Abgemacht.« Der Professor legte auf.

Lovis kratzte weiter den Kaffeeschaum in seiner Tasse zusammen. Plötzlich fiel ihm etwas auf: Niederegger hatte soeben gestanden, dass er bereits um zwölf Uhr dreißig im Wald unterwegs gewesen war. Bevor er ihn dort getroffen hatte, hätte Niederegger also Zeit gehabt, den Brand zu legen. Hatte Scatolin recht, und der Professor war doch nicht so unschuldig, wie er tat? Sein plötzliches Verschwinden und dass er trotz mehrmaliger Aufforderung bis jetzt noch nicht die Polizei kontaktiert hatte, warf auch kein besonders gutes Licht auf ihn. Wenn ich schon Angelika auf die Liste der Verdächtigen setzen muss, dann kann ich bei Niederegger nicht einfach wegschauen, überlegte er unbehaglich. Er musste die Möglichkeit in Betracht ziehen, dass der Täter unter seinen Freunden zu finden war, auch wenn sich das gar nicht gut anfühlte. Das Leben als Detektiv hatte er sich einfacher vorgestellt.

»Probleme?«, fragte Bruni von der Theke herüber.

»Wenn du wüsstest«, antwortete er.

»Ja, ja«, meinte sie. »Jeder hat sein Packl zu tragen.«

Er verdrehte die Augen. Und manche nicht nur eines, dachte er. Er rief sich seinen Schuldenberg ins Gedächtnis, die zwei Aufträge, die er bisher nicht gelöst hatte und dass sein Name jetzt im *registro degli indagati* stand. Wieder seufzte er.

Bruni tat es ihm gleich. »Eh sí ... das Leben ist schwer!« Dann grinste sie und deutete auf ihre Körpermitte. »Aber wir sind schwerer. Nicht wahr, Lovis?«

»Wenn du das sagst«, sagte er und stand auf. Er hatte jetzt keinen Sinn für ihre Plattitüden. Vom Herumsitzen in einer Bar würden die drei Fälle nicht gelöst werden. Einen Punkt auf seiner Liste hatte er erledigt. Er hatte das Gespräch mit dem Alten hinter sich gebracht. Die anderen standen noch aus: Cavagnas Ehefrau auf den Zahn fühlen und herausfinden, wer den Kleinwagen gefahren hat.

Die Antwort auf beide Fragen konnte ihm ein und dieselbe Person geben. Lovis verzog das Gesicht. Er kam nicht drum rum. Er musste Anna einen Besuch abstatten.

Was vormittags eine angenehme Angelegenheit war, sich vom Bus in die Stadt kutschieren zu lassen, stellte sich jetzt um die Mittagszeit ganz anders dar. Die Schüler warteten an der Bushaltestelle wie die Raubtiere auf die Fütterung. Kaum öffnete der Bus seine Türen, drängten sie hinein, schubsten und rempelten andere nieder, ohne Rücksicht auf blaue Flecken. Der Bus schaukelte bedenklich, und der Busfahrer erhob polternd die Stimme, um die Halbwüchsigen zur Ordnung zu rufen. Der Bus war bis auf den letzten Stehplatz besetzt und die Luft nach wenigen Augenblicken zum Schneiden. Dann klappten die Türen zu, und Lovis fragte sich, wie er die Fahrt zurück ins Dorf durchhalten sollte, ohne ohnmächtig zu werden.

Er lehnte sich etwas fester gegen eine Sitzlehne und sah sich um, bis er seine drei Schützling erspähte. Ob sie wohl auch heute wieder in den Wald strawanzen gehen würden, fragte er sich und, ob er ihnen dann folgen oder sein Vorhaben, mit Anna zu sprechen, umsetzen sollte. Er hasste es, Entscheidungen treffen zu müssen. Obwohl die Jungs ja eine wunderbare Ausrede wären, schließlich hatte er sich um diesen Fall auch noch zu kümmern.

Doch sogleich rief er sich selbst zur Ordnung. Er würde den Jungs beizeiten auf den Zahn fühlen, das stand außer Frage. Aber nicht heute. Außerdem wirkten sie alles andere als betrübt, auch Erik nicht. Entweder er hielt die Übergriffe der Älteren auch vor seinen Kumpels geheim, oder aber es steckte eine ganz andere Geschichte dahinter. Wie auch immer, er war Eriks Mutter eine Antwort schuldig, und die würde sie schon noch kriegen. Nur nicht heute.

Im Dorf angekommen kämpfte er sich zusammen mit den Jungen nach draußen. Schwitzend und keuchend stand er auf dem sandigen Gehsteig und strich sich die Haare aus dem Gesicht.

»Und das macht ihr jeden Tag mit?«, fragte Lovis.

»Halb so wild, wenn man neben einem Mädel zu stehen kommt«, behauptete der Rotschopf. Die Jungs grinsten sich verschwörerisch an.

Dann machte Iwan einen Schritt auf Lovis zu und stellte seinen Rucksack ab. »Gut, dass wir Sie hier treffen, Herr Lovis. Ich habe im Aufnahmeverzeichnis geblättert. Der eine Uhu ist aufgenommen worden, wie es sich gehört. Im Verzeichnis stehen Aufnahme- und Todesdatum. Ich konnte die Karteikarte finden, auf der wir vermerken, ob er Medikamente bekommen hat, welche Verletzungen er hatte und so. Aber von dem anderen Uhu fehlt jede Spur. Wie wenn er nie bei uns logiert hätte.«

»Wie kann das sein?«, fragte Lovis.

»Keine Ahnung«, meinte Iwan. »Normalerweise ist der Gruber da sehr genau. Im Verzeichnis gibt es allerdings eine freie Zeile. Ich vermute, dass dort die Aufnahmedaten des Uhus gestanden haben. Aber es ist alles gelöscht. Man kann nicht mehr lesen, was da eingetragen war. Eine Karteikarte ist auch nicht zu finden.«

»Seltsam.«

»Ja«, stimmte Iwan zu. »Und mir ist noch etwas eingefallen. Nachdem Sie die Falknerei verlassen haben, hat der Gruber mit jemandem telefoniert, und ich habe gehört, dass er von Ihnen gesprochen hat … bilde ich mir jedenfalls ein. Von einem Privatschnüffler, den er jetzt am Hals hat. Damit waren sicher Sie gemeint.«

Lovis verdrehte die Augen. »Wen er angerufen hat, weißt du nicht?«

Iwan zögerte. »Ich bin mir nicht sicher …«

»Aber du hast eine Vermutung?«

Iwan nickte. »Ich glaube, es war … von Stadler … Gruber hat leise gesprochen, aber ich glaube, ich habe seinen Namen gehört.«

»Das beginnt jetzt, interessant zu werden …« War von Stadler in den Uhu-Fall verwickelt? Konnte es vielleicht sogar sein, dass sein fieser Nachbar der Mörder des Barons war?

»Bedeutet das jetzt, dass er Cavagna umgebracht hat?« Matthias' Stimme kiekste vor Aufregung. Der Junge hatte offensichtlich blitzschnell dieselben Schlussfolgerungen gezogen wie Lovis. Der versuchte jedoch sofort abzuwiegeln.

»Nein. Das heißt gar nichts. Erstens haben wir noch zu wenig Beweise. Und zweitens ist es nicht zwingend notwendig, dass die Uhu-Vorfälle mit dem Mord zu tun haben.«

»Aber es wäre doch naheliegend«, warf Iwan ein.

Lovis nickte. »Wir dürfen uns nicht zu schnell auf eine Fährte versteifen. Wir müssen noch andere Möglichkeiten mitdenken.«

»Wir …«, meinte Iwan langsam. »Heißt das, wir sind mit dabei?«

Lovis schimpfte sich selbst einen Idioten und wedelte abwehrend mit der Hand. »Auf gar keinen Fall! Da würde ich schön was von euren Müttern zu hören bekommen!«

»Überhaupt nicht«, erklärte Matthias vehement.

»Meine Mutter jammert ständig rum, dass ich mich viel zu wenig im Freien aufhalte«, meinte Iwan.

»Tja, ihr Glücklichen. Meine hat wahrscheinlich schon bei der Polizei und im Krankenhaus angerufen, um zu fragen, wo ich bleibe.« Erik seufzte und schulterte seine Tasche. Lovis musste ihm insgeheim recht geben. Seine Auftraggeberin wartete sicher bereits verzweifelt am Fenster auf die Heimkehr ihres Sohnes. »Ich schau mal lieber, dass ich nach Hause komme. Man hört sich.«

Damit zerstreute sich das kleine Rudel, und Lovis atmete erleichtert auf. Sieh an, überlegte er, von Stadler also. Wer hätte das gedacht?

Leises Unbehagen beschlich Lovis beim Anblick von Annas Häuschen. In unmittelbarer Nähe zum Schloss gelegen, hätte es Schauplatz eines englischen Groschenromans sein können. An einer tiefblau lackierten Holztür hing ein Weidenkranz, Spitzenvorhänge zierten die Fenster, und Narzissenbüschel lachten ihm wie kleine Sonnen aus einem schmalen Beet entgegen.

Lovis klopfte. Beinahe unmittelbar schwang die Tür auf. Annas Gesicht versteinerte.

»Du«, sagte sie nur, dann drehte sie sich um und ging in die Wohnung zurück. Dass sie die Tür nicht hinter sich zugezogen, sondern offen gelassen hatte, deutete Lovis als Erlaubnis einzutreten. Durch einen engen Flur gelangte er ins Wohnzimmer. Eine halb geöffnete Schiebetür führte direkt in einen ordentlich angelegten Kräutergarten und ließ Sonnenlicht und Frühlingsluft hereinströmen. Mitten im Raum baumelte ein sehr bequem aussehender Hängesessel von der Decke. Ein Buch lag darin. *Eine ganz gewöhnliche Ehe.*

Anna hatte diese Geschichte in der Zeit, als sie ein Paar waren, mindestens dreimal gelesen. Sie handelte von der Odyssee, erzählt aus Penelopes Sicht. Die geduldig wartende Ehefrau. Sollte das eine Botschaft an ihn sein? Lovis schüttelte den Gedanken ab. Sie hatte nicht ahnen können, dass er kam. Oder doch?

»Setz dich«, sagte sie und deutete auf das weiße Ledersofa. Sie selbst blieb stehen. Lovis ließ sich auf der äußersten Kante der Couch nieder. Er räusperte sich unbehaglich.

»Was willst du?«, fragte sie.

»Anna, ich weiß, dass ich alles verbockt habe und dass ich ein Arschloch war, aber ...«

Sie unterbrach ihn mit einer ungeduldigen Handbewegung. »Schorsch hat gesagt, du hast Fragen zu Cavagnas Liebesleben?«

»Ja.«

»Da kannst du gleich wieder gehen.«

»Anna ...« Lovis sah sie flehentlich an. Von wegen, wir sollten es schaffen, wie zwei Erwachsene miteinander zu reden, dachte er zynisch. Er fühlte sich wie ein Zweijähriger, der etwas verbrochen hatte, und sie benahm sich wie ein bockiger Maulesel. Er schloss die Augen und atmete einmal tief durch. »Anna, ich werde verdächtigt, Cavagna umgebracht ...«

»Und du denkst, das kratzt mich?« Anna verzog gespielt mitleidig das Gesicht.

»Na ja, ich hatte gehofft ...«

Sie zuckte die Schultern und setzte sich ihm gegenüber auf einen Sessel.

Eine Weile sagte niemand etwas. Draußen zirpten die Meisen, und die Luft war erfüllt von Bienensummen. Anna sah in den Garten hinaus.

Sie lässt mich zappeln, dachte er. Sie genießt es, mich so zu sehen. Sie wird mir nicht weiterhelfen. Lovis atmete entnervt aus und erhob sich. Das brachte doch alles nichts.

Anna löste sich von der Frühlingsidylle und sah ihn an. »Wo gehst du hin?«, fragte sie.

»Ins Schloss«, antwortete er einem Impuls folgend. »Ich gehe ins Schloss und suche nach den Antworten, die ich von dir nicht bekomme.«

»Frau Cavagna ist nicht da.« Anna erhob sich.

»Umso besser«, sagte er und ging zur Haustür. »Dann habe ich länger Zeit.«

»Du willst einbrechen?« In ihrer Stimme klang jetzt Nervosität an.

»Nein«, gab er zurück. »Ich leihe mir deinen Schlüssel aus.« Damit zupfte er einen großen Schlüsselbund von einem Haken neben der Tür. An einem Schildchen war deutlich »Schloss« zu lesen.

»Das wirst du nicht tun«, zischte Anna. Im Nu war sie bei ihm und versuchte, ihm den Schlüsselbund aus der Hand zu fischen.

»O doch! Du zwingst mich dazu«, sagte er. Er drückte die Klinke herunter und richtete seine Schritte auf das Schloss.

»Lorenz! Hör auf mit deinen Witzen! Das ist kein Spaß! Wenn die Cavagna dich erwischt, dann verliere ich meinen Job und die Wohnung!«

»Und du denkst, das kratzt mich?«, fertigte er sie mit ihren eigenen Worten ab.

»Gib mir sofort den Schlüsselbund!«

»Nein!« Lovis ging weiter.

Anna folgte ihm in ihren Pantoffeln und versuchte, ihn am Arm zu greifen und ihm den Schlüsselbund abzujagen. »Ich rufe die Polizei!«

»Mach ruhig!« Der Gedanke an das selbstgefällige Grinsen des Alten, würde Anna ihre Drohung umsetzen, ließ ihn erschauern. Doch sie schien es bei einer Warnung zu belassen und folgte ihm bis zum Portal. Demonstrativ langsam steckte er den größten Schlüssel in das Schlüsselloch. »Ich müsste ja vielleicht nicht einbrechen, wenn ich meine Antworten von dir bekommen würde.«

»Also gut.« Anna knickte ein. »Ich werde deine Fragen beantworten. Unter einer Bedingung: Du gibst mir den Schlüssel zurück.«

»Machen wir es so«, schlug er vor. »Ich behalte ihn, und wenn du alles beantwortet hast, bekommst du ihn wieder.«

Anna zögerte noch einen Augenblick. Dann nickte sie in Richtung ihres Häuschens. »Komm schon«, sagte sie, und Lovis folgte ihr widerstandslos.

»Also gut, frag.« Anna stand mit verschränkten Händen vor ihm.

»Ist Frau Cavagna die Mörderin?«

Anna lachte trocken auf. »Bin ich Hellseherin? Wenn ich wüsste, wer der Mörder ist, hätte ich das der Polizei längst gesagt.«

Lovis verdrehte die Augen. »Anders formuliert: Hing im Schloss der Haussegen schief? Hätte Frau Cavagna einen Grund gehabt, ihren Mann umzubringen?«

»Sie hat in den zehn Jahren ihrer Ehe mindestens hundert Gründe gehabt, ihren Mann umzubringen.«

»Wie meinst du das?«

»Na, er hatte ständig irgendwelche Liebschaften. Sie ist ihm auf die Schliche gekommen, hat ihm eine Szene gemacht, damit gedroht, die Scheidung einzureichen und mit seinen Affären an die Öffentlichkeit zu gehen. Er hat sie dann mit Rosen überhäuft, sein Betthäschen in die Wüste geschickt, und für zwei Wochen war Ruhe. Als die Blumensträuße dann wieder spärlicher geworden sind, hat sie begonnen nach Hinweisen auf eine neue Affäre zu suchen … und sie auch meistens gefunden. Es war ein Teufelskreis.«

»Aber diesmal war etwas anders.«

»Wie meinst du das?« Anna sah ihn misstrauisch an.

»Diesmal war nicht sie es, die die Scheidung einreichen wollte, sondern er.«

»Woher willst du das wissen?«

»Ich habe meine Quellen«, sagte Lovis. »Und ich weiß noch mehr: Sie hätte keinen Cent aus dem sagenhaften Besitz bekommen. Sie wäre arm wie eine Kirchenmaus gewesen. Also frage ich mich: Was war diesmal anders?«

Anna runzelte die Stirn, sie musste die Nachricht wohl erst verdauen. Dann zog sie die Augenbrauen zusammen und schürzte nachdenklich die Lippen. »Du hast recht … Es war tatsächlich etwas anders.«

»Was?«, fragte er eine Spur ungeduldig.

»Ich glaube, dass diesmal auch Frau Cavagna eine Affäre hatte.«

»Du glaubst?«

Anna nickte. »Sicher bin ich mir nicht. Es ist … nur so ein Gefühl.«

»Mit wem?«

Anna druckste herum. »Ich kann es dir nicht beschwören, aber es war schon seltsam, dass er immer nur aufgetaucht ist, wenn Cavagna fort war. Aber ich könnte nicht sagen, dass ich jemals irgendwas Verdächtiges …«

»Wer, Anna? Wer ist der mysteriöse Liebhaber?« Lovis hielt es beinahe nicht mehr auf dem Sofa.

»Friedrich von Stadler …«

Er sprang auf. Das konnte doch kein Zufall sein, schon wieder dieser von Stadler.

Doch Anna bremste ihn. »Noch mal: Es ist nur eine Vermutung von mir.«

Lovis schüttelte den Kopf. Von Stadlers Name war heute zum zweiten Mal gefallen. Der Falkner drehte irgendein unsauberes Ding mit ihm, und er war möglicherweise der Geliebte von Frau Cavagna. »Ich muss ins Schloss.«

»Auf gar keinen Fall! Du hast mir versprochen …« Auch Anna war jetzt sofort auf den Füßen.

»Tut mir leid«, sagte Lovis und war bereits zur Tür hinaus. Diesmal ließ er es nicht drauf ankommen, dass Anna ihn einholte. Mit großen Schritten stürmte er über die Kieswege zum Schloss. Ohne Probleme sperrte er das Portal auf, ließ den Schlüssel stecken und hastete in die obere Etage, wo er die Schlafräume der Cavagnas vermutete. Er hörte Annas Pantoffeln hinter sich über die Holzstufen klatschen.

»Nur über meine Leiche!«

Lovis schaffte es gerade noch, die Hand zurückzuziehen, bevor die Tür des Wandschranks mit Wucht zuknallte. Anna tauchte unter seinem Arm durch und baute sich vor der Tür auf. Ihre Augen blitzten herausfordernd. Er zuckte gleichgültig die Schultern und sah sich um. Sein Blick fiel auf eine Kommode. Verschiedene Bürsten und Gerätschaften, von denen er keine Ahnung hatte, bei welchen kosmetischen Eingriffen man sie einsetzte, waren darauf ausgebreitet. Mitten unter all dem Krimskrams entdeckte er ein Mobiltelefon – genau das, was er gesucht hatte. Lovis streckte die Hand aus und griff danach.

»Das lässt du schön bleiben!« Anna gab ihre Stellung am Wandschrank auf und versuchte, ihm das Mobiltelefon von Frau Cavagna zu entwenden. »Ich rufe die …«

»… Polizei«, ergänzte er. »Du wiederholst dich. Und sei ehrlich: Du tust es doch nicht. Du bist viel zu neugierig, ob ich irgendwelche Hinweise finde, ob wirklich die Cavagna ihren Mann umgebracht hat, nicht wahr?«

Anna schnaubte wütend. »Was du dir in deinem kranken Hirn nur wieder ausgedacht hast! Aber im Geschichtenerfinden warst du ja immer schon große Klasse!«

Lovis fand sie zauberhaft, wie sie ihn mit hochroten Wangen anblitzte. Eine Locke hatte sich aus dem Knoten gelöst und fiel ihr ins Gesicht. Er hob seine Hand, um die widerspenstige Haarsträhne hinter Annas Ohr zu streichen, als ein empörtes Schnauben von der Tür kam. Die beiden erstarrten und sahen wie vom Blitz getroffen zur Tür. In der Öffnung stand Frau Cavagna.

»Was tun Sie in meinem Schlafzimmer?«

Anna warf Lovis einen entsetzten Blick zu. Lass dir was einfallen, konnte er darin lesen. Du mit deinen Geschichten!

Und so improvisierte er: Die Hand, die immer noch in der Luft hing, vollendete, was sie vorgehabt hatte. Er strich Anna die Locke hinters Ohr, beugte sich zu ihr hinunter und küsste sie auf den Mund. Dabei ließ er das Mobiltelefon unbemerkt in der Jackentasche verschwinden.

Zuerst ließ Anna den Kuss geschehen, dann wand sie sich aus der Umarmung und klatschte ihm mit aller Kraft ihre flache Hand mitten ins Gesicht. »Ich habe dir gesagt, dass ich dir nicht glaube, du Lump!« Anna wandte sich ab, zog ein Papiertaschentuch aus ihrer Schürzentasche und schluchzte auf.

»Das solltest du aber!« Lovis packte sie beschwörend an der Schulter. »Es war nichts! Denkst du, ich fange mit so einer Schnepfe etwas an, wenn ich dich haben kann? Für wie blöd hältst du mich eigentlich?«

Anna schnäuzte in ihr Taschentuch.

»Frau Cavagna!« Lovis wandte sich beschwörend an die Schlossherrin. »Frau Cavagna, entschuldigen Sie mein

Eindringen. Ich kann verstehen, dass Ihnen das jetzt seltsam vorkommt, aber da meine Verlobte keinen meiner Anrufe entgegengenommen hat …«

Anna schluchzte wieder auf. »Wieso soll ich mit dir reden, wenn ich weiß, dass du mich nur anlügst? Frau Cavagna, es tut mir leid! Ich habe ihn gewiss nicht dazu ermutigt, mich von meiner Arbeit abzuhalten. Ich war eben dabei, hier aufzuräumen, als er plötzlich im Zimmer stand. Und du …«, wandte sie sich an Lovis, »mach, dass du hinauskommst! Und versteh das endlich: Verschwinde aus meinem Leben!«

Er senkte den Kopf. »Ich brauche dich wie die Luft zum Atmen, Anna!«, flüsterte er – und wusste im selben Augenblick, dass er damit übertrieben hatte. Ein flüchtiger Blick zu Frau Cavagna bestätigte ihm, dass sie ihn durchschaut hatte.

»Ich weiß genau, was Sie hier gesucht haben, Herr Lovis, und Sie können Gift drauf nehmen, dass ich diesen Vorfall der Polizei melden werde!«

»Frau Cavagna, bitte …« Lovis ließ Anna los und machte einen Schritt auf die Witwe zu. »Ich bin sicher, Sie verstehen die Situation falsch. Verständlich in Ihrer Trauer. Ich möchte Ihnen mein herzliches Beileid aussprechen.«

»Stecken Sie sich Ihr Beileid sonst wo hin«, zischte sie ihn an. »Ich brauche es nicht. Und ich weiß, dass Sie der Letzte sind, der den Tod meines Ehemanns bedauert. Aber lassen Sie sich eins gesagt sein: Der Schuldschein wird sich nicht in Luft auflösen. Die 20.000 Euro, die mein Mann Ihrem Onkel geliehen hat, schulden Sie jetzt MIR! Machen Sie, dass Sie fortkommen.«

Lovis wusste, wann er verloren hatte. Als er sich an ihr vorbei zur Tür hinausschob, wich sie keinen Zentimeter zur Seite, und er hatte Mühe, sie nicht zu streifen. Ihr teures Parfüm stach ihm in die Nase.

»Frau Cavagna«, machte er noch einmal einen Versuch.

»Noch ein Wort und ich rufe die Polizei!« Ihre Stimme war messerscharf, und sie hatte nichts mehr mit der Frau gemeinsam, die ihn beim traditionellen Ostereiersuchen in seinen Bann gezogen hatte.

Lovis zuckte die Achseln. Er hatte, was er gewollt hatte. Mit schnellen Schritten sprang er die Treppen hinunter. Im Hof fiel ihm ein Fiat 595 Abarth ins Auge. Er war knallgelb. Wie ein Kanarienvogel.

Auf dem Weg zu seinem Hof zog er das erbeutete Telefon aus der Jackentasche. Mal sehen, ob wir hier Beweise dafür finden, was zwischen euch beiden läuft, dachte Lovis und klappte das Smartphone auf. Das Bild eines Palmenstrands sprang ihm entgegen, und er wurde aufgefordert, das Entsperrungsmuster zu zeichnen.

Was zum Teufel ist ein Entsperrungsmuster?!, fragte er sich und betrachtete verzweifelt die neun Punkte, die auf dem Display zu sehen waren. Versuchshalber fuhr er einmal darüber. Ein kurzes Summen ertönte, und die drei Punkte, die er berührt hatte, leuchteten rot auf.

Sie haben das falsche Muster gezeichnet, wurde er informiert. So wird das nichts, da brauch ich Experten. Lovis grinste: Die Jungs wussten sicher Rat.

Hinter sich hörte er jetzt das Knirschen von Reifen im Kies. Ein Blick über die Schulter bestätigte ihm, was er befürchtete. Es waren die Urlauber, die sich auf seinem Hof eingenistet hatten. Die Frau saß am Steuer. Mit Schwung fuhr sie an ihm vorbei, die Augen starr auf den Feldweg gerichtet und die Hände um das Lenkrad gekrampft.

Lovis hielt sich seinen Ärmel vor Mund und Nase, um den aufgewirbelten Staub nicht einzuatmen, und grinste schadenfroh, als ihr der Motor auf dem steilsten Stück abstarb. Sie startete den Wagen neu und versuchte anzufahren. Der Motor heulte wütend auf, Kies spritzte nach allen Seiten, und das Auto sprang ruckartig ein paar Meter nach vorn, wo es wieder wie tot stehen blieb. Lovis schüttelte amüsiert den Kopf, holte auf und klopfte auf das Autodach. Verbissen funkelte sie ihn an. Obwohl ihm eine ironische Bemerkung auf der Zunge lag, riss er sich am Riemen.

»Kann ich behilflich sein?«

»So a scheiß Schdräßle aber au zu Ihrm Hof nuff«, schnappte sie zurück.

»Scheiße sagt man nicht«, meldete eines der Kinder vom Rücksitz. Bedeutungsvoll zog Lovis die Augenbrauen hoch. Sie verdrehte die Augen.

»Darf ich, Frau Schmidt?«

Mit einem Schnauben stieg sie aus und umrundete den Wagen, während Lovis es sich auf dem Fahrersitz der Familienlimousine gemütlich machte.

Dann schau zu und lerne, du keifende Gans, dachte er und drehte den Schlüssel im Schloss. Sofort schnurrte der Motor auf, und Lovis ließ ganz leicht die Kupplung los. Beinahe ohne Ruckeln fuhr der Wagen an.

»Du kannst viel besser Auto fahren als Mama«, krähte eine fröhliche Stimme von der Rückbank.

»Na ja, ich war ja auch bei der Polizei. Da muss man so was können«, meinte Lovis.

»Echt?« Begeistert riss der größere Junge die Augen auf. »Hast du dann auch eine Pistole?«

Bedauernd schüttelte Lovis den Kopf. »Nein, leider nicht. Die musste ich abgeben, als ich gekündigt habe.«

»Und hast du auch mal jemanden erschossen?«

Die Frau neben ihm räusperte sich vernehmlich. Lovis sah aus den Augenwinkeln, dass sie leicht den Kopf schüttelte. »Natürlich nicht«, antwortete er. In einem eleganten Bogen fuhr er in den Hof ein.

»Bitte sehr«, sagte er mit einem kleinen Nicken in die Richtung der Urlauberin.

»Okee ... danke.« Die Frau wand sich sichtlich. »Sie können des Schdräßle aber au wirklich amol gscheit teere.«

»Ich werde es bei Gelegenheit in Erwägung ziehen«, sagte er. »Oder soll ich doch lieber das Pony kaufen?«

»Pony! Pony! Pony!«, kam es von der Rückbank.

»Sehen Sie«, meinte er grinsend zu Frau Schmidt. »Wir sind überstimmt.«

»Ha, dann halt a Pony«, sagte sie mit der Andeutung eines Lächelns, und zum ersten Mal hatte er das Gefühl, dass die wilde Hilde möglicherweise gar nicht so schlimm war. »Ond, ibrigens«, meinte sie, jetzt in ernstem Ton. »Mei Mo hat mir von Ihre ... Ermittlonge verzählt. Ond des mit dem gelbe Karre. Des war a Mini Cooperle. Des hann i Ihne bloß sage wolle. I hoff, dass Ihne des hilft. Dass Se den Fall uffkläre könned.« Bedeutungsvoll zog sie die Augenbrauen hoch. »A Mini Cooperle«, wiederholte sie.

Lovis runzelte die Stirn. Das passte gar nicht zusammen. Er hatte den Fiat mit eigenen Augen gesehen. »Sind Sie sicher? Kein Fünfhunderter Fiat?«

»Natürlich!« Die alte Hilde war wieder da. Entrüstet presste sie die Lippen zusammen.

»Der sieht doch recht ähnlich ...«

»I woiß, wie so a Mini Cooperle ausschaud«, sagte sie beleidigt. »Ond des war oiner. Wenn Se mir ned glaube wolled, kann i Ihne au ned helfe.«

»Nein, nein«, beeilte sich Lovis, sie zu beschwichtigen. »Natürlich glaube ich Ihnen. Ein Mini Cooper also.«

Und damit war er mit seinen Nachforschungen wieder zurück auf Anfang. Entweder Frau Schmidt verwechselte die beiden Automarken, oder Frau Cavagna hatte tatsächlich nichts mit dem Mord zu tun, und es gab noch einen anderen kanariengelben Kleinwagen, in dem ein Mörder herumfuhr. Lovis bedankte sich und ging nachdenklich zum Wohnhaus hoch.

Auf der Bank auf dem Söller saß Paul und kaute zufrieden an einem Brot.

»Ist das dein Abendessen?«, fragte Lovis und deutete mit dem Kinn auf das belegte Brot.

Paul schüttelte den Kopf, meinte mit vollen Backen »Marende« und kaute weiter. Nachmittagsjause also.

Viel braucht er ja nicht, um zufrieden zu sein, dachte Lovis. »Ist Angelika da?«

»Nope«, sagte Paul kauend.

»Nimmst du jetzt Englischunterricht oder was?«, fragte Lovis leicht gereizt.

»Nope«, war die lakonische Antwort.

Lovis winkte ab und wandte sich dem Eingang zu.

Paul schluckte schnell. »Bevor du reingehst und nicht mehr mit mir sprichst, weil ich alles aufgefressen habe: Der Walsche war vorhin da, dein Kollege von der Polizei. Du sollst bleiben, wo du bist, sagt er. Er wird in einer halben Stunde noch mal vorbeikommen.«

»Wann war das?«, wollte Lovis wissen.

»Vor einer halben Stunde. Und wenn er dich nicht mit Handschellen einkassiert, könntest du dich zur Abwechslung mal wieder im Stall blicken lassen. Wir hatten eine Abmachung. Wollte ich nur mal wieder erwähnen.«

Damit schob sich Paul das letzte Stück Brot in seinen Mund mit dem Ergebnis, dass er Backen wie ein Hamster bekam. Dann stand er auf, klopfte sich die Hände an den Hosen ab und ging zufrieden kauend den Kiesweg hinunter zum Stall. Frecher Kerl, dachte Lovis, als er ihm kopfschüttelnd nachsah, und verspürte nicht übel Lust, ihm seine Faust auch noch in den Rachen zu stopfen.

In dem Moment sah er Scatolins Alfa die Auffahrt heraufrumpeln.

»Madonna, non ti avevo detto di stare attento?«, raunzte ihn Scatolin an, kaum dass er ausgestiegen war.

»Lass mich mal raten: Die Cavagna hat mich angeschwärzt?«

Scatolin nickte. »Hat Anzeige erstattet. Hausfriedensbruch, sagte sie, und Einbruch – du wolltest den Schuldschein stehlen.«

»Einen Schmarren wollte ich!«, polterte Lovis wütend, er war jetzt nicht mehr zu halten. »Da wär ich ja schön blöd! Würde ja auch nichts nützen! Da weiß ja die ganze Welt schon davon! Heut hat sogar der Alte damit herumgewedelt. Ich war im Schloss, weil ich Beweismaterial gesucht habe.« Und vielleicht auch gefunden, fügte er in Gedanken hinzu. Aber noch hatte er nicht vor, dieses Wissen mit seinem Freund zu teilen.

»Auf alle Fälle bin ich hochoffiziell hier, um dich zu verwarnen. Du darfst dich ab sofort dem Schloss nicht mehr als hundert Meter nähern.«

»Dann muss ich ab jetzt wohl durch den Wald ins Dorf gehen«, spöttelte Lovis.

»Bleib einfach hinter dem Zaun. Und komm ja nicht auf die Idee, morgen beim Begräbnis aufzutauchen.«

Lovis schnaubte nur.

»Amico …« Scatolin war sichtlich besorgt.

Doch das war Lovis egal. »Und übrigens: Die Cavagna hat einen kanariengelben Fiat Fünfhunderter«, sagte er. Zufrieden sah er, wie sich das schlechte Gewissen auf dem Gesicht seines Freundes abzeichnete.

»Ich hatte noch keine Zeit, das zu checken«, gestand Scatolin.

Dafür warst du zu sehr mit Arschkriechen beschäftigt, dachte Lovis gehässig. Etwas versöhnlicher sagte er: »Das habe ja jetzt ich getan. Allerdings behauptet meine Urlauberin, dass sie einen Mini Cooper im Wald gesehen hat. Und die Cavagna fährt einen Fiat Fünfhunderter. Also entweder hat sich meine Urlauberin getäuscht, dann ist höchstwahrscheinlich der Fünfhunderter von Frau Cavagna im Winklerwald gewesen, oder es gibt noch einen anderen gelben Kleinwagen. Ich würde sagen, ihr überprüft einmal den Fuhrpark von Herrn von Stadler.«

Scatolin nickte kleinlaut. »Warum denn das?«

Lovis erzählte seinem Freund alles, was er über seinen Widersacher herausgefunden hatte. »Und deshalb …«, schloss er, »bin ich der Meinung, dass er hinter den Uhu-Vorfällen steckt. Mit denen wollte er Cavagna warnen. Und weil das nicht geklappt hat, hat er ihn umgebracht.«

»Deine Schlussfolgerungen hinken wie ein alter Straßenköter.« Scatolin schüttelte den Kopf. »Du musst nicht glauben, dass ich das auf die leichte Schulter nehme … Es ist nur so, dass …«

Dass es nicht deine Haut ist, die du retten musst, dachte Lovis enttäuscht. »Überprüf einfach, ob von Stadler einen gelben Kleinwagen besitzt. Das wird wohl nicht zu viel verlangt sein. Und jetzt musst du mich leider entschuldigen. Karfreitagsliturgie.«

Scatolin verdrehte die Augen. »Du singst immer noch?«

Lovis wusste, dass die Abneigung seines Freundes gegen den Domchor an Eifersucht grenzte. Immerhin war dadurch jeder zweite Sonntagvormittag mit einer Messe verplant, wodurch er für Scatolins Gewalttouren auf dem Fahrrad ausfiel. Doch damit musste sein Freund leben. Den Chor würde Lovis nicht ausfallen lassen, und die Karfreitagsliturgie hatte etwas so schön Stimmungsvolles. Genau das, was er jetzt brauchte.

Einigermaßen geerdet kam Lovis nach der Liturgie wieder auf seinem Hof an. Der stimmungsvolle Gesang, bei dem man zur Ruhe kommen und sich von allen irdischen Problemen etwas distanzieren konnte, hatte ihm gutgetan. Auch wenn er mit dem religiösen Beiwerk der Osterfeierlichkeiten nicht viel am Hut hatte, eine gewisse Art der inneren Einkehr bewirkte das Ganze sogar bei ihm.

Inzwischen war es beinahe dunkel, und auf dem Hof rührte sich nichts, außer Alma, die einsam und verlassen den Kiesweg zum Wohnhaus hochtrippelte.

»Falsche Richtung, kleine Ausreißerin.« Lovis bückte sich tadelnd nach dem Huhn und umrundete mit ihr auf den Armen das Wohnhaus. »Sag mal, hast du inzwischen vielleicht eine Idee, wer Cavagna umgebracht hat?« Die Antwort war ein leises Gurren. Er strich sanft über Almas seidige Federn.

»Der Meinung bin ich auch«, meinte Lovis. »Es kann fast nur von Stadler sein. Das Motiv ist eindeutig. Er wollte die Cavagna mitsamt ihrem Reichtum.«

Aus Almas Kehle kam ein leises »Tock, tock«.

»Sie steckt mit ihm unter einer Decke. Er hat sie hundertmal betrogen. Eifersucht. Und weil sie gewusst hat, dass sie als Erste verdächtigt wird, hat sie sich ein felsenfestes Alibi verschafft. Mathieu, dass ich nicht lache! Hast du sie gesehen beim Ostereiersuchen? Was war an dieser Frisur noch zu machen, bitte?«

Inzwischen waren sie im Stadel angelangt. Lovis erklomm den Heuhaufen und setzte sein Lieblingshuhn auf sein Gelege. Alma ruckelte sich zurecht, drehte den Kopf weg und schaute aus der Öffnung.

»Du bist keine große Hilfe, Alma. Weißt du wenigstens, wer die aktuelle Geliebte von Cavagna war?«

Die Beschimpfte steckte den Kopf unter ihren Flügel.

»Und es ist keine Lösung, ein Gespräch einfach abzubrechen, wenn es ein bisschen schwierig wird«, schimpfte Lovis weiter.

Doch Alma kümmerte sich nicht um ihn und ließ ihn mit seinen Gedanken allein. Seufzend nahm er den Notizblock aus seiner Brusttasche und betrachtete die Liste.

Er strich durch, was nicht mehr stimmte, und ergänzte neue Fragen. Er seufzte. Statt seine Fälle zu lösen, kamen immer neue Fragen dazu. »Und dieses Listenführen ist reine Zeitverschwendung«, beklagte er sich bei Alma. Unzufrieden steckte er den Block weg. Das ging ihm alles viel zu langsam. Wieder war ein Tag vorüber, und er war nirgends auch nur einen Schritt weitergekommen. Für den morgigen Tag nahm er sich vor, sich endlich darum zu kümmern, was bei den Jungs schieflief.

»Damit ich zumindest diesen einen Fall abhaken kann. Was meinst du dazu, meine Schöne?«

Doch von Alma kam keine Antwort mehr. Auch gut, dachte er. Leise rutschte er vom Heustapel und ging zurück ins Haus, um endlich einmal wieder in seinem eigenen Bett zu schlafen.

Der große Tisch in Sebastians Stube war übersät mit Papieren und Briefumschlägen. Anna saß auf der Bank unter dem Kreuz und hakte mit dem Bleistift Namen auf ihrer Liste ab, während Lovis versuchte, die Übelkeit zu unterdrücken, die ihn beim Anblick der Zu- und Absagen für ihre Hochzeit überkam. Draußen schien die Sonne, eigentlich perfektes Fahrradwetter, aber seine Sehnsucht nach Passstraßen, blauem Himmel und surrenden Rädern hatten warten müssen, damit Anna nicht den ganzen Schreibkram allein erledigen musste.

»Heini hat auch zugesagt – mit Frau und Kindern«, sagte sie und legte das Kuvert zur Seite. »Wenn noch Tante Agi und Tante Lies zusagen, dann sind es genau hundert. Ist das nicht schön, Lorenz?«

Unter »schön« stellte er sich was anderes vor. Nicht eine Hochzeit mit hundert Gästen, die sich über Anna und ihn das Maul zerrissen und nur darauf warteten, dass er irgendetwas Falsches tat. »Wenn du das sagst«, meinte er ausweichend. Die Vorstellung, dass es in zwei Wochen so weit war, verursachte ihm ein mulmiges Gefühl in der Magengegend. Er war nicht bereit für die Ehe.

»Alter Griesgram!« Anna lachte. »Es wird nicht nur schön. Es wird wunderschön.« Sie kam zu ihm herüber und schmiegte sich an ihn. Ihr Haar streichelte seine Wangen, und ihre Haut war so weich wie Seide. Er legte die Arme um ihre Taille und drückte sie fest an sich. Mit geschlossenen Augen wollte er ihren vertrauten Geruch einsaugen. Doch heute roch sie anders. Nach Bleichmittel, irgendwie scharf und ätzend. Er schob sie von sich, um die Nase frei zu bekommen. Doch sie schmiegte sich weiter an ihn.

»Lorenz«, gurrte sie. Er bekam keine Luft mehr, griff sich an den Hals, wand sich unter dem Klammergriff.

Dann riss er panisch die Augen auf. Die Sonne schien ihm ins Gesicht. Er richtete sich auf, blinzelte vorsichtig zum Polstersessel hinüber, wo sein Lieblingshuhn mit schief gelegtem Kopf zu ihm herüberäugte. Er atmete erleichtert auf. Nur ein Traum. Doch nicht ganz: Der Kuss gestern war echt gewesen. Er hatte Anna geküsst – nach so langer Zeit. Und sie hatte den Kuss erwidert. Es war nicht nur ein Schauspiel für Frau Cavagna gewesen, sondern ein echter Kuss, und er war sich nicht sicher, was er davon halten sollte. Er war doch in Angelika verliebt. War er das? Aber was, wenn sie die Mörderin war?

Alma gurrte leise. Wie war sie überhaupt schon wieder in sein Zimmer gekommen?

»Dir auch einen guten Morgen, du Halunkin«, sagte er.

Der scharfe Geruch hing immer noch in seiner Nase. Lovis schnüffelte und stellte fest, dass er den Geruch nicht nur geträumt hatte. Als er sich umsah, erkannte er auch, woher der Gestank kam. Über den Boden verteilt lagen kleine Häufchen Hühnerdreck. Angewidert verzog er das Gesicht. Da war wohl eine Runde Putzen angesagt.

»Aber zuerst brauch ich einen Kaffee«, erklärte er Alma. Er horchte, aber nichts deutete darauf hin, dass in der Küche jemand war. Kein Klappern, keine Schritte. Einerseits war er erleichtert – so brauchte er das Zusammentreffen mit Angelika nicht zu fürchten –, andererseits vermisste er die vertraute Gesellschaft seiner … Ja, was nun eigentlich? Lovis kratzte sich am Kopf. Ich muss langsam einen Begriff für meine … Angelika finden. Haushälterin? Er runzelte die Nase. Das klang nach alter Frau. Pferdeunterstellerin? Bekannte? Wie würde sie sich nennen? Er verzog die Mundwinkel. Babysitterin wahrscheinlich. Wieso nahm sie ihn eigentlich nie ernst? Er schlug die Decke zurück und stand auf. Wenn er ganz ehrlich mit sich war, musste er sie – so pathetisch das klang – seine Angebetete nennen.

Und bei der Anbetung wird es wohl bleiben, dachte er resigniert, denn die blinkende Telefonanzeige SSSSchatzi leuchtete in übergroßen Lettern in seiner Erinnerung auf. Er seufzte. Außerdem war seine Angebetete möglicherweise eine Mörderin. Gequält verzog er das Gesicht. Er wollte nicht mehr daran denken.

Während er sich die Kleider überzog, ging er im Kopf seine Liste durch. Karsamstag war ein ungünstiger Tag für Ermittlungen. Und das würde vorerst auch so bleiben. Die Osterfeiertage waren unantastbar im Heiligen Land Tirol, da würde er nicht viel erreichen.

Na ja, vielleicht bringt das Begräbnis Licht in die Sache, überlegte er. Natürlich würde er sich nicht an Scatolins Weisung halten. Wer wollte ihm verbieten, einem Toten die letzte Ehre zu erweisen? Außerdem würde er in dem Rummel bestimmt nicht auffallen.

»Frühstück?«, fragte Lovis seine Henne. Alma legte ihren Kopf schief und plusterte sich auf.

»Dann raus mit dir!« Einladend hielt er die Tür auf. Alma rührte sich nicht vom Polstersessel. »Na, tu was du willst«, sagt er, ließ die Tür offen und machte sich auf den Weg in die Küche.

Die Dorfkirche brach aus allen Nähten. Menschen in teuren Anzügen und Markenklamotten drängten sich in den engen Bänken. Wer einen Platz in der Kirche gefunden hatte, konnte sich glücklich schätzen. Die meisten scharten sich in der prallen Sonne um das Kirchenportal.

»Das ist ein Wetter zum Heiraten, nicht um begraben zu werden«, raunte Schorsch Lovis ins Ohr.

Der Privatdetektiv nickte. Zumal es ohnehin ungewöhnlich war, dass eine Bestattung am Karsamstag stattfand. Aber der liebe Herr Cavagna wurde nicht umsonst Baron genannt, obwohl er keiner war. Aus dem Kircheninneren tönte ein undefinierbares Gemurmel. Die Menschen draußen stimmten etwas versetzt in den Rosenkranz ein.

»Ich muss mit dir reden«, flüsterte er zurück.

Schorsch zog die Augenbrauen hoch. »Ah ja?«

»Über Sissi.« Lovis rückte näher an ihn heran.

Schorschs Frau drehte sich um und warf den beiden Männern einen rügenden Blick zu. Schorsch hob entschuldigend die Hände und machte Lovis ein Zeichen, dass sie nach dem Begräbnis darüber reden würden. Sie vertieften sich wieder mit den anderen ins Gebet. Eine gefühlte Ewigkeit später kündigte Orgelmusik das Ende des Gottesdienstes an. Eine Ministrantin mit einem einfachen Holzkreuz führte die Prozession auf den kleinen Friedhof hinter der Dorfkirche, gefolgt von einem Großaufgebot an Priestern, wie es das Dorf noch nie gesehen hatte. Vier Männer in Schützenuniform trugen den Sarg. Lovis erkannte Goggo und Karl, die ihm im Vorbeigehen ernst zunickten. Gleich hinter dem Sarg ging Frau Cavagna. Ihre Miene drückte verkrampfte Gefasstheit aus. Sie führte eine alte Dame am Arm, die unsicher über den Kies des

Vorplatzes stöckelte und ihr Gesicht mit schwarzem Tüll verhüllt hatte.

»Cavagnas Mutter«, flüsterte Schorsch. »Sie und ihr Sohn haben sich gehasst wie die Pest, heißt es. Sie hatten überhaupt keinen Kontakt zueinander.«

»Eine mögliche Täterin?«, überlegte Lovis laut.

»Kaum«, entgegnete Schorsch. »Schau sie dir an: Sie kann ja nicht mal ohne Stütze gehen.«

»Auch wieder wahr.«

In dem Moment drehte Frau Cavagna ihr Gesicht in Lovis' Richtung. Als sie ihn erkannte, presste sie die Lippen zu einem schmalen Strich zusammen. Ihr Schritt stockte.

Nur keinen Skandal, dachte Lovis. Wenn die Witwe jetzt eine öffentliche Szene machte, würde Botta höchstpersönlich ihm die Handschellen anlegen. Im selben Moment drehte sie sich ab und folgte weiter dem Sarg.

»Das war knapp«, schnaufte Lovis erleichtert.

Schorsch sah ihn von der Seite an. »Warum bist du überhaupt gekommen?«

»Ich muss mir die Leute anschauen. Wer auch immer Cavagna umgebracht hat, ist auf dem Begräbnis. Da bin ich mir sicher. Vor allem die aktuelle Geliebte muss hier sein.« Suchend ließ er den Blick über die Trauernden in der Prozession schweifen. Anzugträger, Frauen mit überdimensionalen Hüten und Sonnenbrillen folgten gemessenen Schritts der Witwe und trugen ernste Mienen zur Schau. Die meisten waren Lovis unbekannt, einzig die Empfangsdame des Architekturbüros erkannte er, die sich mit ihren High Heels auf dem Kiesweg abmühte. Zwei elegant gekleidete Herren stützten sie. Wahrscheinlich die Architekten Pranter und Wild, dachte Lovis und versteckte sich unwillkürlich hinter Schorschs breitem Rücken, als sie an ihm vorüberzogen. Gleich dahinter ging von Stadler mit fromm gefalteten Händen und gesenktem Kopf. Seine Lippen bewegten sich im Gebet.

Mich kannst du nicht täuschen, du Halunke, dachte Lovis. Hinter deiner Trauermaske frohlockst du doch über Cavagnas Tod.

Die Dorfbevölkerung, die vor der Kirche gewartet hatte, schloss sich der Prozession an. Vom kleinen Friedhof her ertönten die ersten Takte eines Trauermarsches.

»Hat deine Spelunke geöffnet, oder muss ich bis nach dem Begräbnis warten?« Lovis sah Schorsch auffordernd an.

»Komm mit.«

»Du kannst dich ein bisschen nützlich machen und schon mal die Stühle von den Tischen klauben. Danach wischst du sie ab.« Schorsch drückte Lovis einen Putzlappen in die Hand.

Der zog die Augenbrauen hoch, sagte aber nichts und begann zu tun, was der Kneipenwirt ihm aufgetragen hatte. Von der Theke ertönte das kreischende Geräusch der Kaffeemühle, und kurz darauf erfüllte der Duft frisch gemahlener Bohnen den Raum. »So ein Macchiato wär nicht schlecht«, meinte Lovis.

Von Schorsch kam nur ein Brummen, aber als Lovis seinen Auftrag erledigt hatte, stand eine Tasse mit dampfendem Kaffee auf der Theke, und der Wirt deutete schweigend darauf. Lovis langte nach einem Zuckerpäckchen, schnippte dagegen und kippte den Inhalt in die Tasse, dann rührte er so sorgfältig um, als ob es einen Preis darin zu gewinnen gäbe.

»Man merkt, dass du nicht mehr ganz Carabiniere bist. Weißt du, wie die Carabinieri ihren Macchiato trinken?«

Ohne auf eine Antwort zu warten, fuhr er fort: »Sie schütten sich den Kaffee in den Mund, dann den Zucker und dann …« – Schorsch führte eine Art Bauchtanz auf – »… rühren sie um.« Er grinste.

Lovis verdrehte die Augen. »Diese Witze sind so abgestanden wie dein Bier, Schorsch. Und der Macchiato ist … verwendest du überhaupt Kaffee dafür, oder sind das die Eicheln, die deine Großmutter im Krieg gesammelt hat?«

Schorsch grinste. »Was willst du? Der erste Kaffee am Tag gehört ins Spülbecken oder in den Schlund eines Carabiniere … Aber du wolltest ja nicht über Kaffee mit mir reden, oder?«

Lovis räusperte sich. »Ich will dich noch was zu Sissi fragen. War sie mit Angelika befreundet? Also so richtig, waren sie noch vertraut miteinander?« Lovis erzählte ihm vom Gespräch mit Sissis Mutter und was sie über Angelika gesagt hatte.

Doch der Wirt schüttelte bedauernd den Kopf. »Ich hab keine Ahnung, wie dick befreundet die beiden waren. Angelika hat sich gut mit Sissi unterhalten, wenn sie mal hier war, manchmal sind die beiden auch zusammen ausgeritten. Mehr weiß ich nicht. Was Sissi in ihrem Privatleben gemacht hat, war ihre Sache..«

Lovis sackte das Herz in den Magen. Er schluckte. Er hatte gehofft, dass Schorsch die Einschätzung von Sissis Mutter teilen und die Freundschaft der beiden für passé erklären würde. Aber das klang nicht ganz danach. Die beiden hatten sich nahegestanden. Egal was er unternahm, um Angelika zu entlasten: Immer mehr Indizien deuteten darauf hin, dass sie irgendwie mit dem Ganzen zu tun hatte.

Er war so mit seinen Gedanken beschäftigt, dass er nicht mitbekommen hatte, was Schorsch weiter gesagt hatte, und zuckte zusammen, als plötzlich das feuchte Geschirrtuch in seinem Gesicht landete.

»Schläfst du am helllichten Tag, oder was?« Der Wirt grinste. Lovis sah ihn fragend an. »Die ersten Leute kommen vom Friedhof. Meine Frau besucht heute ihre Mutter, und Sissi … na, du weißt ja. Also: Du hast den Job!« Bevor Lovis Einspruch einlegen konnte, hatte er einen kleinen Notizblock in der Hand und eine Schürze auf dem Arm. »Du nimmst die Bestellungen auf, ich bin hinter der Theke. Tisch 1, 2, 3 und 4.« Schorsch deutete auf die Tische. »Wer an der Theke bestellt, tut das direkt bei mir. Und zahlen sollen die Leute auch bei mir. Kriegst du das hin?«

Lovis schaffte es kaum zu nicken und die Schürze umzubinden, da betrat bereits der erste Gast die Kneipe. Es war Paul. Der Knecht war kurz irritiert, als er seinen Chef in Schürze und mit gezücktem Notizblock inmitten der Kneipe stehen sah. Dann grinste er und sagte: »Fräulein, bitte ein Glasl Weißen.«

Na warte, dachte Lovis. Er hatte schon eine freche Erwiderung auf den Lippen, da bremste ihn Schorsch.

»Keine Beleidigungen meiner Gäste, Lovis!« Mit einem unmissverständlichen Blick in Pauls Richtung brummte er belustigt: »Und keine Beleidigungen meines Personals, wenn ich bitten darf.« Er schob dem Knecht ein Glas Weißwein hin.

»Wie war die Beerdigung?«

»Ein Mordstheater halt«, sagte Paul. »Ihr habt's ja gesehen. Die reinste Modeschau war das. Von Trauer nichts zu sehen, wenn ihr mich fragt. Mehr Fotografen wie Trauernde. Und so was in unserem Dorf!«

Die Tür öffnete sich wieder, und eine Gruppe Männer betrat die Kneipe. Ein Blick durch das Fenster bestätigte Lovis, dass die Feierlichkeit vorbei sein musste, denn die Menschen strömten jetzt in Scharen aus dem Friedhofstor. Die einfach gekleideten Dorfbewohner überquerten den Platz und steuerten Schorschs Kneipe an, während die Schlips- und Hutträger den Weg zum Kreuzwirt einschlugen. Wahrscheinlich hat sie dort das Totenmahl bestellt, vermutete er. Da öffnete sich mit einem Schwung die Kneipentür, und Anna platzte herein.

»Komm, rasch. Das ist sie …« Sie wedelte mit der Hand.

Lovis warf Schorsch einen fragenden Blick zu. Der nickte zustimmend, und Lovis folgte seiner Ex-Verlobten. Die zog ihn mit sich vor die Tür und deutete mit dem Kinn auf den Strom der Reichen und Schönen. »Die da drüben ist es.«

»Welche?«

»Na die, mit dem großen Hut!«

»Das schränkt die Auswahl ja beträchtlich ein«, stellte Lovis zynisch fest. Beinahe alle Damen der besseren Gesellschaft trugen auffällige Hüte.

»Farbe?«

»Rot. Wie kann man nur auf einem Begräbnis einen roten Hut tragen?!«, empörte sich Anna. »Blonde Haare, Hollywood-Föhnwelle, die ausschaut wie ein Model.«

Lovis musterte die Frauen. Es gab nur eine, auf die diese Beschreibung passte: die Empfangsdame des Architekturbüros. Aber das war doch nicht möglich. Oder? Plötzlich fiel es ihm wie Schuppen von den Augen. Wieder fügte sich ein Puzzleteil in das große Rätsel. Cavagna hatte eng mit dem Architekturbüro zusammengearbeitet, sicher hatte er da auch öfter mit der Empfangsdame zu tun gehabt. Auf die Idee hätte er auch früher kommen können. Lovis machte einen Schritt nach vorn, dann blieb er unentschlossen stehen.

»Was hast du denn?« Anna schaute ihn misstrauisch von der Seite an. »Hummeln im Hintern?«

»Das ist die Empfangsdame vom Architekturbüro Wild & Pranter«, sagte Lovis. »Ich muss rausfinden, wie sie heißt. Aber ich kann ihr schlecht nachstürmen.« Er zögerte wieder und schaute Anna unsicher an. »Oder?«

Die schüttelte nachsichtig den Kopf. »Wenn du weißt, wo sie arbeitet, findest du das doch leicht raus, nicht? Ich denke doch, dass die eine Website haben, wo alle Mitarbeiter vorgestellt werden.«

»Anna, du bist ein Genie, weißt du das?« Er nestelte die Schürze herunter und drückte sie ihr mitsamt dem Bestellblock in die Hand. »Könntest du mich bei deinem Bruder vertreten? Ich muss dringend …«

Ohne ihre Antwort abzuwarten, drehte sich Lovis um und rannte über den Dorfplatz Richtung Messner Hof. Beinahe hatte er die Hauptstraße erreicht, da hörte er jemanden seinen Namen rufen. »Herr Lovis! Herr Lovis!« Die Jungs! Die schickte der Himmel. Sein Vorhaben, die Website des Architekturbüros aufzurufen, konnte er ja gar nicht selbst in die Tat umsetzen. Dazu fehlte ihm Angelikas Telefon, und das war vermutlich zusammen mit Angelika nicht auf dem Messner Hof. Die drei Jungs schlossen zu ihm auf.

»Wir haben etwas herausgefunden, aber …«, Matthias sah sich um, »… hier kann uns jeder belauschen.«

Lovis wollte direkt abwiegeln, da ohnehin jeder mit dem Begräbnis beschäftigt war, dann aber erinnerte er sich an die Begeisterung der Jungs bei der Aussicht,

Detektiv spielen zu dürfen. »Ihr habt recht. Das Erste, was ein Ermittler lernen muss, ist, die Privatsphäre seiner Kunden zu schützen. Also: Rauf zu mir auf den Hof. Da sind wir garantiert ungestört.«

Die Jungs nickten ernsthaft. Er musste sich ein Grinsen verbeißen. Schweigend legten sie den Weg zu seinem Hof zurück. In der Stube setzte er ihnen zuerst ein Glas Saft vor, dann meinte er tadelnd: »Hatten wir nicht ausgemacht, dass ihr euch raushaltet?«

»Mir kann niemand verbieten, in meinem Baumhaus zu sitzen.« Matthias grinste. »Sie schon gar nicht!«

Mit gespielter Entrüstung zog Lovis die Augenbrauen hoch. »Na warte, Bürschchen! Was hast du denn so Großartiges beobachtet?«

Statt einer Antwort zog Matthias sein Smartphone heraus. »Schauen Sie mal.« Er wischte ein paarmal auf dem Display herum, dann drehte er das Telefon in die Waagrechte und hielt es Lovis vor die Nase. Aus der Vogelperspektive sah man einen SUV vor der Einfahrt der Cavagnas. Das Tor öffnete sich, und der SUV fuhr auf das Schloss zu. Dann war der Film zu Ende.

»Ich verstehe nicht …«, meinte Lovis, wurde aber sofort unterbrochen.

»Warten Sie. Jetzt kommt der zweite …« Eifrig tippte Matthias wieder auf dem Gerät herum. Diesmal war die Perspektive eine andere. Er hatte offensichtlich nicht nur vom Baumhaus aus beobachtet, was im Cavagna'schen Anwesen vor sich ging. Doch bevor Lovis schimpfen konnte, stockte ihm der Atem. Das Video war von einem Platz hinter einem Efeu gefilmt worden. Im Vordergrund konnte man leicht verschwommene Ranken sehen. Im Hintergrund stand von Stadler neben seinem SUV und hielt Frau Cavagna in den Armen. Sie schluchzte. Er streichelte ihr mechanisch über den Rücken. Dann küssten sie sich.

»Bingo!«, riefen die Jungs, und Lovis war nahe dran, wie sie triumphierend die Hände in die Luft zu stoßen.

»Das ist ja ein dickes Ding. Dafür hast du dir den Nobelpreis für Kriminalistik verdient«, sagte er und schenkte Matthias ein anerkennendes Lächeln. »Kannst du mir das Handy leihen?«

Verständnislos sah ihn der Junge an. »Wieso denn das?«

»Damit ich den Film meinem Kollegen bei der Polizei zeigen kann. Vielleicht glaubt er mir dann, dass von Stadler genauer unter die Lupe genommen werden muss.«

»Aber dazu muss ich Ihnen doch nicht das Handy leihen. Ich schicke Ihnen einfach das Video, Mann!« Matthias kicherte, und Iwan und Erik gackerten ebenfalls los.

»Na, dann: Schick mal!« Er sah die drei Halbwüchsigen abwartend an.

»Da müssen Sie mir schon Ihre Telefonnummer geben.«

Lovis diktierte, und Matthias tippte die Nummer ein. Dann meinte er: »Sie scheinen bei WhatsApp aber nicht auf. Haben Sie etwa kein WhatsApp?«

»Was für eine App?«, fragte Lovis, was bei den Jungs für einen neuerlichen Heiterkeitsausbruch sorgte. »Ich bin halt kein Fachmann auf dem Gebiet«, brummte Lovis schulterzuckend.

»Nein. Echt nicht«, stimmte ihm Matthias zu. »Was haben Sie denn für ein Modell?«

Lovis zog sein Telefon aus der Tasche und zeigte es ihnen. Die Jungs brachen schon wieder in Gelächter aus, sie schienen sich prächtig zu amüsieren.

»Mann, ist das eine alte Kiste! Ein richtiger Ziegelstein. Was kann das denn überhaupt?«, fragte Erik.

»Haare trocknen, Wäsche waschen ...« Mit seinem Witz erntete Lovis allerdings nur verständnislose Blicke.

»Internet?«

»GPS?«

»Kamera?«

»Diktiergerät?«

In schnellem Wechsel bombardierten ihn die Jungs mit Begriffen, die bei ihm Schwindel auslösten. Er schüttelte den Kopf. »Nichts davon.«

»Sie verarschen uns, oder?« Mit runden Augen betrachteten die drei jetzt Lovis, als ob er von einem anderen Stern käme.

»Na ja«, gab der zurück, »dafür kann ich es aus dem zweiten Stock in die Wiese werfen, und es nimmt keinen Schaden.«

»Das haben Sie auch ein paarmal getan, wie?« Iwan deutete auf die abgeblätterten Stellen an den Ecken des Lovis'schen Mobiltelefons.

Mit spitzen Fingern hob Matthias das ramponierte Teil hoch. »Zu der Zeit, als das Ding geboren wurde, gab's wohl noch keine Handyhüllen?«

Staunend betrachteten sie das Uraltmodell, mit dem Lovis in Verbindung mit der Außenwelt trat. »Wie können Sie mit so einem Museumsstück als Privatdetektiv leben?« Matthias war fassungslos. »Sie brauchen so was! Schauen Sie!« Blitzschnell fuhr er mit dem Zeigefinger über das Display seines eigenen Smartphones. Ein Mikrofon erschien darauf. »Damit können Sie ein Verhör aufzeichnen! Oder filmen, hier ...« Wieder glitten seine Finger über den Bildschirm. Es zeigte ein gestochen scharfes Bild der

Stube. »Und diese App muss ich Ihnen zeigen – die ist megageil – eine richtige Detektiv-App ... Damit können Sie das, was Sie filmen, in Echtzeit an Ihre Assistenten senden.«

»Aha«, machte Lovis nur und betrachtete das Bild eines Periskops. »Und warum hast du das auf deinem Handy? Bist du auch Privatdetektiv?«

Matthias lachte. »Da filme ich ein Konzert mit oder ein Fußballspiel, und die anderen können es live mit anschauen. Und auch noch ganz andere Dinge.« Er wechselte einen verschwörerischen Blick mit Iwan.

»Aha.« Interessiert beugte sich Lovis über das Gerät. »Und wenn ich jetzt ins Geschäft gehe und das alles will, dann bestelle ich welches Handy?«

Matthias stieß Erik, der neben ihm saß, mit dem Ellbogen in die Seite, und die beiden wechselten einen vielsagenden Blick.

»Die Apps funktionieren auf jedem Smartphone. Sie müssen Sie halt runterladen«, erklärte Iwan.

Lovis stöhnte verzweifelt auf. »Das ist mir zu hoch. Habt ihr euer Han... euer Smartphone selbst ausgesucht?«

»Klar!« Die Jungs warfen sich in die Brust.

»Meine Mum blickt da genauso wenig durch wie Sie. Keine Sorge, wir helfen Ihnen da schon«, sagte Matthias beschwichtigend, als ob er der Erwachsene wäre, der einem Kind die Welt erklärt.

»So schwierig ist das nicht zu verstehen«, beruhigte ihn auch Iwan.

»Ist alles intuitiv. Das hat sogar meine Mum gecheckt. Die hat sich zu Weihnachten endlich ein Smartphone gekauft, und jetzt surft sie im Internet, speichert ihre Rezepte auf Evernote ab und liked jeden Blödsinn auf Facebook. Ich glaube, sie hat sogar eine Livetracking-App, damit sie weiß, wo meine Schwester sich rumtreibt.«

»Lass das bloß nicht meine Alte hören«, murmelte Erik beunruhigt. »Die kommt glatt auch noch auf die Idee … Es reicht, dass sie unsere Familientermine seit Neuestem per Doodle verschickt …«

»Halt, halt!« Lovis wurde schon ganz schlecht von all den Fachbegriffen, mit denen die Jungen jonglierten. »Immer langsam mit den jungen Pferden!«

»Von jung kann hier nicht die Rede sein.« Matthias zwinkerte ihm zu. »Wann wollen Sie das Smartphone denn kaufen? Wir könnten ja mitkommen und Sie beraten.«

Lovis warf einen Blick auf die Uhr, die über der Stubentür hing. Sie zeigte beinahe auf fünf. »Jetzt gleich?«

»Heute hat doch schon alles zu. Ostern, schon vergessen? Vor Dienstag wird da nichts draus«, meinte Iwan bedauernd.

Natürlich, daran hatte er gar nicht gedacht. Dann musste die Mission »Neues Handy« wohl noch ein bisschen warten. Er hatte zwar überhaupt kein Geld übrig für so etwas, aber er sah den Sinn ein. Trotzdem – wehmütig betrachtete er sein Nokia – er würde ihm fehlen, der alte Ziegelstein. Plötzlich schoss ihm noch ein anderer Gedanke in den Kopf. »Hört mal. Da gibt es vielleicht noch etwas, wobei ihr mir helfen könntet.«

Erwartungsvoll sahen ihn die Jungs an. »Wartet mal hier.« Er erhob sich und ging in den Flur, wo seine Lederjacke hing. Darin befand sich immer noch das Telefon von Frau Cavagna. Er hielt es den beiden hin. »Ich glaube, es ist geschützt. Könnt ihr es knacken?«

Iwan drückte auf die Einschalttaste, doch es rührte sich nichts. »Das hat keinen Saft mehr«, stellte er bedauernd fest. »Haben Sie das Ladekabel?«

Lovis schüttelte den Kopf. »Leider nein.«

Matthias untersuchte die Einsteckbuchse. »Mein Anschluss müsste da funktionieren. Ist aber zu Hause. Wollen Sie mir das Ding anvertrauen? Ich kann Ihnen zwar nicht versprechen, dass ich es knacke, aber wenn ich es nicht schaffe, weiß ich, wen ich fragen kann. Einverstanden?«

Lovis zögerte. »Ich möchte nicht, dass da viele Leute in die Geschichte mit hineingezogen werden.«

Matthias streckte ihm das Telefon entgegen. »Wie Sie wollen.«

Lovis griff nach dem Gerät, ließ dann aber seine Hand auf halber Strecke sinken. »Na gut, nimm es mit. Aber wenn du es selbst nicht schaffst, dann bringst du es mir zurück. Einverstanden?«

Matthias nickte und steckte das Ding ein. »Wem gehört es denn überhaupt?«

»Frau Cavagna«, sagte Lovis und grinste, als die Jungs ihn mit großen Augen ansahen. »Ja, Männer, manchmal muss ein Detektiv krumme Wege gehen, um die Wahrheit herauszufinden.«

In diesem Augenblick gab sein Telefon den typischen Nokia-Klingelton von sich. Lovis hob entschuldigend die Schultern und nahm das Gespräch an.

»Beweg deinen Arsch zu mir in den Weinberg! Dieser verdammte Mistkerl hat schon wieder was angestellt!«

Paul ließ eine Reihe Flüche hören. Auf den Gesichtern der Jungs erschien ein bewunderndes Strahlen. Irritiert nahm Lovis das Telefon vom Ohr und vergewisserte sich, dass der Lautsprecher ausgeschaltet war.

»Sie haben die Lautstärke auf Maximum eingestellt. Von hier bis in die Stadt kann jeder mithören«, erklärte Matthias ungerührt.

»Besonders wenn er so laut brüllt wie der da.« Erik grinste.

»Entschuldige bitte, wenn ich deinen Plausch unterbreche, aber ich brauch dich hier! JETZT! GLEICH!«

Paul war stinkwütend, und Lovis beschloss, dass es ratsam war, zu tun, was sein Knecht angeordnet hatte.

»Ich bin gleich bei dir«, sagte er. »Soll ich was mitnehmen?«

»Eine Pistole oder irgendwas, womit wir ihn erschlagen können«, fauchte Paul. Dann atmete er einmal durch. »Bring dein Handy mit. Bei meinem ist die Linse kaputt. Wir müssen Fotos machen.« Mit einem weiteren Fluch unterbrach er das Gespräch.

Lovis sah die Jungs zerknirscht an. Wie bei einem in die Enge getriebenen Kaninchen ging sein Blick zwischen Matthias' Smartphone und seinem eigenen Ziegelstein hin und her. Das Grinsen der drei Halbwüchsigen wurde breiter.

»Mit Ihrem Ding wird das mit dem Fotografieren ja wohl eher nix«, stichelte Matthias. »Sollen wir ...« Er wedelte mit seinem blitzenden Gerät vor Lovis' Gesicht hin und her.

Der nickte ergeben. »Das wäre nett, ja.«

»Dann los«, meinte Iwan, erhob sich schnurstracks von der Stubenbank und verließ den Raum. Die beiden anderen folgten ihm mit leuchtenden Gesichtern.

Wenige Minuten später kamen sie schnaufend am Weinberg an. Sie folgten Pauls lautstarken Flüchen und fanden ihn bald darauf in einem Gewirr an Drähten.

»Was um alles in der Welt …«, begann Lovis.

Paul drehte sich mit zornrotem Gesicht zu ihm um. Er wies mit einer ungeduldigen Handbewegung auf das Schlamassel. »Alle Drähte durchgeschnitten hat er, der verdammte …« Wieder folgten zahllose Flüche und Ausdrücke, deren Bedeutung Lovis nur aus dem Zusammenhang erriet.

»Mannomann, so ein Mist!«, entfuhr es Matthias. »Das ist echt scheiße!« Mitfühlend wandte er sich an Lovis. »Da können Sie Ihren Fall fürs Erste vergessen.«

»Das kann man doch sicher irgendwie reparieren, oder?«, meinte Lovis und löste damit einen erneuten Zornausbruch von Paul aus.

Und auch die Jungs sahen Lovis verständnislos an. »Wie wollen Sie denn das reparieren?« Iwan schnaubte. Und Erik setzte nach: »Da dürfen Sie jetzt Draht für Draht neu einfädeln. Eine Schweinearbeit, das sag ich Ihnen! Sie können froh sein, dass die Reben noch nicht angefangen haben zu sprießen!«

Paul schnaubte kurz auf. »Die Kerlchen hier sind zwar noch grün hinter den Ohren, aber sie haben mehr Hausverstand als du! Mit Detektivspielen ist in der nächsten Zeit nichts!«

Doch Lovis schüttelte den Kopf. »Genau das versucht er doch zu erreichen.«

»Was?«

»Dass ich mich nicht mehr um meine Fälle kümmere! Dass er das hier gemacht hat, beweist mir, dass ich auf der richtigen Spur bin. Verstehst du nicht, Paul? Er fühlt sich bedroht!«

»Bedroht, bedroht! Wenn du auch nur ein weiteres Wort über deine Fälle verlierst, dann kündige ich, und du kannst schauen, wo du mit dem Weinberg bleibst! Das sage ich dir!« Paul sah ihn herausfordernd an.

Bevor Lovis noch etwas erwidern und Paul damit noch wütender machen konnte, zog Matthias sein Smartphone aus der Tasche und fragte: »Was soll ich fotografieren?«

Und während Paul mit ihm den Schaden fotografierte, machte sich Lovis mit den anderen beiden Jungs daran, die ersten Drähte von den Pfosten zu wickeln und auf einen immer höher werdenden Haufen zu werfen.

Die Sonne war lange untergegangen, als Paul seinen Chef und dessen junge Assistenten endlich entließ.

»Ihr drei habt ganze Arbeit geleistet. Ich bin sicher, mein Chef wird ein kleines Taschengeld springen lassen, nicht wahr?« Paul sah Lovis mit einem Blick an, der keinen Widerspruch duldete.

»Natürlich.« Lovis tastete nach der Geldbörse in seiner Hosentasche und blätterte dann zwischen verschiedenen Dokumenten und Kassabelegen nach Geldscheinen. Endlich fand er einen Zehneuroschein und zog ihn mit einem fragenden Blick zu seinem Knecht halb heraus.

Der nickte bestätigend. »Für jeden der drei so einen, Chef.«

Lovis seufzte und suchte weiter. Endlich hatte er dreißig Euro zusammengekratzt und überreichte sie den drei Jungs. Mit strahlenden Gesichtern nahmen sie ihren Lohn entgegen, verabschiedeten sich und sprangen flachsend den Hang hinunter.

»Und was kriege ich zur Belohnung?«, fragte Paul mit hochgezogenen Augenbrauen.

Lovis fühlte einen Stich im Bauch. Das Werk dieses Unbekannten schien für ihn fatale finanzielle Folgen zu haben. Pflichtschuldigst beugte er den Kopf wieder über die Geldtasche, als er eine schwere Hand auf seiner Schulter spürte.

»Lass mal stecken, Chef. Ich hab dich auf den Arm genommen. Das war meine ganz normale Dienstzeit. Aber Hunger hab ich, dass ich einen Bären fressen könnte. Von der Hostie heute Nachmittag bin ich nicht wirklich satt geworden ...«

Erleichtert stimmte Lovis in das Gelächter seines Knechts ein. Für Paul war jetzt Feierabend, aber für ihn ging die Arbeit noch weiter. Zumindest den Namen der Sekretärin musste er heute noch lüften. Doch als er mit Paul um die Ecke auf den Söller kam, fiel ihm ein, dass aus der Internetrecherche nun ja nichts werden würde, wenn nicht ...

»Äh, Paul?«, begann er vorsichtig. »Ich bräuchte dein Handy. Damit ich einen Hotspot machen kann ... Sonst leiht es mir immer Angelika, aber sie ...« Zerknirscht sah er seinen Knecht an.

Der schnaubte belustigt, dann warf er ihm das Smartphone zu. »Das bedeutet dann wohl, dass ich fürs Kochen zuständig bin«, sagte er und verschwand im Haus.

Wenige Augenblicke später hatte Lovis die Verbindung zum Internet hergestellt. Zum Glück hatte Paul dasselbe Gerät wie Angelika, sonst wäre er wohl verloren gewesen. Wenigstens hatte er sich die Schritte gemerkt, wie man eine Internetverbindung herstellen konnte. Es dauerte unendlich lange, bis sich die Website des Architekturbüros aufbaute. Unter dem Menüpunkt »Team« blickten die beiden Architekten mit selbstbewusstem Grinsen in die Kamera. Darunter gab es eine Liste von allen Preisen und Auszeichnungen, die sie erhalten hatten, sowie von ihren Publikationen in regionalen und internationalen Architekturzeitschriften. Lovis scrollte weiter nach unten, wo der Rest des Teams vorgestellt wurde. Drei Empfangsdamen wechselten sich in dem Büro ab. Alle drei bezauberten durch ihr Aussehen, aber die Gesuchte überstrahlte die beiden anderen um ein Weites. *Tamara Miribung* stand daneben sowie eine E-Mail-Adresse, unter der man sie persönlich kontaktieren konnte.

Lovis zögerte. Im Kopf entwarf er eine Mail: *Entschuldigen Sie die Störung, aber ich wollte Sie fragen, ob Sie Cavagnas letzte Geliebte waren und wenn ja: Haben Sie ihn vielleicht umgebracht?* Er schüttelte den Kopf. So ging es natürlich nicht. Also doch ein Besuch im Architekturbüro? Aus einem Impuls heraus gab er ihren Namen in das Suchfeld ein. Und siehe da, es ließ sich einiges über sie herausfinden. 2009 hatte sie die Matura an der Fachoberschule für Wirtschaft gemacht, drei Jahre später hatte sie das Wirtschaftsstudium abgeschlossen. Auch bei einigen sozialen Netzwerken hatte sie einen Account.

Wenn ich etwas Persönliches über sie herauskriegen kann, dann hier, dachte er und klickte auf den Link. Das Ergebnis war niederschmetternd. Die Frau teilte Lebensweisheiten, Suchmeldungen, Haushaltstipps und lustige Videos, vor allem die Minions schienen es ihr angetan zu haben. Allein am heutigen Tag hatte sie – Lovis zählte ungläubig die Posts – 32 Einträge! Und der Tag war noch nicht um.

Er klickte sich durch die Seite. Unter »Fotos« wurde er fündig. Volltreffer! Ein Album mit dem Namen »Him and me« beinhaltete unzählige Bilder von ihr und Cavagna. »Küsschen vor Sektglas« taufte er sein Lieblingsbild, das er kopierte und per Mail an Scatolin verschickte. Plötzlich fiel ihm etwas auf. Keiner von ihren Einträgen ließ darauf schließen, dass sie trauerte. Weder fanden sich sehnsuchtsvolle Sprüche noch Trauerbilder, zum Tod des Geliebten war überhaupt nichts zu finden. Das »Him and me« schien wohl nicht bis in den Tod gereicht zu haben.

Das Abendessen, das Paul aus Resten gezaubert hatte, war nicht einmal übel, und Lovis ertappte sich bei dem Gedanken, dass er seinem Knecht auch beruhigt die Küche übertragen würde, wenn Angelika weiterhin dem Hof fernblieb. Allerdings musste er sich dringend um die Einkäufe kümmern. Mit nagendem Gewissen übernahm er den Abwasch. Abgeschlagen kämpfte er sich anschließend die Treppe hoch und stieg aus seinen nach Schweiß stinkenden Klamotten. Doch so müde er auch war, er konnte nicht ohne sein abendliches Ritual einschlafen. Das Zwiegespräch mit seinem Lieblingshuhn fehlte ihm, und so schlüpfte er wieder in Hemd und Hose, schnappte sich seine Kladde und schleppte sich in den Stadel.

»Schau nicht so beleidigt! Du kannst doch auch nicht schlafen, wenn ich dir nicht von den neuesten Entwicklungen aus meinem Fall erzähle.«

Alma legte spöttisch ihr Köpfchen schief, aber sie hörte zu.

»Also dann. Erst mal zum Stand der Dinge. Hör zu und sag mir deine ehrliche Meinung, ja?«

Seufzend verlas er seine Liste. »Zumindest die Frage nach Cavagnas Geliebter kann ich abhaken, die habe ich ausfindig gemacht«, erklärte er seinem Huhn. »Nur ob sie einen kanariengelben Kleinwagen fährt, weiß ich noch nicht.« Er überlegte. »Glaubst du, dass es noch von

Bedeutung ist, wer der Vater von Sissis Kind ist? Oder wer außer ihrer Mutter ihr so nahestand, dass er ihren Selbstmord rächen wollte?«

Alma legte wieder ihr Köpfchen schief.

»Ja, du hast recht. Das will ich deshalb nicht genauer wissen, weil die Antwort darauf nur Angelika zur Verdächtigen Nummer Eins machen könnte. Dann lassen wir den Punkt eben noch offen. Aber ganz egal was du denkst, Alma: Ich weiß, dass sie es nicht war. Diese Tamara Miribung dagegen, die werden wir uns ein bisschen genauer anschauen müssen. Und von Stadler soll mir auch nicht ungestraft davonkommen, dieser Lump!«

Hinter den Von-Stadler-Eintrag machte er drei Ausrufezeichen. Und unter Cavagna notierte er:

- *Tamara Miribung unter die Lupe nehmen*

Daneben malte er einen grimmigen Smiley. Dann steckte er seinen Notizblock wieder ein und brummte ein leises »Gute Nacht« zu Alma hinüber.

Die würdigte ihn keiner Antwort und steckte selbstzufrieden den Kopf ins Gefieder.

Die Osterfeiertage verschafften Lovis eine Zwangspause, was seine Ermittlungen anging. Dafür hatte er mit dem Domchor alle Hände voll zu tun. Die Messe am Ostersonntag dauerte beinahe den ganzen Vormittag, und so war er nicht gerade begeistert, als Paul nach dem Essen in Arbeitsmontur in der Küche auftauchte. Lovis' vorsichtiger Versuch, die Arbeiten im Weinberg wenigstens am Ostersonntag ruhen zu lassen, wurde von Paul mit einem kurz angebundenen »Stell dich nicht so an. Ist ein Tag wie jeder andere!« abgefertigt, und so ergab er sich notgedrungen in sein Schicksal. Paul spannte ihn gnadenlos bei der Mitarbeit im Weinberg ein, und kaum war dort alles erledigt, gingen sie zum Reitplatz über. So vergingen die Ostertage wie im Flug. Als es dann plötzlich Dienstagmorgen war, fühlte sich Lovis vor Tatendurst so hibbelig wie ein Kind vor Weihnachten.

Auf der Treppe nahm er den Duft nach frisch aufgebrühtem Kaffee wahr. Angelika war da! Sein Fuß blieb in der Luft stehen. Sollte er sich wie am Karfreitag klammheimlich aus der Tür schleichen und sein Frühstück bei Schorsch einnehmen?

Doch bevor er eine Entscheidung treffen konnte, trat Angelika aus der Küche, und ihre Blicke trafen sich.

»Angelika!« Zufrieden stellte er fest, dass die Überraschung in seiner Stimme echt klang. »Du hast dich aber lang nicht mehr sehen lassen!«

»Ja ...« Sie musterte ihn nachdenklich. »Am Freitag warst du plötzlich verschwunden.«

Lovis schluckte. »Ja, dringende … Ermittlungsgänge … Du weißt schon.«

Angelika nickte nur. »Der Kaffee ist fertig«, meinte sie und verschwand in der Küche.

Lovis blieb nichts anderes übrig, als ihr zu folgen.

Das Frühstück stand schon bereit: Frische Brötchen lagen in einem Körbchen, Marmelade, Butter – nicht wie in den letzten Tagen noch in der Verpackung, sondern auf einem kleinen Teller –, die drei Tassen schön auf passenden Untertassen bereitgestellt. Mitten auf dem Tisch stand eine Vase mit einem Strauß leuchtender Narzissen. Lovis merkte erst jetzt, wie ihm die Blumen auf dem Frühstückstisch gefehlt hatten. Plötzlich spürte er Angelikas nachdenklichen Blick auf sich ruhen, und sofort meldete sich sein Gewissen.

»Ist was?«, fragte er.

»Das wollte ich eigentlich dich fragen«, gab sie zurück.

Schuldbewusst sah er auf sein Butterbrot.

Angelika gab ein freudloses Lachen von sich. »Willst du jetzt nicht langsam sagen, warum du dich morgens rausschleichst wie ein Sackgesicht nach einem One-Night-Stand?«

Lovis wich ihrem Blick aus.

»Jetzt komm schon, Lollo! Meinst du, ich weiß nicht, was dir im Kopf umgeht?«

Er sah sie ertappt an. Seine Wangen wurden ganz heiß. »Was meinst du damit?«

Angelika stand auf. »Ich habe deine Liste gesehen. Du glaubst, dass ich was mit dem Mord an Cavagna zu tun habe?« Sie sah ihn mit blitzenden Augen an. »Aber weißt du was? Ich bin's nicht! Und weißt du noch was? Mir ist total egal, ob du mir glaubst oder nicht. Dass du überhaupt auf den Gedanken kommst, dass ich das tun könnte ... Du bist echt ein saumäßiger Freund! Saumäßig!«

Mit einem letzten harten Faustschlag auf den Tisch und einem Schluchzer stürmte sie aus der Küche.

Lovis blieb wie ein begossener Pudel sitzen. Erst als er Diablos Wiehern hörte und bald darauf das Trappeln der Hufe auf dem Feldweg, kam wieder Bewegung in ihn. Fluchtartig rannte er nach draußen, um Angelika vielleicht noch abzufangen, aber er kam nicht weit, denn an der Tür stieß er mit seinen drei jungen Freunden zusammen.

»Geknackt!«, rief Matthias ihm strahlend entgegen und schwenkte dabei siegessicher das Handy von Frau Cavagna. »Wir haben es geknackt!«

»Von wegen wir«, brummte Erik. »Du hast es geknackt. Wir wollten das zusammen machen, aber das war dir ja egal!«

Matthias boxte seinen Freund in die Schulter. »Du bist eine alte Schnarchnase! Wer wollte denn gestern so früh nach Hause, weil er müde war? Obwohl Ferien sind?«

Lovis hatte gerade so gar keinen Sinn für die ständigen Blödeleien der Jungs und streckte die Hand nach dem Smartphone aus. Doch Matthias versteckte es hinter seinem Rücken.

»Erst reden wir über den Preis«, sagte er bestimmt.

Erik riss die Augen auf, und Iwan runzelte die Stirn. »Hast du nicht gesagt, du willst ...«

Matthias bedeutete seinen Freunden zu schweigen.

Lovis ließ die Hand sinken. »Ihr bringt mich noch an den Bettelstab«, jammerte er. »Am Samstag habt ihr mich um dreißig Euro erleichtert, und jetzt wollt ihr noch mal absahnen?«

Matthias schüttelte den Kopf. »Wir wollen gar kein Geld«, sagte er. »Im Gegenteil. Iwan?«

Iwan zog die drei Scheine, die Lovis den Jungs am Samstag für ihre Mithilfe gegeben hatte, aus der Hosentasche. »Da!«, sagte er nur und streckte ihm das Geld hin.

Lovis verstand gar nichts. »Was wollt ihr dann?«

Die Jungs wechselten einen Blick. »Wir wollen, dass Sie …«, machte Matthias einen Versuch und sah seine Freunde Hilfe suchend an.

»Wir wollen gerne mitmachen. Ihnen helfen«, beendete Iwan den Satz.

»So eine Art Assistenten. Dass Sie uns alles über Ihre Fälle erzählen und dass wir uns die Aufgaben aufteilen«, erklärte jetzt Erik.

»Ja, und jeder kriegt eine Pistole«, fiel Matthias jetzt wieder eifrig mit ein.

»Halt, halt, halt!« Lovis hob beschwichtigend die Hände. »Das würde euch so passen. Erstens seid ihr minderjährig, und ich kann euch unmöglich in etwas mit hineinziehen, wo es um Verbrechen, geschweige denn Mord geht. Und zweitens …« Er musste innerlich über die enttäuschten Gesichter der Jungs schmunzeln. »Zweitens habe nicht einmal ich eine Pistole. Die habe ich abgeben müssen, als ich bei der Polizei gekündigt habe.«

»Manno!« Erik maulte enttäuscht vor sich hin.

Matthias ließ nicht locker: »Wir haben Ihnen aber doch schon geholfen und …«

»Und wir können Ihnen noch viel mehr helfen«, sprang ihm Iwan bei, dem schon wieder die Brille von der Nase rutschte, »mit meinen Connections in der Falknerei und mit Matthias' technischen Fähigkeiten …«

»… und unserer Beobachtungsgabe! Wir sehen viel, und uns verdächtigt niemand, wenn wir uns irgendwo rumtreiben.« Matthias hatte wieder festen Boden unter den Füßen.

Doch Lovis ließ sich nicht weichklopfen. »Nein, Jungs. Ich bleibe dabei. Ich bringe doch keine Kinder in Gefahr. Und jetzt gebt mir gefälligst das Handy. Ich tausche gegen einen Zwanziger.«

Matthias überreichte ihm enttäuscht das Gerät. »Hier. Die Beweise, die Sie suchen, sind im Messenger.«

Lovis sah ihn überrascht an. »Ihr wisst bereits, was drinsteht?«

Matthias grinste spöttisch. »Meinen Sie, das haben wir uns nehmen lassen?« Abwartend lehnte er sich an den Türrahmen.

Lovis öffnete den Messenger, den er ausnahmsweise sofort fand. Mit jeder Nachricht wurden seine Augen größer. Es war zwar bei von Stadlers Aussagen keine Rede von Mord, aber es wimmelte von Andeutungen, bei denen Cavagna nicht besonders gut wegkam.

An einem Tag Anfang März hatte er geschrieben: *Überraschung heute Abend! Schau nicht zu genau hin!* Daneben war ein zwinkernder Smiley abgebildet.

Lovis ging in die Stube, wo Cavagnas Ordner lag. Er blätterte darin und wurde schnell fündig: Am selben Tag, an dem von Stadler die Nachricht verfasst hatte, war der erste tote Uhu auf der Motorhaube von Cavagnas Porsche gefunden worden. Beim Anblick des Zeitungsartikels rümpfte Lovis die Nase. Selbst schwarz-weiß und pixelig war das ein ekliger Anblick.

Er scrollte weiter nach oben. Liebesschwüre, Schimpftiraden über den »alten Sack«, wie Cavagna von seinem

Konkurrenten betitelt wurde, Verabredungen für geheime Treffen … dann endlich wieder eine kryptische Nachricht: *Sorge dafür, dass die Hausdame mir morgen nicht in die Quere kommt. Ist der Schlüssel versteckt?* Frau Cavagnas Antwort: ein Daumen-hoch-Emoji. Darunter: *Keine Sorge. Die Angestellten haben alle frei. Pass trotzdem auf.*

Wieder verglich Lovis das Datum der Nachricht mit den Unterlagen im Ordner. Er musste nur ein Foto zur Seite schieben, um das Bild des Federmeers in der Bibliothek zu finden. Der Zeitpunkt stimmte überein. Er ließ sich auf seinen Stuhl sinken.

»Und?«, fragte Matthias ungeduldig. »War es das, was Sie brauchten?«

Mit dem Nachrichtenverlauf allein konnte er leider nicht beweisen, dass Frau Cavagna und von Stadler den Mord verübt hatten. Aber wer die Uhu-Vorfälle zu verantworten hatte, hatte dem Opfer schaden wollen, und das sollte für die Polizei als Argument für eine genauere Untersuchung ausreichen.

»Das war es, Jungs!«, meinte er. Anerkennend klopfte er Matthias auf die Schultern. »Genau das! Mal sehen, was Scatolin dazu sagt. Jetzt kann er nicht mehr wegschauen!«

Lovis zog sein eigenes Telefon aus der Gesäßtasche und tippte die Nummer seines Freundes ein. Es dauerte nicht lange, bis er abnahm. »Scatolo, tira fuori le manette! Ho notizie eccezionali!«

Scatolin stöhnte in den Hörer. »Lovis, wen soll ich denn nun schon wieder verhaften? Den Wirt der Dorfkneipe vielleicht?«

»Setz dich hin und hör mir zu!« Er ließ sich auf dem Mäuerchen des Söllers nieder. »Ich habe das Handy von Frau Cavagna und … «

»Was hast du? Woher?«, unterbrach ihn Scatolin.

»Aus ihrem Schlafzimmer«, gab Lovis ungeduldig zurück. »Auf alle Fälle haben die Jungs mir geholfen, es zu knacken und …«

»Wie – du hast es aus ihrem Schlafzimmer?«, unterbrach ihn Scatolin erneut. »Warst du etwa im Schloss, um Frau Cavagna das Handy zu stehlen?«

Lovis verlor langsam die Geduld. »Ja, ja … aber das war, bevor sie mir die Polizei auf den Hals gehetzt hat …«

»Du bist also nicht nur eingebrochen, sondern hast sie bestohlen? Lovis, bist du von allen guten Geistern verlassen?«

»Jetzt sei mal still und lass mich erzählen, was ich herausgefunden habe …«

Doch Scatolin dachte gar nicht daran. »Das kannst du dir sparen. Egal was du gefunden hast: Wir können das nicht verwenden. Du hast das Telefon widerrechtlich an dich genommen. Das ist kriminell! Wenn dir da jemand auf die Schliche kommt …«

Jetzt wurde Lovis langsam ungehalten. »Weißt du was, Scatolin? Ich war selber lange genug bei der Polizei, um die Regeln zu kennen, o.k.? Aber ich bin Privatdetektiv. Ich kann niemanden ins *registro degli indagati* eintragen lassen, damit ich die hochoffizielle Genehmigung bekomme, Telefongespräche abzuhören oder seine SMS nachzulesen. Ich muss das mit anderen Methoden erledigen. Das Einzige, was die Polizei bis jetzt gemacht hat, ist, mich in dieses verdammte *registro* einzutragen. Habt ihr sonst irgendeinen Ermittlungserfolg? Habt ihr?«

Seine letzte Frage hatte er beinahe ins Telefon geschrien. Die Jungs, die nebeneinander auf der Bank saßen, setzten eine äußerst neugierige Miene auf.

»Das ist nicht so einfach, wie du es dir in deiner Detektivromantik vorstellst.«

»Nein, vor allem, wenn man nicht selber betroffen ist und einem nach acht Stunden Arbeit der Kugelschreiber aus der Hand fällt.«

Am anderen Ende der Leitung war es plötzlich still. Lovis wusste, dass er zu weit gegangen war und seinen Freund verletzt hatte. Aber er hatte – verdammt noch mal – recht mit allem, was er gesagt hatte!

»Scatolo? Sei nicht beleidigt und hör dir einfach mal an, was ich herausgefunden habe, ja?« Durch die Leitung konnte er förmlich spüren, wie es in Scatolin arbeitete.

Endlich schien er sich einen Ruck zu geben. »Allora, bene. Unter einer Bedingung, Lovis – du versuchst, das Ding wieder ins Schloss zu schmuggeln. Wie du das anstellst, ist mir egal, aber es kommt zurück!«

Er nickte. »Du kannst dich auf mich verlassen.« Wie er das schaffen wollte, würde er später überlegen.

»Allora?« Scatolin konnte seine Neugier nicht verbergen.

Lovis grinste. »Allora …«, begann er. Dann tippte er auf das Display von Frau Cavagnas Handy und scrollte nach oben. Genüsslich las er seinem Freund die verdächtigen Teile aus dem Chat vor und wies ihn auf die Übereinstimmung mit den Uhu-Vorfällen hin. Dann wartete er.

Scatolin schwieg.

»Na los, was sagst du dazu? Ist meine Beweisführung immer noch so wackelig wie ein dreibeiniger Straßenköter?«

»No, Lovis«, meinte Scatolin zögernd. »Ich muss nur darüber nachdenken, wie wir jetzt weiter vorgehen sollen. Ich kann diesen von Stadler ja schlecht ohne Angabe von Gründen auf die Verdächtigenliste setzen lassen …«

Ach, aber mich könnt ihr schon einfach so draufsetzen, dachte Lovis zynisch. Dann fiel ihm Matthias' Video ein. »Vielleicht hab ich da noch was …«

»Spero non un altro atto criminale.«

Lovis sah Scatolins Missbilligung förmlich vor sich. »Nein … na ja, wie man's nimmt. Sagen wir, ein jugendlicher Detektiv hat seinen Beitrag zur Aufklärung eines Verbrechens leisten wollen …«

»Lovis …!«

»Ein Junge aus dem Dorf hat gefilmt, wie sich von Stadler und die Cavagna umarmen.« Er hatte nicht vor, sich wieder unterbrechen zu lassen. »Reicht das vielleicht als Grund, ihn genauer zu beleuchten? Und um *seinen* SMS-Verkehr mit ihr zu untersuchen?«

Ein erleichterter Schnaufer am anderen Ende der Leitung war die Antwort. »Mandami quel video«, sagte Scatolin. »Und dann sieh zu, dass das Handy auf dem schnellsten Weg zurück ins Schloss kommt. Und wisch die Fingerabdrücke ab! Mi raccomando!«

In Hochstimmung beendete Lovis das Gespräch und streckte siegessicher die Faust in die Luft. »Dieser von Stadler hat mir das letzte Mal meinen Weinberg sabotiert! High five, Jungs!«

Die Jungen schlugen begeistert ein.

»Und jetzt gibt es die verdiente Belohnung. Wie wär's mit einem Riesenbecher Eis in der Stadt?«

Johlender Beifall war die Antwort. Lovis grinste, schnappte sich seine Autoschlüssel und lotste seine drei jungen Assistenten zur Remise, wo sein alter Kübel stand und immerhin auf den dritten Versuch ansprang. Die Geringschätzung des Oldtimers war seinen Fahrgästen deutlich ins Gesicht geschrieben.

»Sie stehen wohl nicht so auf Neues«, vermutete Matthias.

Lovis wiegte den Kopf. »Nicht alles, was alt ist, ist schlecht. Bei der Gelegenheit fällt mir ein: Ihr wolltet mich doch beim Kauf eines Hand… ich meine Smartphones unterstützen. Habt ihr Zeit?«

»Aber hallo«, meinte Matthias. »Wir können ja nicht zulassen, dass Sie weiterhin mit Ihrem Ziegelstein rumlaufen.« Die Jungs grinsten, und Lovis lenkte seine alte Mühle auf den Feldweg.

Zwei Stunden später war Lovis um einen halben Tausender ärmer, dafür aber Besitzer eines nagelneuen Smartphones, das nicht nur SMS verschicken und Anrufe entgegennehmen, sondern filmen, fotografieren, Tonaufnahmen machen und allerlei andere spannende Sachen konnte. Die drei Jungs hatten ihm geholfen, verschiedene Apps herunterzuladen, und ihn feierlich in ihren Chat *Lovis & Co.* aufgenommen.

»Als Admin tragen wir Sie erst ein, wenn wir sicher sein können, dass Sie keinen Unsinn machen«, sagte Matthias, der uneingeschränkte Fachmann auf dem Gebiet. Dann hielt er Lovis' Errungenschaft hoch, ein schmatzendes Geräusch ertönte, und er nickte zufrieden.

»Ihr Profilbild«, sagte er.

Lovis zuckte die Schultern. Ihm war alles recht. Er verabschiedete sich von den Jungs und beschloss, den Erfolg mit Onkel Sebastian zu feiern.

Der Dorffriedhof war, wie die meisten Südtiroler Friedhöfe, ein kleines Schmuckstück. Sauber geharkte Kieswege verliefen zwischen den Gräbern, die jetzt im Frühling von üppig blühenden Blumen überquollen. Schmiedeeiserne Kreuze und sauber polierte Grabsteine erhoben sich aus der bunten Pracht. Und außer dem Summen einiger Insekten war nichts zu hören.

Lovis stand vor der letzten Ruhestätte seines Onkels und zupfte ein paar welke Blüten aus dem Bouquet, das auf dem noch unbepflanzten Grabhügel lag. Seit der Beerdigung war er nicht mehr hier gewesen. Er hatte einfach zu viel zu tun gehabt. Aber das war nur die halbe Wahrheit. Eigentlich plagte ihn das schlechte Gewissen. Er war weit davon entfernt, sein Versprechen an Sebastian zu halten, die Hofarbeit schob er hauptsächlich auf Paul ab, und von den Ferienwohnungen wollte er nichts hören. Von den Gästen ganz zu schweigen. Wären Angelika und Paul nicht, wäre alles schon längst den Bach runter. Er schluckte. Besann sich auf die besseren Nachrichten.

»Hast du mir die Buben geschickt, Sebastian?«, fragte er. Es war ihm, als könne er das meckernde Lachen seines Onkels hören. »Die waren jedenfalls ein Glücksgriff.« Dann erzählte er ihm von den Entdeckungen der Jungs und was das für von Stadler bedeutete. »Wenn alles so läuft, wie ich mir das gedacht habe, dann sind wir den Kerl für ein paar Jahre los. Und weißt du was, Onkelchen? Möglicherweise braucht er ja Geld, wenn er in den Knast kommt, dann werde ich ihm ein Angebot für den Weinberg machen.« Lovis konnte ein selbstgefälliges Grinsen nicht verkneifen. »Ich weiß zwar nicht mit welchem Geld, aber das lasse ich mir nicht nehmen … Nur das mit Angelika ist noch nicht ausgestanden. Die ist ganz schön beleidigt mit mir, Onkel. Und sie hat ja recht …« Er seufzte schwer. Er wusste nicht, was er tun sollte, wenn sie ihm weiterhin gram blieb.

Da nahm er aus dem Augenwinkel eine Bewegung wahr. Eine ältere Dame, die ihm vage bekannt vorkam, schlurfte über den Kiesweg. Sie steuerte geradewegs auf das Grab von Carlo Cavagna zu. Protzige Kränze umstanden es, Seidenschleifen mit floskelhaften Nachrufen glänzten in der Sonne. Die Alte zupfte eine besonders schöne Lilie aus einem Bouquet. Wie zufällig ließ sie die Blüte zu Boden fallen und trat mit dem Fuß darauf. Lovis stutzte. Was war das für ein Verhalten an einem Grab? Geistesgegenwärtig duckte er sich hinter einen Grabstein, als die Frau sich umblickte. Als sie niemanden sah, zupfte sie eine weitere Blüte aus dem Kranz und wiederholte ihr Ritual. Die Mittagsglocke ertönte. Die Alte fuhr zusammen, entspannte sich aber gleich wieder. Nach einem Kontrollblick spuckte sie mit aller Kraft auf das Grab des Dorfadeligen.

Lovis kratzte sich nachdenklich am Hinterkopf. Das Verhalten war höchst seltsam. Noch dazu hätte er schwören können, dass er die Alte schon mal gesehen hatte. Nur wo? Er kramte in seinem Gedächtnis nach dem Gesicht, aber vergeblich. Weiter hinter den Grabstein geduckt, zog er sein Smartphone aus der Hosentasche, suchte mit fliegenden Fingern nach der Kamerafunktion und machte ein Bild von der Frau. Das schmatzende Geräusch ließ sie herumfahren, und Lovis schaffte es nur knapp, sich vor ihrem Blick zu verbergen. Verdammt, er hatte nicht an den Ton gedacht. Sie kickte noch ein letztes Mal nach einer Kerze, nickte zufrieden, als sie umfiel, und verließ dann den Friedhof auf der Nordseite.

Lovis wartete, bis sie außerhalb der Friedhofsmauer war. Dann folgte er ihr vorsichtig.

Die Alte überquerte den Dorfplatz, dann die Hauptstraße und ließ sich auf der kleinen Bank der Bushaltestelle nieder. Lovis warf einen Blick auf die Uhr. In wenigen Minuten würde der Stadtbus kommen. Sie kramte in ihrer Handtasche, und eine Dauerfahrkarte kam zum Vorschein. Als der Bus vor der Frau hielt, rannte Lovis zu seinem Auto und ließ den Motor an. Dann nahm er die Verfolgung auf.

Toll, Lovis, eine Verfolgungsjagd ganz nach deinem Geschmack, dachte er zynisch. Statt waghalsige Fahrmanöver auszuführen, um an seinem Verfolgungsobjekt dranzubleiben, musste er seine ganze Geduld aufbieten, um sich dem langsamen Tempo des Busses anzupassen. Sie ließen das Dorf hinter sich, bummelten vorbei an Wiesen und Feldern, die sich zwischen dem Dorf und Brixen zu seiner Linken und Rechten erstreckten, und Lovis hatte ausreichend Gelegenheit, die Saatkrähen auf dem frisch gepflügten Maisacker des Hanserbauern zu beobachten. Er ignorierte das Blinken, mit denen der Busfahrer ihm auf einer Geraden signalisieren wollte, dass es keinen Gegenverkehr gab und der Zeitpunkt zum Überholen günstig war, und hielt brav an jeder Haltestelle mit an. Dabei trommelten seine Finger ungeduldig auf das Lenkrad. Der Busfahrer fragte sich bestimmt, was da wohl für ein Führerscheinneuling mit

Überholphobie hinter ihm fuhr. Lovis atmete tief durch. An jeder Haltestelle beobachtete er genau, ob jemand den Bus verließ. Doch es stiegen nur Gäste zu.

Hoffentlich kommt die Dame nicht auf die Idee, mitten in der Stadt auszusteigen, fiel ihm ein. Da konnte er nicht einmal anhalten und sie zu Fuß verfolgen!

Mittlerweile hätte er sich dafür ohrfeigen können, dass er den Wagen genommen hatte. In den Randbezirken konnte man ein Auto ja vielleicht noch mit eingeschalteter Warnblinkanlage irgendwo am Straßenrand stehen lassen, doch in der Stadt würde ihm das schnell einen Strafzettel einbringen. Und es trat genau das ein, was er befürchtet hatte: Die Alte stieg weder am Supermarkt aus noch an der Brücke zur Gärtnerei. Erst im Zentrum spülte eine Welle anderer Fahrgäste auch die Alte aus dem Bus. Hektisch sah sich Lovis nach einem Parkplatz um, doch natürlich hatte er kein Glück.

Dann eben nicht, dachte er schicksalsergeben, drückte den Schalter für die Warnblinkanlage und hoffte, dass heute nicht ausgerechnet der Stadtpolizist Dienst hatte, der den Rekord für Strafzettel hielt. Lovis ließ den Wagen stehen und nahm die Verfolgung zu Fuß auf. Die Frau schlurfte im Strom der anderen Fußgänger den Gehsteig entlang auf die Altstadt zu.

Wie immer, wenn er durch eines der drei mittelalterlichen Tore die Brixner Altstadt betrat, fragte er sich, ob auch andere Einheimische ihre Schönheit noch wahrnahmen oder ob sie für die anderen Stadtbewohner zur Selbstverständlichkeit geworden war. Zu beiden Seiten der Großen Lauben reihten sich die jahrhundertealten Stadthäuser aneinander, allesamt sorgfältig und unter strengen Auflagen renoviert. Beinahe jedes hatte einen oder mehrere Erker, manche waren liebevoll mit Blumen geschmückt. In den Laubengängen boten Geschäfte ihre Waren an, und Gastbetriebe luden zum gemütlichen Verweilen ein. Leider hatten auch hier die großen Ketten die Traditionsbetriebe zum Großteil verdrängt. Und so verlor die Altstadt mit jeder Neueröffnung ein Stückchen ihrer ursprünglichen Atmosphäre. Den Rest besorgten die Großevents, die Brixen mit Tagestouristen überschwemmten. »Dämmernde Stille, melancholisches Glockengebimmel, die Schafe trippelten nach ihren Ställen, die Menschen nach den Kirchen ...« So hatte Heinrich Heine vor beinahe zweihundert Jahren das Städtchen beschrieben. Von dieser Beschaulichkeit war kaum mehr was übrig. Mit einem Schaudern dachte Lovis an andere Südtiroler Orte, die zu alpenländischen Vergnügungsparks verkommen waren. Die Piefke-Saga war dort Wirklichkeit geworden – Alpenromantik für Geld. Und Brixen war dabei, denselben unheilvollen Weg einzuschlagen.

Die Alte verschwand in einer Metzgerei, einem Familienbetrieb, der seit mehreren Generationen in Brixen beheimatet war. Eine gute Wahl, wusste Lovis und dachte an die leckeren Speisen, die er dort oft gekauft hatte. Eine Portion Lasagne, ein paar Speckknödel, marinierte Schnitzel. Die Metzgerei trug zu einem guten Teil die Schuld daran, dass er nie wirklich kochen gelernt hatte. Er beschloss, draußen zu warten. Mit ein bisschen Wehmut warf er einen Blick hoch zu dem kleinen runden Fenster des Hauses, in dem die Alte eben verschwunden war. Dort oben hatte er die letzten zehn Jahre gehaust. Eine Mansardenwohnung ohne Lift. Im Winter hatte er säckeweise Pellets hochschleppen müssen, um das Appartement zu heizen, und im Sommer war es unterm

Dach brütend heiß gewesen. Aber er hätte gegen keine andere Bleibe tauschen wollen, denn zu der Wohnung gehörte eine kleine Dachterrasse mit herrlichem Ausblick auf die Brixner Altstadt. Dort hatte er abends gesessen, ein kühles Bierchen genossen und war mit der Stadt zur Ruhe gekommen. Es fühlte sich an, als ob es schon tausend Jahre her wäre. Er verspürte einen sentimentalen Stich, all das war jetzt Vergangenheit. Er führte ein neues Leben in seinem alten Zuhause. Und das war gut so.

Die Alte verließ die Metzgerei und ging forschen Schritts in seine Richtung. Schnell drehte sich Lovis ab und musterte die Auslage eines Goldschmieds. Er war noch nicht draufgekommen, woher er sie kannte. Es war aber gut möglich, dass sie weniger Schwierigkeiten hatte, ihn einzuordnen. Das wollte er nicht riskieren. Als sie an ihm vorbei war, nahm er die Verfolgung wieder auf. Nach etwa hundert Metern bog sie in einen kleinen Supermarkt ein. Lovis atmete entnervt durch.

Das auch noch, fluchte er innerlich. Mach wenigstens schnell! Doch den Gefallen tat sie ihm nicht. In der Obstabteilung prüfte sie jeden Apfel von allen Seiten, bevor sie zwei davon in eine Tüte steckte, dann vergaß sie zweimal die Nummer und musste von der Waage wieder zurück zu den Apfelkisten gehen. Und dann unterhielt sie sich auch noch mit der Verkäuferin an der Wursttheke ausführlich über das Wetter.

Lovis stöhnte innerlich. Langsam meldete sich seine Blase. Dass ein Detektiv bei einer Beschattung von einem menschlichen Bedürfnis gequält wurde, las man natürlich nie in Detektivromanen. Er sah auf die Uhr. Es war halb eins.

Wenn du heute noch etwas Warmes essen willst, dann ist es allerhöchste Zeit, mit dem Kochen zu beginnen, gute Frau, dachte er.

Nach einer weiteren Wartezeit an der Kasse verließ sie endlich den Supermarkt. Ihr Weg führte sie fort vom historischen Stadtkern, westwärts und in einer halsbrecherischen Aktion über die Hauptstraße, auf der reger Verkehr herrschte. Auf der anderen Straßenseite hielt sie auf eines der Mehrfamilienhäuser zu, die zur Zeit des Faschismus in dem nüchtern rationalen Stil gebaut worden waren, der damals wohl vor allem deshalb notwendig gewesen war, weil schnell Platz für viele Menschen aus dem Süden Italiens geschaffen werden musste, die das Land italienisieren sollten. Schön waren sie nicht. Dieses eine, in dem die alte Frau jetzt verschwand, sah besonders heruntergekommen aus, beinahe als sei seit seiner Erbauung nicht mehr viel daran gemacht worden. Sie sperrte die Eingangstür des mehrstöckigen Gebäudes auf, trat ein, und die Tür fiel hinter ihr ins Schloss.

Lovis rannte über die Straße und rüttelte ohne große Hoffnung an der Tür, aber sie war verschlossen. Neugierig studierte er die Schilder an der Klingel. Nur zwei davon waren beschriftet. Eine Familie Hamid lebte offensichtlich hier und ein Tom. Alle anderen Klingeln waren unbeschriftet. Sollte er hier abwarten, bis die Frau wieder herauskam, oder konnte er es sich erlauben, in einer Bar die Toilette zu benutzen? Lange konnte er nicht mehr einhalten. Aber vielleicht wohnte sie ja gar nicht hier. Möglicherweise hatte sie nur einer kranken Freundin den Einkauf besorgt oder besuchte Verwandte. Wenn er dem Haus jetzt den Rücken zudrehte, kam sie gewiss heraus, und er sah sie nie wieder. Lovis trat von einem Fuß auf den anderen.

Sein Harndrang wurde immer größer. Trotzdem konnte er sich nicht dazu durchringen, seinen Beobachterposten zu verlassen. Da vibrierte das Smartphone in der Hosentasche. Er zog es heraus, eine WhatsApp-Nachricht blinkte auf. Matthias hatte ihm das Video geschickt, das er von Frau Cavagna und von Stadler gefilmt hatte.

Die Jungs!, schoss es ihm durch den Kopf. Schnell tippte er auf den grünen Hörer, und zehn Sekunden später hatte er Matthias an der Leitung. »Lovis?« Der Junge klang verwundert.

Er beschloss, gleich mit der Tür ins Haus zu fallen. »Seid ihr noch in der Stadt? Ich bräuchte eure Hilfe. Lust auf einen kleinen Beschattungsauftrag?«

»Die anderen sind grad los, was besorgen, aber ich hab Zeit.« Er hörte das Grinsen in der Stimme des Halbwüchsigen. »Jetzt gleich?«

»Ja, sofort.« Wenn möglich noch soforter, dachte Lovis und tanzte von einem Fuß auf den anderen. Er hielt es kaum noch aus. In wenigen Worten beschrieb er seinen Standort. Auch, dass er ein Foto von der zu beschattenden Person geschossen hatte.

»Können Sie mir das Foto inzwischen schicken?«, fragte Matthias.

Auch das noch. Das Bild schicken … wie ging das noch mal? Der Junge erriet seinen Zweifel. Schritt für Schritt lotste Matthias ihn durch die Apps und verhalf ihm zu seinem ersten technischen Erfolgserlebnis. Kaum hatte Lovis das Bild abgeschickt, ertönte ein Pfiff von der anderen Seite der Hauptstraße. Lovis sah auf und erblickte den Jungen, der grinsend sein Smartphone schwenkte.

»Hab's!«, rief er. Dann rannte er in einem Kamikazemanöver über die Straße, dass Lovis den Atem anhielt.

»Interessiert Sie nur die Frau?«, fragte der Junge.

»Eigentlich schon«, sagte Lovis. Dann überlegte er. Wer weiß … vielleicht steckt sie ja mit von Stadler unter einer Decke?

»Fotografier einfach alle, die ein und aus gehen. Man weiß nie, auf was man stößt.«

»Schon kapiert.« Der Junge grinste. »Ich sag Iwan und Erik, dass sie auch kommen sollen. Ist weniger auffällig, wenn wir zu dritt hier rumlungern. Dann schaut das aus, als ob wir auf den Bus warten. Das Fotografieren ist dann auch leichter. Wir können so tun, als ob wir uns gegenseitig …«

»Ja, ja, aber seid vorsichtig. Und ja nicht auf eigene Faust irgendeinen Unsinn anstellen!«, unterbrach ihn Lovis mit tadelndem Zeigefinger, musste sich aber im selben Moment etwas beschämt eingestehen, dass die drei ihm trotz ihrer jungen Jahre bereits in einigen Dingen haushoch überlegen waren.

Dann straffte er seine Schultern. Red dich nicht ständig selber klein, Lovis. Du schaffst das. Du hast bereits allerhand rausbekommen. Außerdem muss man jede Hilfe annehmen, die man bekommen kann. Auch die von halbwüchsigen Superhirnen. Und auf die konnte er sich voll und ganz verlassen. Der Blasendruck wurde unerträglich, Lovis verzog das Gesicht.

»Gehen Sie schon«, sagte Matthias. »Das ist ja nicht mit anzusehen.« Er duckte sich kichernd unter einer Kopfnuss weg, die Lovis ihm verpassen wollte. Gleichzeitig hatte er mit fliegenden Fingern eine Nachricht an seine Kumpels getippt und losgeschickt. »Überlassen Sie die Sache hier ruhig uns, wir kriegen das schon hin.«

»Rotzlöffel!«, schimpfte Lovis und wandte sich zum Gehen. »Und danke!«

»Ja, ja …« Matthias grinste. »Verschwinden Sie schon.«

»Gebt Bescheid, wenn sich was tut.«

Der Junge hatte den Kopf wieder über sein Smartphone geneigt und nickte nur.

Lovis beäugte die umliegenden Geschäfte und schätzte die geringste Entfernung zur nächsten Toilette ab. Er entschied sich für das chinesische Restaurant, das etwa hundert Meter entfernt lag. Im Laufschritt legte er den Weg dorthin zurück.

Das Restaurant hatte geöffnet. Lovis bat um eine Portion Frühlingsrollen zum Mitnehmen und darum, in der Wartezeit die Toilette benutzen zu dürfen. Als er fertig war, fiel ihm siedend heiß sein Auto ein, das noch immer mit Warnblinkanlage im Stadtzentrum stand. Auf dem Weg dorthin machte er sich auf das Schlimmste gefasst, wenn es in der Zwischenzeit bloß nicht abgeschleppt worden war. Aber es stand – von Passanten aufs Wüsteste mit Schimpftiraden bedacht – zum Glück immer noch mit laufender Warnblinkanlage dort, wo er es abgestellt hatte: mitten auf einem Zebrastreifen. Wie durch ein Wunder lachte ihm nicht einmal ein Strafzettel von der Windschutzscheibe entgegen. Eilig stieg Lovis ein, ließ den Motor an und fuhr davon.

Lovis verbrachte den Nachmittag zur Zufriedenheit seines Knechts mit Arbeiten im Stall und auf dem Reitplatz. Gemeinsam mit Paul schlug er Pfosten für den Zaun ein. Kaum hatten sie begonnen, die ersten Bretter anzunageln, läutete sein Telefon.

»Wie lang sollen wir die Hütte denn beschatten? Wir haben keinen Bock mehr, und hier tut sich wirklich gar nichts. Außerdem beginnt in einer Viertelstunde die letzte Vorstellung von dem Film, den wir schauen wollten«, sagte Iwan mit leisem Vorwurf.

Lovis sah auf die Uhr. Es war Viertel nach fünf. Wenn die Frau das Wohnhaus seit Mittag nicht mehr verlassen hatte, deutete das darauf hin, dass sie darin wohnte. »Ich löse euch ab«, sagte er. »Die Karten gehen auf mich.«

»Danke«, kam ein dreistimmiger Chor aus dem Lautsprecher.

Paul sah ihn neugierig an.

»Ich muss wieder an meine Ermittlungen. Tut mir leid.« Entschuldigend deutete er auf die Bretter, die noch angenagelt werden sollten.

Paul zuckte die Schultern. »Hab mich eh gewundert, dass du so lang durchhältst, Chef. Verschwinde schon. Den Rest pack ich allein.« Er bückte sich nach einem Brett. Und im Weggehen meinte Lovis noch so was Ähnliches zu hören wie »… eh besser so … hat zwei linke Hände, der Kerl …«

Lovis grinste und machte, dass er vom Acker kam. Rasch fuhr er in die Stadt, diesmal parkte er ganz regulär im Parkhaus, das nicht weit von dem Mehrfamilienhaus war. Dann löste er die Jungs ab, die mit leuchtenden Augen ihre Belohnung für die geleistete Beschattung in Empfang nahmen. Er selbst machte es sich an der Bushaltestelle gemütlich, klickte sich durch die First-Steps verschiedener Apps und wunderte sich, was er damit alles leisten konnte. Dabei behielt er die Eingangstür des Wohnhauses stets im Auge. Doch auch in den nächsten zwei Stunden verließ die Alte das Haus nicht. Als es auf acht Uhr abends zuging, beschloss er, die Beschattung abzubrechen.

Zurück auf dem Messner Hof freute er sich schon auf sein abendliches Ritual, das Zwiegespräch mit Henne Alma und das Abhaken auf der Ermittlungsliste. Zuerst musste er sich allerdings mit einem hungrig-grantigen Paul herumschlagen. Rühreier interessierten ihn nicht, und Lovis' Vorschlag, eine Flasche Tomatensugo mit Brot zu essen, stieß bei ihm auf höhnisches Gelächter.

»Davon ernährst du dich? Kein Wunder, dass in deinen Muskeln nur Pudding drin ist«, meinte Paul und machte sich am Herd zu schaffen. Mit wenigen Handgriffen zauberte er ein wunderbares Nudelgericht – mit Zutaten, von denen Lovis nicht einmal gewusst hatte, dass sie in der Küche zu finden waren.

»Ohne Angelika und mich wärst du echt aufgeschmissen«, stellte Paul mit vollen Backen fest. »Was ist mit ihr eigentlich los? Abgesehen davon, dass sie kaum so lang am Stück Dienst haben kann, ist sie furchtbar grantig, wenn sie dann mal hier ist. Und dass sie uns nicht mal was zum Aufwärmen herrichtet, kenne ich gar nicht von ihr.« Er sah Lovis fragend an. Der wich seinem Blick schuldbewusst aus.

»Aha.«

»Nichts aha.«

»O doch! Was hast du bloß getan, Chef?«

Lovis wich Pauls Blick weiter aus. »Nichts … das heißt … Eigentlich hab ich nur was gedacht … aber … sie muss es irgendwie gespürt haben und … sie hat's wohl erraten.« Lovis verstummte.

»Und? Wird's bald? Oder muss ich dir den Rest mit der Rohrzange rausziehen?« Paul schlug ungeduldig mit der flachen Hand auf den Tisch. »Was hast du gedacht?«

»Dass sie was mit dem Mord an Cavagna zu tun haben könnte.« Beinahe tonlos kam Lovis der furchtbare Gedanke über die Lippen.

Paul gab keinen Kommentar von sich. Er schob seinen Stuhl zurück und ging mit schweren Schritten zur Tür. Dort blieb er noch einmal stehen. Ohne sich zu Lovis umzudrehen, meinte er: »Du bist echt ein Riesenarsch, Chef. Ich weiß nicht, wie du das in Ordnung bringen willst, aber ich würde dir raten, es schleunigst zu tun. Schleunigst.«

Dann schloss er die Tür hinter sich und ließ Lovis allein mit seinen Gewissensbissen.

Am nächsten Morgen war es nicht der Geruch nach frisch aufgebrühtem Kaffee, der Lovis weckte, sondern ein leises Klopfen.

»Lollo?«

Es war eindeutig Angelika, die da auf der anderen Seite seiner Schlafzimmertür stand. Lovis durchzuckte wieder das schlechte Gewissen und gleichzeitig Erschrecken. Er war nicht vorbereitet auf ein Gespräch mit ihr. Er hatte die halbe Nacht nicht geschlafen und hin und her überlegt, wie er sich am besten bei ihr entschuldigen konnte, aber nichts würde die Verletzung wiedergutmachen, die er ihr angetan hatte. Am liebsten hätte er alles hingeschmissen, hätte sich irgendwo eine neue Dienststelle gesucht – weit weg vom Dorf und von Angelika – und wäre untergetaucht. Wie er es bei Anna gemacht hatte.

Angelika wartete seine Antwort nicht ab und betrat einfach das Zimmer. »Ich muss … Wir müssen reden.«

Lovis zog seine Decke hoch bis unters Kinn. »Ich bin … noch nicht angezogen.«

Statt einer Antwort durchquerte Angelika den Raum und öffnete das Fenster. Dann blieb sie unschlüssig stehen. »Darf ich?« Sie deutete auf sein Bett. Er nickte und rückte ein wenig zur Seite. Sie ließ sich am Rand nieder und fuhr sich durchs Haar.

Es gibt keine tieferen Geheimnisse als die zwischen Pferd und Reiter, stand auf ihrem T-Shirt. Lovis las den Spruch und fragte sich, ob Diablo wohl darüber Bescheid wusste, was am Mittwoch vor Ostern im Winklerwald passiert war.

»Ich habe deine Liste gelesen«, begann sie. »Ich wollte nicht, aber deine Jacke lag am Boden, und ich habe sie aufgehoben. Dabei ist dein Notizbuch rausgefallen und … na ja. Du verdächtigst mich also.«

Er wollte sie unterbrechen und erklären, dass er eben versuchte, sie nicht zu verdächtigen, sondern ihre Unschuld zu beweisen, aber sie wehrte ab.

»Weißt du, das zu lesen hat ziemlich wehgetan«, sagte sie. »Tut immer noch weh. Gerade du …«

Lovis wusste nicht, was er sagen sollte. Er schob seine Hand unter der Decke hervor und legte sie auf ihre. Doch sie zog sie weg. »Du hast allerdings recht: Ich war dort«, sagte sie leise. Lovis sog scharf die Luft ein, und sie lachte freudlos auf. »Aber ich habe Cavagna nicht umgebracht. Ich wollte selbst …«

Ihm war, als habe er einen Schlag in den Bauch bekommen, er brachte kein Wort heraus. Was wollte Angelika da andeuten? Ihm wurde eiskalt.

Angelika sah ihn kurz an und verzog die Lippen zu einem traurigen Lächeln. »Wegen Sissi.« Schmerzerfüllt schloss sie die Augen und holte tief Luft. Mit beiden Händen fuhr sie sich über das Gesicht. »Sie war, wie du herausgefunden hast, meine Freundin. Und ich … war nicht da, als sie mich gebraucht hat. Ich hab mir solche Vorwürfe gemacht.« Angelikas Augen standen voller Tränen. »Erinnerst du dich an den Tag, wo ich dir mein Handy geliehen habe?« Er nickte. »Die Nachricht, die dich so aus dem Konzept gebracht hat? Von SSSSchatzi?«

Gequält verzog er das Gesicht. Wie konnte er das vergessen?

»Ich habe dich glauben lassen, dass es mein Freund ist. Mir hat deine Eifersucht geschmeichelt. Aber es war

Sissi ... Sissi, die mich gebraucht hätte ... Als sie mich nicht erreicht hat, hat sie sich entschlossen ...« Angelika brach in Schluchzen aus.

Lovis drückte ihre Hand.

»Als sie bemerkt hat, dass sie schwanger ist, hat sie es Cavagna gesagt. Der hat von ihr verlangt, dass sie das Kind wegmachen lässt. Sie wollte nicht, aber ... Er hat nicht lockergelassen und sie ...« Erneut schluchzte sie auf. »Sie hat es getan. Und dann hat sie immer wieder von dem Kleinen geträumt, dass es weint, weil es nicht leben darf ... Sie hat solche Schuldgefühle gehabt.«

Er nickte. So etwas in der Art hatte er vermutet.

»Sie hätte mich gebraucht, und ich war nicht da.« Angelika schluchzte hart auf.

Lovis richtete sich in seinem Bett auf, legte die Arme um sie und zog sie an sich. Er schwieg. Was sollte er auch sagen?

»Sie hätte es nicht getan, wenn ich für sie da gewesen wäre, wenn ich rangegangen wäre, statt eitel zu sein, nur damit du glaubst, dass ich einen Freund habe.«

»Das kannst du nicht wissen, Angelika ...«

»Doch, ich bin mir sicher. Ich bin zum Köpfl hinauf. Und dann bin ich da gestanden. Unter mir das Tal und über mir der blaue Himmel ... und ich habe das Gefühl gehabt, es zieht mich hinunter. Dann waren da plötzlich Kinderstimmen und ein Hund, der gebellt hat und ... ich habe es nicht mehr tun können.«

Die Schmidts waren über Diablo gestolpert, was für ein Glück. Lovis nahm sich vor, ihnen einen saftigen Preisnachlass für die Ferienwoche zu berechnen.

Angelika sah ihn an. »Glaubst du mir?«

»Natürlich.«

»Aber damit du sicher sein kannst, brauchst du Beweise, oder?«

Lovis wiegte den Kopf. »Ich brauche keine Beweise, ich glaube dir. Nur wenn die Polizei …«

Angelika nickte. »Ja. Das hab ich mir schon gedacht. Ich wünschte, es wäre anders.« Sie erhob sich. »Das Frühstück steht auf dem Tisch. Ich …« Sie machte eine resignierte Handbewegung. Dann verließ sie das Zimmer.

Lovis blieb mit seinem Unbehagen zurück. Angelika war unschuldig, und er musste Beweise finden, mit denen er sie entlasten konnte. Vielleicht hatte Scatolin inzwischen etwas herausgefunden.

»Ich wollte dich grade aufwecken, amico«, sagte Scatolin, als Lovis ihn anrief. »Du hast einen Volltreffer gelandet. Ich habe von offizieller Seite den SMS-Verlauf zwischen von Stadler und Frau Cavagna überprüfen lassen, und der Alte stimmt mir zu: Die Nachrichten könnten sich tatsächlich auf die Uhu-Fälle beziehen. Daher könnte dein Nachbar auch den Mord verübt haben. *Könnte*, wohlbemerkt! Heute Vormittag erwarte ich ihn zum Verhör. Danach kann ich dir mehr sagen.«

»Scatolo, ich hoffe, dass es von Stadler war, aber …«

»… du glaubst es nicht?«, ergänzte Scatolin.

»Nein.«

Der Ispettore stöhnte. »Dein Bauchgefühl?«

»Nein, der gelbe Kleinwagen, der von mehreren Zeugen gesehen wurde, Scatolo. Ich sage dir, der hat was mit dem Mord zu tun. Und so, wie ich von Stadler einschätze, würde er nie in so einen Kanarienvogelwagen einsteigen. Das ist ein …«

»… Frauenauto«, ergänzte Scatolin. »Womit wir wieder bei der Ehefrau des Opfers wären, die ein stichfestes Alibi hat. Amico, da beißt sich die Katze in den Schwanz.«

»Vielleicht war es ja die Geliebte.«

»Die da wäre?« Der Ispettore klang leicht genervt.

»Tamara Miribung, die Empfangsdame des Architekturbüros Wild & Pranter.« Und bevor Scatolin sich wieder über Lovis' unlautere Ermittlungsmethoden auslassen konnte, fügte er schnell hinzu: »Ich habe sie auf Facebook gesucht. Absolut legal. Ihr Profil ist öffentlich zugänglich.«

Ein erleichtertes Knurren war die Antwort. »Einen Mini Cooper suchst du?«

Lovis lächelte erleichtert. Scatolin war endlich überzeugt. »Oder einen Austin oder einen Fiat 595 Abarth«, ergänzte er. Vielleicht hatte sich Frau Schmidt doch getäuscht. »Und wenn die Miribung keinen hat, dann bleibt als Verdächtige nur noch die Cavagna übrig. Die hat nämlich einen«, sagte er.

»Du lässt nicht locker, nicht wahr?«

»Nicht bevor meine Unschuld bewiesen ist. Das hab ich von euch gelernt.«

»Ich habe nie behauptet, dass ich dich für schuldig halte, amico.«

»Du nicht. Das stimmt. Wirst du nun checken, ob diese Miribung einen kanariengelben Kleinwagen hat?«

»Aye, Capitano.« Scatolin seufzte ergeben. »Das kostet dich aber, dass du das nur weißt, Lovis.«

»Ich bin abgebrannt, Scatolo, schon vergessen?«

»Ich rede nicht von Geld.« Scatolin schnalzte mit der Zunge. »Ich rede davon, dass du mit mir auf Tour gehst, wenn das Ganze ausgestanden ist. Ich rede von … der Sellaronda.«

Lovis grinste. Das war ein harter Preis, aber ein bezahlbarer. »Abgemacht, Scatolo. Finde für mich heraus, wem der gelbe Kleinwagen gehört, und ich fahre mit dir, wohin du willst.« Er war im Begriff aufzulegen, als ihm noch etwas einfiel. »Von Stadler hat übrigens auch in meinem Weinberg ein paar krumme Dinger gedreht. Erst vor ein paar Tagen hat er alle Drähte durchgeschnitten. Eine Schweinearbeit, das wieder in Ordnung zu bringen. Von den Kosten nicht zu reden. Nein …«, ließ er seinen Freund gar nicht erst zu Wort kommen, als der schon ansetzte, »du brauchst gar nicht zu fragen. Ich habe keine Beweise, aber ich bin sicher, dass er es war. Könntest du nicht … na ja, ihm gleich auch deshalb ein bisschen auf den Zahn fühlen?«

»Da kommst du mit der Sellaronda noch zu billig davon«, brummte Scatolin. Aber Lovis war sicher, dass er sich darum kümmern würde. Er selbst würde sich darauf konzentrieren, Angelikas Unschuld zu beweisen. Und dazu musste er zum Tatort.

»Komm, alter Knabe«, lockte er Barnabas, der es sich auf dem Söller in der Sonne gemütlich gemacht hatte. Der Bernhardiner hob nur träge den Kopf, klopfte zweimal mit dem Schwanz auf den Boden und legte den Schädel mit einem Seufzen wieder zwischen die Pfoten.

»Spaziergang!«, versuchte Lovis es noch einmal, doch mehr als ein müdes Schwanzwedeln konnte er Barnabas nicht abgewinnen. »Du willst also hierbleiben?«

Als von dem alten Hofhund wieder keine Reaktion kam, zuckte Lovis die Schultern und schlug den Weg zur Remise ein. Der Kübel sprang beim ersten Versuch an, und er tätschelte zufrieden das Armaturenbrett.

»Heute läuft es wie geschmiert«, meinte er. »Erst springt Scatolin an, dann du. Fehlt nur noch, dass ich dem Uhu-Täter auf die Schliche komme. Oder noch besser: dem Mörder!«

Er holperte den Feldweg hinunter. Unten an der Hauptstraße zog gerade der Bus vorbei. Die drei Jungs winkten lachend aus dem Fenster, Lovis grüßte zurück. Und plötzlich wusste Lovis, welchen Fall er heute definitiv aufklären würde. Er legte den ersten Gang ein und folgte dem Bus. Wie er vermutet hatte, stiegen die Jungs im Dorf nicht aus.

»Na, dann beweis mal, dass du es diesmal schaffst, sie zu beschatten, ohne dass sie dir auf die Schliche kommen, Lovis«, sagte er zu sich selbst.

An der nächsten Haltestelle überholte er den Bus und gab Gas, fuhr die serpentinenreiche Straße den Berg hoch und erreichte bald die Stelle, wo die Jungs das letzte Mal den Bus verlassen hatten. Er hätte Haus und Hof darauf verwettet, dass sie heute wieder hier aussteigen würden. Lovis fuhr noch hundert Meter weiter auf der Bergstraße bis zu einer etwas breiteren Stelle. Dort stellte er den Wagen in die Wiese und wartete.

Es dauerte nicht lange, und der Bus bog um die Ecke. Der Fahrer war ausgerechnet Karl, der Lovis mit einem verschmitzten Lächeln grüßte und ihm wild gestikulierend bedeutete, dass die Jungs ausgestiegen waren und er sich beeilen sollte. Lovis grinste zurück, reckte ihm den Daumen entgegen und spurtete die Straße zurück bis zu dem kleinen Weg, der zum Taschler Hof führte und dann weiter in den Winklerwald. Von weiter vorne hörte er das helle Lachen von Matthias, und er wusste, dass er richtig war.

Lovis holte so weit auf, dass er die drei ab und an durch die Bäume blitzen sah, hielt aber genug Abstand, um unbemerkt zu bleiben. Sie liefen eine Weile auf der schmalen Straße, dann schlugen sie sich bergwärts ins Gebüsch. Lovis stöhnte innerlich auf.

Wie kann es nur sein, dass du immer die falschen Schuhe anhast, wenn du diese Bengel beschattest, Lovis? Er sah vorwurfsvoll auf seine ausgetretenen Segeltuchschuhe hinab, die sich für einen Geländelauf absolut nicht eigneten. Auf dem stark abschüssigen Waldboden rutschte er ständig aus und landete immer wieder unsanft auf seinen Knien. Zweige peitschten ihm ins Gesicht, und bald hatte er die Hände voller Baumharz. Zum Glück übertönte das Lärmen der Jungs das Getöse, das er beim Durchqueren des Waldes verursachte. Kurze Zeit später stieß er auf einen Waldweg, der weiter leicht bergan führte. Wurzeln zogen sich darüber wie ein Netz, und Büsche und Bäume säumten den Weg. Fahrradspuren und Pferdeäpfel zeugten davon, dass nicht nur Wanderer diese Strecke nutzten. Langsam kam er ins Schwitzen. Durch die dünnen Sohlen seiner Schuhe spürte er jeden Stein, und er hoffte, dass sich die Wanderlust der drei Jugendlichen bald erschöpfte. Von weiter vorn hörte er sie lachen und flachsen. Sie mussten etwa fünfzig Meter von ihm entfernt sein. Plötzlich verstummte das Gelächter, und als Lovis um die Kurve bog, lag der Waldweg verlassen vor ihm. Die Jungs schienen wie vom Erdboden verschluckt.

Hatten sie ihn bemerkt? Lovis hielt inne und spitzte seine Ohren. Vogelgezwitscher, das Rauschen des Windes in den Kiefern, die den Weg säumten, aber keine Kinderstimmen.

Und was machst du jetzt, du Stardetektiv? Lovis ärgerte sich über sich selbst. Er schaffte es nicht einmal, drei Kinder zu beaufsichtigen.

Ein Knacken von links ließ ihn herumfahren. War das ein Wispern? Unschlüssig verharrte er auf der Stelle. Was sollte er tun? Lovis musterte das Dickicht, das ihn auf beiden Seiten des Weges umgab. Nach rechts hin fiel der Abhang steil ab. Unwahrscheinlich, dass sich die Jungs genau dorthin in die Büsche geschlagen hatten.

Also bergwärts, entschied er und seufzte. Ihm blieb aber auch nichts erspart. Vorsichtig drückte er die Stauden auseinander und stieg darüber hinweg, geradewegs in das Dickicht des Winklerwaldes hinein. Es klang, als bahne sich ein Elefant einen Weg durch das Gehölz.

»He? Ist da wer?«, fragte eine helle Stimme. Lovis hielt inne. Sie hatten ihn gehört. Schritte kamen in seine Richtung, und einen Augenblick später sah er Iwans Gesicht hinter den Baumstämmen auftauchen. Der Junge stutzte, als er ihn erkannte.

»Sie?« Plötzlich brach er in Lachen aus. »Sie spionieren uns nach? He, Jungs, es ist der Lovis!«

Es dauerte nicht lange, dann standen auch die beiden anderen Jungs vor Lovis und musterten ihn misstrauisch. »Das müssen Sie uns jetzt erklären«, meinte Matthias. »Warum schleichen Sie uns nach? Hat Sie der Moser auf uns angesetzt?«

»Der Moser?« Lovis runzelte irritiert die Stirn. Wer war der Moser?

»Ja, weil wir uns in seinem Wald ein Lager gebaut haben«, erklärte Iwan. »Oder warum sind Sie sonst hinter uns her?«

Noch während er nach einer passenden Ausrede suchte, schlug sich Erik plötzlich auf die Stirn. »Oh, ich weiß. Ich Idiot. Ich Riesenobervollidiot!« Die beiden anderen sahen ihn genauso verständnislos an wie Lovis. »Meine Alte hat Sie engagiert, oder?« Ohne eine Antwort abzuwarten, stampfte Erik unwillig mit dem Fuß auf. »Das hätte ich mir ja denken können. Die hat echt'nen Sprung in der Schüssel, Mann!«

»Hä?«, fragte Iwan leicht gereizt. »Kannst du uns mal aufklären? Wir steh'n grad total im Wald.«

»Ich hab doch eine Ausrede gebraucht, warum ich manchmal zu spät nach Hause komme. Glaubt ihr, die hätte mich einfach so mit euch losziehen lassen? In den Wald? Um ein Lager zu bauen, auf einem Grund, der uns nicht gehört? Nie und nimmer! Und da hab ich ihr eine Geschichte aufgetischt von ein paar älteren Kerlen, die uns auflauern – mir auflauern – und dass ich manchmal einen späteren Bus nehme, um ihnen aus dem Weg zu gehen. Und da engagiert sie den ersten besten Privatdetektiv, der ihr über den Weg läuft.«

»Wie krank ist das denn?« Matthias schüttelte entgeistert den Kopf.

Nun räusperte sich Lovis. »Es gibt also keine älteren Schüler, die dich drangsalieren?«

»Nein«, seufzte Erik.

Erster Fall gelöst, dachte Lovis und machte in Gedanken ein Häkchen auf seiner Liste. »Dann kann ich deiner Mutter das also berichten?«

»Um Himmels willen, bitte nicht«, flehte ihn der Junge an. »Dann kann ich das hier vergessen!« Er winkte Lovis mit sich durch das Dickicht. Die anderen beiden folgten ihnen.

Nach ein paar Schritten tat sich eine kleine, kreisrunde Lichtung auf. In der Mitte hatten die drei Jungs aus Ästen, Rinden und Moos eine Art Zelt gebaut, davor lag eine Feuerstelle, um die sich Erik, Matthias und Iwan jetzt niederließen. »Setzen Sie sich zu uns.«

Lovis folgte Eriks Aufforderung und ließ sich auf einem moosüberwachsenen Stein nieder. Er sah sich um und konnte es nicht fassen. Im Norden war die Stelle zu sehen, an der das Feuer noch vor wenigen Tagen gewütet hatte. Und nach Westen hin hatten die Jungs freie Sicht auf das Köpfl. Das silberne Baumgerippe leuchtete etwa hundert Meter entfernt in der Sonne. Dahinter lag der Talgrund.

»Und dafür der ganze Wirbel?« Lovis schüttelte amüsiert den Kopf.

»Sie dürfen uns nicht verraten!«, flehte ihn Erik an.

»Dann kriegt er kein Geld, und deine Mutter hetzt uns womöglich die Carabinieri auf den Hals«, wandte Iwan ein.

Der Junge hatte Weitsicht, das musste Lovis ihm lassen.

»Stimmt auch wieder.« Erik ließ entmutigt den Kopf hängen.

Eine Weile lang sagte niemand etwas.

»Ich könnte mit ihr reden«, schlug Lovis vor. »Ihr erklären, was du machst, dass da nichts Gefährliches dabei ist und dass Jungs in deinem Alter ein wenig … Unabhängigkeit und Abenteuer brauchen. Vielleicht hört sie auf mich.«

Erik sah nicht begeistert aus.

»Da hab ich noch eine bessere Idee: Sie könnten ja vorschlagen, dass Sie auch weiterhin ein Auge auf Erik haben. Als unsichtbarer Babysitter sozusagen.« Iwan zwinkerte. »Wir versprechen, dass wir nichts anstellen, und Sie chillen zu Hause und verdienen dabei. Und wir machen dann Hälfte-Hälfte. Was sagen Sie dazu?«

Lovis wackelte mit dem Zeigefinger. »So geht das natürlich nicht. Ich werde mit deiner Mutter sprechen, Erik, am besten mit dir gemeinsam.«

Der verzog nur noch gequälter das Gesicht.

Plötzlich stieß Matthias ihn erregt an. »Da! Sie kommt! Sie kommt! Mann, Lovis, Sie haben echt Schwein! Heut kriegen Sie was zu sehen!«

Lovis blickte in die Richtung, in die Matthias deutete, und sah eine Reiterin den Wanderweg Nr. 8 herantraben. Er konnte die gelbe Schrift auf dem blauen T-Shirt zwar nicht lesen, aber er kannte den Spruch, der darauf prangte. Hatte er sich doch gerade erst am Morgen darüber Gedanken gemacht: *Es gibt keine tieferen Geheimnisse als die zwischen Pferd und Reiter.*

Lovis schwante Fürchterliches. Wie erstarrt beobachtete er gemeinsam mit Iwan, Matthias und Erik, wie sich Angelika beim Köpfl vom Pferd schwang und Diablo einen liebevollen Klaps gab, der sofort zu grasen begann. Sie selbst stieg ein paar Schritte abwärts hinter die Kuppe und schaute ins Tal hinunter.

»Hoffentlich ist sie heute besser drauf«, flüsterte Matthias. Er zappelte aufgeregt auf seinem Sitzstein herum und stieß abwechselnd Erik und Iwan an.

Lovis wandte seinen furchterstarrten Blick wieder Angelika zu und wollte gerade aufspringen und zu ihr eilen, als sie ihren Helm abnahm, das Haargummi von ihrem Pferdeschwanz zog, ihre glänzenden Haare ausschüttelte und sich mit gespreizten Fingern ein paarmal ganz entspannt durch die Locken fuhr. Lovis verstand nicht, was genau hier passierte, die Jungs starrten mit erhitzten Wangen in ihre Richtung, da griff sie mit überkreuzten Armen nach unten und zog sich das T-Shirt über den Kopf. Lovis schnappte nach Luft. Unter dem T-Shirt kam ein blitzblauer Büstenhalter zum Vorschein. Hin- und hergerissen zwischen Scham und Erregung beobachtete er, wie Angelika sich auch diesen über den Kopf zog.

»Los, dreh dich um«, flehte Matthias leise und hampelte auf seinem Stein herum.

Tu's nicht, flehte Lovis in Gedanken und wünschte sich gleichzeitig das Gegenteil.

»Da, jetzt!« Die Jungs brachen in gedämpften Jubel aus, als Angelika sich ins Moos setzte und sich nach hinten auf ihre Ellbogen sinken ließ. Ihre Brüste leuchteten in der Sonne auf.

»Los, hol das Fernglas!«, stieß Matthias hervor, und Erik machte sich gleich daran, in seiner Schultasche zu kramen.

Plötzlich kam Bewegung in Lovis. Mit aller Kraft löste er sich von dem Bild, sprang auf und stellte sich so hin, dass er den Jungs die Sicht verstellte. »Ihr schaut da nicht mit dem Fernglas hinunter!«, schimpfte er und versuchte selbst, das Bild von Angelikas nackten Brüsten aus seinem Kopf zu verbannen. »Das tut man nicht!«

»Sie sind der gleiche Spielverderber wie alle anderen Erwachsenen«, maulte Erik.

»Es tut ihr doch nichts, wenn wir ein bisschen schauen. Sie weiß es ja nicht«, meinte Iwan.

»Das ist egal. Ihr seid Gentlemen und … «

Wieder stöhnten die Jungs, und Erik zog einen Flunsch. »Sie sind wie meine Mutter. Immer wenn ich irgendwas

Cooles nicht machen soll, zieht sie die Gentleman-Karte aus dem Ärmel.«

Lovis sah ein, dass er seine Taktik ändern musste. »Also ich mach da ganz sicher nicht mit. Ich habe täglich mit Angelika zu tun, und ich kann ihr nicht in die Augen sehen, wenn ich sie dabei beobachtet habe, wie sie nackt in der Sonne liegt. Das ist echt unterstes Niveau, und ich wünschte mir, ihr würdet mir versprechen, dass ihr das hier in Zukunft sein lasst!«

Die Jungs nickten widerwillig, Lovis erkannte jedoch auf ihren Gesichtern die Hoffnung, dass er bald verschwinden und die Sicht wieder freigeben würde. Das Bild ihrer weißen Brüste schob sich hartnäckig in Lovis' Bewusstwein, und er wischte sich unwillig über das Gesicht, um es loszuwerden. Heute Abend würde er Angelika warnen. Das nahm er sich fest vor.

Lovis seufzte und dachte mit Beklemmung daran, was Matthias vorhin gesagt hatte. »Wie hast du das vorhin gemeint: Hoffentlich ist sie heute besser drauf?«

Matthias ließ den Kopf sinken. »Sie sonnt sich immer hier oben, wenn schönes Wetter ist. Nur letzte Woche ...« Er sah seine Kumpels Hilfe suchend an.

»Letzte Woche war es anders. Sie hat sich nicht einmal hingesetzt, sondern hat minutenlang ins Tal hinuntergeschaut. Sie ist irgendwie ... sie ist total nah an den Rand getreten ... so als ob sie ....« Auch Iwan sprach nicht weiter, und Lovis hielt den Atem an.

»Als ob sie sich hinunterstürzen wollte«, sagte Erik mit belegter Stimme.

Lovis war, als zöge man ihm den Boden unter den Füßen weg. Angelika hatte mit dem Gedanken gespielt, sich das Leben zu nehmen. War die Gefahr denn nun gebannt? Vorsichtshalber warf er einen Blick zu ihr hinunter, aber sie lag einfach nur ausgestreckt im Moos und genoss die Sonne. Jedenfalls sah es so aus.

»Wir hatten keine Ahnung, was wir tun sollten«, gab Iwan zu. »Matthias war schon auf dem Weg zu ihr. Dann kamen diese Wanderer und machten einen Mordswirbel um das Pferd, und sie muss das gehört haben und ist von dem Abgrund weggetreten.«

»Als wieder Ruhe war, ist sie nach Hause geritten«, ergänzte Matthias. »Wir waren ganz schön erleichtert, das können Sie uns glauben.«

Lovis schwieg eine Weile und dankte Gott, dass die Schmidts Angelika mit ihrem Getöse womöglich vor dem Schlimmsten bewahrt hatten. Da schoss ihm ein Gedanke durch den Kopf. Vielleicht lag hier der Beweis für die Wahrheit von Angelikas Geschichte. »Jungs, wisst ihr, welchen Weg sie an dem Tag genommen hat?« Erwartungsvoll sah er die drei an. Wenn sie über den 8er-Weg geritten wäre …

»Über den 8er«, sagte Iwan sofort. »Wie immer. Auf der Forststraße reitet sie eigentlich selten.«

Ein Stein fiel Lovis vom Herzen. Am liebsten hätte er die drei Jungs umarmt. Wenn Angelika den 8er-Weg genommen hatte, hatte sie einen großen Bogen um die Hütte der Cavagnas gemacht. Dann konnte sie nicht die Mörderin sein. Beweis erbracht. Und Zeugen hatte er auch.

»Wenn ihr an diesem Tag im Wald wart, Jungs, habt ihr da vielleicht auch den Professor gesehen? Den mit den Uhus?«

Die Jungs lachten. »Klar«, sagte Iwan. »Wir waren ja mit ihm bei den Uhus, danach haben wir ihm unser Lager gezeigt.«

Und damit hatte auch der Nächste auf seiner Verdächtigenliste ein Alibi, dachte Lovis erleichtert. »Warum hat er das nicht einfach gesagt?«

»Das wäre ja noch schöner«, sagte Iwan. »Er hat uns sein Indianerehrenwort gegeben, dass er niemandem was verrät.«

»Und das werden Sie uns jetzt auch geben«, sagte Matthias fordernd und fügte etwas bittender »Oder?« hinzu.

Lovis grinste. »Das könnte euch so passen. Ich muss deiner Mutter unbedingt sagen, was ihr treibt. Sie macht sich wirklich Sorgen um dich, weißt du, Erik. Und wenn ich eure Aussage brauche, zum Beispiel, um Angelika zu entlasten oder den Professor, dann werde ich auch verraten, was ihr hier macht.«

Drei enttäuschte Gesichter sahen ihn an. »Solange ich es nicht sagen muss, werde ich euer Geheimnis hüten, Indianerehrenwort. Solange niemand auf die Idee kommt, den Professor oder Angelika für die Mörder zu halten, könnt ihr hier von mir aus weiter … arbeiten.« Die Jungs jubelten.

»O nein! Ihr Idioten!«, schrie da Matthias und schlug sich die Hand vor den Mund. Lovis folgte seinem Blick. Angelika hatte sich aufgerichtet und sah sich unruhig um. Schnell streifte sie sich den BH und das T-Shirt über.

»Das war's wohl für heute«, meinte Erik bedauernd.

Iwan zuckte die Schultern. »Na ja, heute ist nicht alle Tage …«

»… sie kommt wieder, keine Frage«, ergänzten die anderen beiden lachend und schlugen in seine erhobene Hand ein.

Ich werde dafür sorgen, dass sie das nicht tut, dachte Lovis grummelnd und stand auf. Für heute war die Peepshow jedenfalls vorbei. Lovis spürte eine große Erleichterung. Dann wandte er sich noch einmal Erik zu. »Die Frage ist nur, wie ich das mit deiner Mutter anstelle.«

»Können Sie ihr nicht was anderes erzählen?« Sein Blick bekam fast etwas Flehendes.

Lovis kratzte sich am Hinterkopf. »Da muss ich drüber nachdenken. Mein Ruf hängt schließlich auch mit dran. Ich überlege mir was. Irgendwas ... sodass du auf das hier nicht verzichten musst.« Er deutete auf das Lager. »Ich lasse mir was einfallen.«

Die Augen der drei Jungs leuchteten auf. Hoffentlich verspreche ich nicht zu viel, dachte er ein bisschen unbehaglich und beschloss, Angelika um ihren Rat in der Sache zu fragen. Angelika ... wieder hatte er das Bild vor Augen, wie sie sich auf dem Fleckchen unter dem Baumgerippe rekelte, und in seiner Fantasie wurde ein bisschen mehr daraus. Ärgerlich mahnte er sich zur Vernunft.

»Und das da, Jungs«, er deutete auf das inzwischen wieder verlassene Köpfl, »lasst ihr in Zukunft gefälligst bleiben!«

Matthias feixte. »Ach, in Wirklichkeit sind Sie uns doch dankbar, dass Sie das sehen durften!«

Lovis verpasste ihm eine Kopfnuss. »Lümmel!« Aber er musste ihnen insgeheim recht geben.

Dann machte er sich an den Abstieg und schlitterte über den Hang zum Wanderweg Nr. 8 hinunter, auf dem die dampfenden Pferdeäpfel davon kündeten, dass erst vor Kurzem Diablo samt Reiterin hier vorbeigekommen war.

Angelika war gerade damit beschäftigt, Diablos Box mit Streu auszukleiden, während der Wallach ihr neugierig dabei zusah.

»Ich muss mit dir reden.«

Angelika richtete sich müde auf und strich sich eine Haarsträhne aus dem Gesicht. Sie sah kurz hoch, dann senkte sie ihren Blick wieder.

Lovis schluckte. Er ging die paar Schritte auf sie zu, die sie noch voneinander trennten. Und was jetzt, du Idiot?, fragte er sich.

Die Traurigkeit, die sie ausstrahlte, rührte sein Herz, und ohne nachzudenken, zog er sie an sich. Sie versteifte sich, ließ es aber geschehen. Eine Weile lang standen sie so.

Leise sagte er: »Entschuldige, dass ich nicht für dich da war, als du mich gebraucht hast.«

Ohne Vorwarnung begann Angelika zu weinen. Sie schmiegte ihr Gesicht an seine Brust und ließ die Tränen rinnen. Lovis tat nichts. Er hielt sie einfach fest und wartete, dass es vorüberging.

Diablo streckte den Kopf über den Verschlag und schnoberte tröstend in ihre Richtung. Irgendwann verebbte das Schluchzen. Lovis wischte ihr die Tränen von den Wangen und fischte in seiner Jackentasche nach einer Packung Papiertaschentücher. Dankbar nahm sie eines und schnäuzte sich ausgiebig die Nase.

»Warum jetzt?«, fragte sie.

»Weil ich ein Idiot bin.«

»Und was für einer!« Ein leises Lächeln stahl sich in ihr Gesicht.

»Ich habe nie wirklich geglaubt, dass du das gewesen sein könntest«, sagte er. In dem Moment, in dem es heraus war, wurde er sich bewusst, dass das die Wahrheit war. Tief in sich drin hatte er immer gewusst, dass Angelika unschuldig war. »Aber nachdem die Polizei sogar mich verdächtigt hat …«

Sie riss die Augen auf. »Dich? Warum denn das?«

Er berichtete kurz und sah mit einem Anflug von schlechtem Gewissen, dass sie sofort entrüstet den Kopf schüttelte. Sie hatte keine Schwierigkeiten, an seine Unschuld zu glauben.

»Ich habe gedacht, was ich herauskriege, kriegt die Polizei auch heraus …«

»Von denen ist keiner auf die Idee gekommen, eine Verbindung zwischen Sissi und Cavagna herzustellen?«

»Vielleicht weil die Polizei nicht auf ein Glas zu Schorsch gegangen ist«, meinte Lovis grinsend. »Jedenfalls wollte ich beweisen, dass du es nicht warst.«

»Und jetzt kannst du es beweisen?«

Er nickte. Fragend zog sie die Augenbrauen zusammen, und Lovis erzählte. Als sie hörte, dass die Jungs sie aus ihrem Geheimversteck heraus beim Sonnenbaden beobachtet hatten, brach sie in helles Lachen aus, das jedoch verstummte, als er ihr gestand, dass er den Anblick vor ein paar Stunden mit ihnen geteilt hatte. »Ihr Männer seid doch alle die gleichen Ferkel«, knurrte sie.

»Vielleicht suchst du für dein Sonnenbad in Zukunft eine andere Stelle«, schlug er vor.

»Das werde ich, darauf kannst du Gift nehmen«, sagte sie. »Trotzdem bin ich froh, dass die Jungs da waren.

Und du«, fügte sie hinzu. Ihre Wangen überzog ein zartes Rosa.

»Oha, da komme ich wohl ungelegen.«

Angelika und Lovis stoben auseinander.

Paul stand grinsend an der Tür und genoss ihre Verlegenheit. »Ich wollte eigentlich eine Besichtigung des neuen Reitplatzes vorschlagen, aber wenn ihr grad mit Schmusen beschäftigt seid, will ich nicht stören. Das bedeutet hoffentlich, dass es jetzt endlich wieder vernünftiges Essen gibt.« Ohne abzuwarten, wandte er sich um und ging hinaus in Richtung Reitplatz. Lovis und Angelika folgten ihm, und wie zufällig fanden ihre Hände zusammen.

Der Reitplatz war fertig, der Sand war gleichmäßig ausgebracht, und außen herum verlief eine saubere Bande.

Angelika nickte zufrieden. »Er ist perfekt. Die Reiter werden uns die Bude einrennen. Lovis, da hat sich Paul echt ein dickes Lob verdient.«

»Eine Prämie tut es auch«, meinte Paul grinsend. »Jetzt, wo du Geld für ein schickes Handy hast.«

»Smartphone«, sagte Lovis und beobachtete, wie Angelika und Paul einen amüsierten Blick tauschten.

»Smartphone halt dann«, wiederholte Paul. »Aber lass deine Prämie mal stecken. Ich hab sowieso keine Zeit, das Geld auszugeben. Nicht solange dieser von Stadler frei herumläuft.«

»Das tut er vielleicht nicht mehr lang«, meinte Lovis. Grinsend zog er sein neues Telefon aus der Hosentasche und wählte Scatolins Nummer. »Mal sehen, was Scatolin für uns hat.«

»Amico, ti volevo appena chiamare«, begrüßte ihn der. Ja, sicher, dachte Lovis zynisch. Auf deine Anrufe könnte ich warten, bis ich schwarz werde. »Von Stadler hat gestanden!« Scatolin klang aufgeregt.

Lovis signalisierte seinen beiden Zuhörern mit dem Daumen, dass es gute Neuigkeiten gab. Die beiden nickten ungeduldig, sie konnten ohnehin alles hören, was gesagt wurde.

»Nicht den Mord, aber die Sache mit den Uhus. Er wollte, dass Cavagna dieses Resort nicht baut. Unerwünschte Konkurrenz für sein Hotel ... Ihm die Frau auszuspannen war praktisch das Sahnehäubchen.«

»Dass er mit dem Mord nichts zu tun hat, ist sicher?« Lovis war enttäuscht, wollte die Hoffnung noch nicht aufgeben.

»Ja. Wir haben sein Alibi überprüft. Er war den ganzen Tag auf einer Weinmesse in Mantova. Hunderte Zeugen.«

»Mist.« Lovis konnte es nicht fassen. »Und was ist mit meinem Weinberg?«

Er sah förmlich vor sich, wie sich Scatolins Mundwinkel nach oben verzogen. »Aus der Sellarunde ist mit dem Verhör heute Vormittag die große Hero-Runde geworden.«

»Los, hör auf, mich auf die Folter zu spannen!«

»Willst du die lange Geschichte, in der ich als Verhörexperte mit rhetorischen Superkräften rüberkomme, oder die kurze Variante?«

»Scatolo!«

»Ich interpretiere das als Wunsch für die kurze ...«

»Scatolo! Ti uccido!«

»Ja, ja, ist ja schon gut. Er hat die Sabotage an deinem Weinberg gestanden. Und es ist alles fein säuberlich zu Protokoll genommen worden. Wenn du also Anzeige erstatten willst ...«

Was er sonst noch sagte, ging in dem dreistimmigen Jubelgeheul von Lovis, Paul und Angelika unter.

»Amico?«, fragte Scatolin verunsichert. »Alles in Ordnung?«

»Ich freu mich nur schon so auf die Sellarunde«, sagte Lovis.

»Die Hero-Runde!«, berichtigte sein Freund. »Soll ich den Rest auch noch sagen, oder reicht das an guten Nachrichten für einen Tag?«

»Schieß los!«

»Als von Stadler verstanden hat, dass er auch wegen Mordes verdächtigt wird, war er schnell bereit, seine Geliebte zu opfern. Hat irgendwas gefaselt von Mordgedanken gegen Cavagna, die sie ihm gegenüber geäußert hat und so. Ihr Alibi wird jedenfalls jetzt noch mal überprüft.«

»Richtig so.« Lovis nickte zufrieden. »Und das Auto?«

»Ach ja, dein kanariengelber Kleinwagen.« Scatolin seufzte. »Werd nicht gleich größenwahnsinnig, amico, aber …« Lovis hielt vor Aufregung die Luft an. »… es sieht so aus, als wäre das auch ein Volltreffer. Kann natürlich Zufall sein, aber diese Miribung … Sie hat tatsächlich einen kanariengelben Kleinwagen. Einen Mini Cooper. Wie du es … erraten hast.«

»Ermittelt«, stellte Lovis richtig.

»Von mir aus. Sie gibt zu, dass sie Cavagnas Geliebte war, aber mit dem Mord will sie nichts zu tun zu haben.«

»Hat sie ein Alibi?«

»Nein. Aber, amico, verrenn dich nicht. Nur weil sie keines hat, muss sie nicht die Mörderin sein.«

»Ja, klar.« Lovis seufzte. »Es wäre einfach eine Erleichterung, wenn das alles vorbei wäre.«

»Eh, sí. Die Zukunft wird die Wahrheit ans Licht bringen«, meinte Scatolin. Dann gluckste er. »Und halt dir mal das Wochenende frei für die Pässe!«

Lovis stöhnte theatralisch. »Und vergiss du die Schneeketten nicht …«

Beide lachten, Scatolin vor Vorfreude, Lovis vor allem vor Erleichterung.

»Ich halte dich auf dem Laufenden, amico«, sagte Scatolin zum Abschied.

»Danke«, sagte Lovis noch, dann legte er auf und sah seine beiden Zuhörer strahlend an. »Von Stadler hat gestanden! Die Uhus und die Schweinereien in unserem Weinberg. Und die Miribung hat einen kanariengelben Mini Cooper und kein Alibi! Leute, heute Abend lasse ich eine Pizza springen.«

Angelika gab ihm ein High five. »Bis dahin werde ich die Boxen fertig machen. Dann haben wir gleich zwei Sachen zu feiern.«

»Drei«, berichtigte Paul und deutete mit dem Kinn auf den Reitplatz.

»Drei«, stimmte sie zu. »Wir sind ein gutes Team, Leute!«

Dann ging Angelika Richtung Stall und Paul in den Weinberg. Lovis blieb noch einen Moment auf dem Reitplatz stehen, die Hände in die Jackentaschen versenkt. Auch wenn er gerade noch mit seinen Freunden lauthals gejubelt hatte: Die alte Frau, die auf Cavagnas Grab gespuckt hatte, geisterte in seinen Gedanken herum. Er hatte das Gefühl, dass sie im Fall Cavagna eine Rolle spielte. Nur welche, war ihm noch nicht klar.

Nachdenklich schlenderte er Richtung Remise. Der Nachmittag war angenehm warm, ideales Wetter für eine erste Fahrradtour. Wollte er die Hero-Runde schaffen, bei der vier Pässe und über achtzig Kilometer zu bewältigen waren, und das ohne hinter Scatolo her zu keuchen wie ein asthmatischer Mops, sollte er schnellstens mit dem Training beginnen. Er entschied sich für einen Trail, der den Aferer Bach entlang bis zur Würzjochstraße führte. Da konnte er auch gleich überprüfen, ob die Pässe überhaupt schon schneefrei waren.

Zwei Stunden später kam er mit schmerzenden Oberschenkeln, aber auch mit dem Gefühl, etwas geschafft zu haben, wieder in Brixen an und lenkte sein Rad zu dem Mehrfamilienhaus, in dem die Alte verschwunden war. Er kettete sein Fahrrad an einen Laternenpfahl, dann setzte er sich auf die Bank an der Haltestelle und behielt das Wohnhaus im Auge. Nichts tat sich.

Lovis beschloss, die Zeit zu nutzen, um die Funktionen seines Smartphones besser kennenzulernen. Er verschickte ein Bild von dem Mehrfamilienhaus an die WhatsApp-Gruppe *Lovis & Co.* Klatschende Hände waren Iwans Antwort.

»Schn wdr beim Beschatten? Brauchen Sie uns?«, postete Matthias.

»Nein, alles klar«, schrieb er zurück. »Übe nur Smartphonisch.«

Tränen lachende Smileys kamen in dreifacher Wiederholung.

»Hab ja gesagt, gebt dem Opa kein Smartphone in die Hand.« Das war wieder Matthias. Ein Zwinker-Smiley folgte.

Lovis grinste. Ihm gefielen die drei Jungs. Dann suchte er Scatolins Nummer und tippte: »Vergesst nicht, Tamara Miribungs SMS zu überprüfen!«

Die Antwort kam sofort: »Hör auf zu nerven!«

Lovis grinste. Erst recht, als zehn Sekunden später noch eine Nachricht kam. »Du bist ein rompiballe! Hat dir das schon mal jemand gesagt? Habe Überprüfung der SMS in die Wege geleitet.«

Zum Dank filmte Lovis den Verkehr auf der Hauptstraße und beglückte Scatolin mit dem Video. Das Telefon läutete. »Lovis, se non la smetti, ti giuro ...«

Lovis gluckste vor sich hin. »Was schwörst du mir denn, Scatolo? Und was bekomme ich, wenn ihr mit den SMS einen Volltreffer landet? Strafminderung? Wieder die kleine Sella- statt der Hero-Runde?«

Scatolin schnaubte. »Kannst du vergessen. Ich melde mich, wenn ich was rausfinde. Und jetzt hör auf, mich mit irgendwelchen Videos vollzumüllen. Sonst lasse ich deine Nummer sperren. Das kann ich nämlich auch.«

»O. k., o. k. Dann leg mal auf. Ich will dich nicht von der Arbeit abhalten. Und mi raccomando: die SMS!«

Ein neuerliches Schnauben war alles, was er noch als Antwort erhielt.

Plötzlich richtete er sich auf. Von Norden kam ein kanariengelber Mini Cooper angefahren. Es konnte natürlich Zufall sein, aber als er verlangsamte und dann auch noch in den Innenhof des Kondominiums einbog, erhob sich Lovis wie elektrisiert von der Bank. Gespannt wartete er, wer aus dem Auto stieg. Volltreffer: Es war die Empfangsdame des Architekturbüros, Tamara Miribung, die kein Alibi für die Zeit hatte, in der Carlo Cavagna umgebracht worden war. Was hatte sie mit der Alten zu tun? Das Ganze begann spannend zu werden.

Ein lautes Hupen riss Lovis zurück. Ohne sich dessen bewusst zu sein, hatte er sich in Bewegung gesetzt und war auf Tamara Miribung und ihren kanariengelben Wagen zugegangen, dabei aber mitten auf die Straße getorkelt und beinahe unter einem heranpreschenden Lastwagen gelandet. Der Fahrer schrie ihm wüste Beschimpfungen zu. Lovis zog schuldbewusst den Kopf ein und drehte sich ab, denn das Hupen hatte auch Tamaras Aufmerksamkeit geweckt.

Was sollte er jetzt tun? Die Straße überqueren und sie darauf ansprechen, was sie zur Tatzeit am Tatort getan hatte? Würde sie ihm mehr erzählen als der Polizei, oder handelte er sich damit möglicherweise weitere Probleme mit dem Alten ein?

Lovis war unschlüssig, und während er noch überlegte, war Tamara im Haus verschwunden, gerade fiel die Eingangstür hinter ihr ins Schloss.

Lovis rief sich noch einmal die Namensschilder an den Klingeln des Wohnhauses in Erinnerung. »Tom« und »Fam. Hamid«. Weder Tamara noch Miribung war dort gestanden, und wie die Alte hieß, wusste er immer noch nicht.

Er fuhr sich verzweifelt durchs Haar. Sollte er die Straße überqueren und sich unter irgendeinem Vorwand Einlass ins Haus verschaffen? Als Spediteur vielleicht? Wieder schüttelte er den Kopf. Lügen war immer noch nicht seine Stärke. Die Wangen wurden ihm heiß, als er daran dachte, wie schnell Tamara Miribung ihn damals im Architekturbüro durchschaut hatte. Dann schon lieber die Wahrheit. Nur wie ...?

In dem Moment läutete sein Telefon.

»Lovis? Sei seduto?«

»Ja, aber ich habe keine Zeit. Ich beschatte. Und ich habe etwas …«

»Non mi interessa«, unterbrach ihn Scatolin. »Wie ich an deinem Video sehe, bist du an der Hauptstraße auf der Höhe des chinesischen Restaurants, stimmt's?«

»Stimmt«, sagte Lovis.

»Dann bleib mal sitzen, wo du bist. Freu dich auf ganz großes Kino.«

»Was …«

Das Gespräch war unterbrochen. Lovis setzte sich ratlos auf die Bank, neugierig, was da kommen würde. Er musste nicht lange warten, da rasten zwei Polizeiwagen mit Blaulicht von Süden heran, bremsten und bogen in den Parkplatz des Kondominiums ein. Der kanariengelbe Mini Cooper sah aus, als fühle er sich unter den blinkenden Einsatzwagen gar nicht wohl. Vier Beamte, zwei Männer und zwei Frauen, entstiegen den Polizeiautos, zwei von ihnen gingen direkt auf die Tür zu und drückten alle Klingelknöpfe. Kurz darauf ertönte ein Summen, das bis über die Straße zu hören war, und die beiden verschwanden im Haus. Lovis hielt es nicht länger auf seinem Beobachtungsposten. Er überquerte die Straße und ging direkt auf die zwei Uniformierten zu, die dort warteten.

»Buon giorno, signor Lovis«, grüßte die Beamtin. Es war Sabrina. An ihren Kollegen gewandt meinte sie: »Er hat Scatolin die entscheidenden Informationen geliefert, die zur Festnahme geführt haben.«

Der Beamte zwinkerte ihm zu. »Ich würde mich eh hüten, Lorenz zu vertreiben. Nicht nach dem, was er sich beim Alten getraut hat. Lass dich umarmen, Freund.« Lovis wurde es ganz warm ums Herz, als sein langjähriger

Arbeitskollege Francesco ihm kräftig den Rücken klopfte. »Der Alte hat immer noch daran zu beißen.«

Ich auch, dachte Lovis. Aber er beließ es bei einem vielsagenden Zwinkern.

Da wurde es an der Tür des Wohnhauses laut.

»Das können Sie nicht machen! Meine Tochter tut keiner Fliege was zuleide! Wer hat das zu verantworten? Ich will Ihren Namen wissen! Und den von Ihrem Chef!«

Die beiden Beamten traten, Tamara Miribung vor sich herschiebend, durch die Tür. Die Empfangsdame des Architekturbüros Wild & Pranter war blass um die Nase und sah mit schreckgeweiteten Augen auf die Einsatzwagen.

Es war nicht sie, die da so keifte, sondern eine ältere Dame, die hinter ihnen her polterte und die Lovis mühelos als die Alte identifizierte, die auf Cavagnas Grab gespuckt hatte. Als die beiden Beamten die widerstandslose Sekretärin auf den Rücksitz ihres Einsatzwagens schieben wollten, wurde die Alte sogar handgreiflich. »Lassen Sie sofort meine Tochter los! Und überhaupt: Wo sind wir denn, dass eine unbescholtene Bürgerin einfach so mir nichts, dir nichts aus ihrer Wohnung entführt wird – ohne einen Grund? Ist das ein Polizeistaat? Ich werde Beschwerde einreichen! Und Tamara …« Ihre Stimme wurde plötzlich sanft. »Ich werde dir den besten Anwalt besorgen, den ich finden kann, mein Schatz. Mach dir keine Sorgen. Du wirst sehen: Das alles entpuppt sich als Farce, und dann können diese feinen Beamten hier eine saftige Wiedergutmachung zahlen!« Wieder schoss sie giftige Blicke in Richtung der Polizisten. Ihre Augen waren von einem bestürzend hellen Blau, und plötzlich erinnerte sich Lovis, woher er die Alte kannte: Sie war die Reinigungskraft vom Architekturbüro Wild & Pranter.

Die Beamten schlugen die Tür hinter Tamara Miribung zu und stiegen ein. Kurz darauf entfernte sich das Auto mit Blaulicht und Sirene. Die Alte wollte sich eben abwenden, als sie Lovis bemerkte. »Was?«, keifte sie. »Hier gibt's nichts zu gaffen. Verschwinden Sie!«

Er schüttelte den Kopf. »Ich glaube nicht, dass das wirklich Ihr Wunsch ist. Im Gegenteil: Sie wollen, dass ich bleibe.«

»Da wissen Sie mehr als ich.« Die Alte schlurfte zum Eingang des Wohnhauses.

Lovis schlüpfte hinter ihr durch die Tür und folgte ihr über die Stufen nach oben. »Ich bin Privatdetektiv. Vielleicht kann ich Ihnen helfen.«

»Ich habe kein Geld für windige Detektive übrig. Soll doch die Polizei herausfinden, wer Carlo ermordet hat.«

Lovis stutzte. Wieso nannte sie Cavagna beim Vornamen? Bevor er jedoch weiter darüber nachdenken konnte, waren sie im richtigen Stockwerk angekommen, die Alte steuerte bereits zielstrebig auf eine Wohnungstür zu. »Rosa Faller Wwe. Miribung« stand auf der Klingel. Der Name kam Lovis irgendwie bekannt vor, aber er konnte nicht sagen, woher. Hatte er ihn nicht schon einmal gehört? Er versuchte, seinem Gedächtnis auf die Sprünge zu helfen und gleichzeitig die Alte nicht vom Haken zu lassen.

»Bitte! Frau Miribung!«

»Verschwinden Sie endlich!« Ihre Augen sprühten jetzt vor Hass. Wieder fügte sich in Lovis' Erinnerung ein Puzzleteilchen dazu. Sie hatte Augen, so blau, so unbeschreiblich blau! Diese Augen vergisst man nicht mehr. Wer hatte das nochmal gesagt? Da fiel es ihm plötzlich wie Schuppen von den Augen. Diese Frau war

Cavagnas erstes Opfer gewesen, das Küchenmädchen der Privatschule, das dem halbwüchsigen Niederegger als »die gefallene Rosa« im Gedächtnis geblieben war.

»Cavagna hat sie geschwängert und sitzen lassen, damals vor vielen Jahren … nicht wahr?«

Während er das sagte, sickerte eine weitere Erkenntnis in ihn ein. Was, wenn …? Es war nur ein Bauchgefühl, eine plötzliche Eingebung, die ihn jedoch umgehend mit Ekel erfüllte. Tamara Miribung war alt genug, um Cavagnas Tochter zu sein. Wenn diese Vermutung stimmte, hatte sie eine Affäre mit ihrem eigenen Vater gehabt. »Ist Tamara etwa Carlo Cavagnas Tochter?«, platzte es aus ihm heraus.

Während sich in ihm bei dieser Vorstellung alles verkrampfte, begannen sich zu seiner Überraschung die Gesichtszüge der Alten zu entspannen, und sie atmete tief durch.

»Kommen Sie rein«, sagte sie, drehte sich um und betrat ihre Wohnung. Lovis folgte ihr bis in die Küche. Dort blieb sie stehen.

»Wie haben Sie es herausgefunden?«

Lovis hatte also recht gehabt. Er zögerte einen Moment, entschied sich für die Wahrheit. »Eine Geschichte, die ich aufgeschnappt habe und … Bauchgefühl.«

»Bauchgefühl?« Sie lachte leise auf. »Sie haben recht mit ihrem … Bauchgefühl. Und nun?«

»Ich muss Sie das fragen, was meine Kollegen von der Polizei wahrscheinlich zu diesem Zeitpunkt von Ihrer Tochter wissen wollen: Haben Sie Carlo Cavagna umgebracht?«

»Tamara ist unschuldig.«

»Haben Sie?«

Die Alte war jetzt ganz ruhig, ihr vorher so angriffslustiger Blick wich einem resignierten Ausdruck. Sie schien fast in sich zusammenzufallen. Dann straffte sie ihre Schultern, streckte den Rücken durch. »Hätten Sie das nicht getan? Wenn Ihre Tochter zur Geliebten ihres eigenen Vaters wird? Noch dazu des Menschen, den Sie am meisten von allen auf der Welt hassen?«

»Tamara … wusste nicht, wer ihr Vater war?«

»Er hat mich damals gezwungen, Stillschweigen darüber zu bewahren. Außerdem wollte ich sie schützen, sie sollte sich nicht dafür schämen müssen, dass ausgerechnet der größte Weiberer von ganz Südtirol ihr Vater ist.«

»Hat er denn nicht gewusst, wer sie ist?«

»Er hat sich nie einen Deut um sie geschert, hat sich nie gekümmert, hat sie nicht einmal sehen wollen. Ich hab dann geheiratet, den Franz, ein lieber Mann, der mich mitsamt dem Würmchen genommen hat. Er hat ihr sogar seinen Namen gegeben …« Die Alte schluckte schwer. »Alles hat sich zum Guten gewendet. Und dann? Ich hätte doch im Leben nicht ahnen können, dass ausgerechnet die beiden miteinander eine Affäre haben würden.«

Lovis kratzte sich am Hinterkopf. »Wir müssen die Polizei anrufen. Ihre Tochter …«

»… wird gerade unschuldig verhört. Ich wollte sie schützen. Vor diesem Ungeheuer. Ich konnte es einfach nicht zulassen. Ich habe ihn gehasst. So sehr gehasst.« Die Alte sah gedankenverloren aus dem Fenster. »All die Jahre. Immer wenn ich sein arrogantes Gesicht in einer Zeitung abgedruckt gesehen habe, hätte ich ihn erwürgen können.« Ihre hellblauen Augen richteten sich auf

Lovis. »Ich habe ihn in der verdammten Hütte eingesperrt und ihm das Dach über dem Kopf angezündet. Und ich habe zugehört, wie er drinnen um Gnade geschrien hat. Erst laut, dann immer leiser, bis seine Schreie nur mehr ein Winseln waren. Erst als sie aufgehört haben, bin ich ins Auto gestiegen und weggefahren.«

»In Tamaras Auto.«

»In Tamaras Auto«, bestätigte sie. Dann sah sie wieder aus dem Fenster. »Ich bereue es nicht.«

Lovis fühlte eine Gänsehaut über seinen Rücken kriechen angesichts der Kaltblütigkeit dieser Frau.

»Wie haben Sie Cavagna dazu gebracht, sich mit Ihnen zu treffen?«

»Das war einfach.« Sie lachte leise. »Ich habe ihm eine Nachricht geschickt. Mit Tamaras Telefon. *In zwanzig Minuten in deiner Jagdhütte,* habe ich geschrieben. Und er hat angebissen. Der Schweinehund, der dreckige.«

Lovis nickte. Das erklärte den sofortigen Polizeieinsatz, nachdem er Scatolin den Tipp mit den Telefonnachrichten gegeben hatte. Eine Nachricht mit diesem Inhalt kurz vor dem Zeitpunkt des Mordes konnte nur eines bedeuten.

»Ich musste ihn töten«, sagte die Alte. »Ich musste.«

Lovis nickte.

»Ich musste ihn töten.« Zum dritten Mal wiederholte sie den Satz, wie eine Losung, mit der sie Cavagna im Nachhinein auch noch mit einem Fluch belegte. Dann sah sie Lovis wieder mit ihren eisblauen Augen an. »Und jetzt muss ich Sie töten.«

Mit einer fließenden Bewegung hob sie ihre Hand. Ein Messer blitzte auf. Instinktiv warf er sich zur Seite, um sich zu schützen. Lovis sah nur noch die Klinge näher kommen, da durchzuckte ihn schon ein scharfer Schmerz.

Sie holte erneut aus, Lovis stolperte nach hinten, und der zweite Angriff ging ins Leere. Die Alte war schnell wie ein Wiesel, und noch einmal fuhr der Stahl in sein Fleisch. Lovis stöhnte auf. Dann griff er nach einem Stuhl und hielt ihn wie einen Schild vor sich. Sein Arm schmerzte, aber die Alte wich keinen Millimeter zurück.

»Ihre Tochter! Sie wird in diesem Moment vernommen. Man wird sie des Mordes anklagen.«

»Es gibt keine Beweise!« Wieder hob die Alte das Messer und ließ es niederfahren.

Lovis fing den Stich mit dem Stuhl ab. »Doch, die gibt es! Zeugen haben Tamaras Wagen identifiziert, und die Nachricht, die Sie von Tamaras Handy aus geschrieben haben … das ist Beweis genug. Man wird sie verhaften. Ins Gefängnis stecken …«

»Nein!« Die Alte schrie rasend vor Wut auf und holte wieder mit dem Messer aus. »Sie werden meine Kleine nicht ins Gefängnis stecken! Sie Mistkerl, Sie verdammter!«

»Nicht ich, die Polizei. Nehmen Sie doch Vernunft an. Rosa …«

Als ihr Name fiel, verließ die Alte alle Kraft. Ihre Arme hingen schlaff herab, langsam kam sie zu sich. Mit schreckgeweiteten Augen sah sie auf die Blutlache, die sich zu Lovis' Füßen bildete.

»Rosa«, sagte er noch einmal beinahe sanft und ließ den Stuhl sinken.

Mit einem Seufzer ging sie in die Knie und sackte auf dem Fußboden zusammen, die Finger ihrer rechten Hand immer noch um das Messer gekrampft. Lovis atmete erleichtert aus. Dann drehte sich plötzlich die ganze Küche um ihn. Er verlor das Gleichgewicht und sank neben der

Alten auf den Boden. Mit der unverletzten Hand entwand er ihr das Messer. Dann tastete er nach dem Smartphone. Er brauchte mehrere Anläufe, bis er mit zittrigen Fingern die Nummer seines Freundes getippt hatte.

»Scatolo«, sagte er mit brüchiger Stimme. »Ihr habt die Falsche. Tamaras Mutter hat … gerade eben gestanden. Ich bin bei ihr in der Wohnung … Vielleicht ist es besser, du kommst gleich her … Und einen Krankenwagen könnten wir auch gebrauchen …«

Dann überließ er sich dankbar der Schwärze, die sich über ihn breitete.

Mit feierlichem Ernst zog Lovis am Abend seine Kladde aus der Tasche. Er ließ seine Finger über Almas seidiges Gefieder gleiten und las ihr Punkt für Punkt vor.

- *Die Kerle finden, die Erik Leitner belästigen*

»Erledigt«, sagte er und strich die Zeile genüsslich durch.

- *Wer hat Cavagna ermordet?*
- *Was hat von Stadler mit der ganzen Sache zu tun?*

Auch diese Punkte waren erledigt, und er strich die Zeilen durch. Beim nächsten Punkt musste er schmunzeln:

- *Ist Niederegger so unschuldig, wie er tut?*

Er würde mit dem Professor über Indianerehrenwörter reden müssen. Doch er konnte auch diese Zeile ruhigen Gewissens streichen.

- *Wer ist der Vater von Sissis Kind?*
- *Hatte sie Freundinnen oder Freunde, die ihren Selbstmord rächen wollten?*
- *Beweisen, dass Angelika nichts mit der Sache zu tun hat*
- *Was für ein Kleinwagen war im Winklerwald, und wer hat ihn gefahren?*
- *Tamara Miribung unter die Lupe nehmen*
- *Wer ist die Alte?*

Der Bleistift fuhr in langen, gleichmäßigen Strichen über das Papier. Zufrieden schaute er die Liste an. Dann riss er das Blatt langsam aus dem Block, zerknüllte es und warf es hoch in die Luft. Das Huhn gackerte empört auf.

»Nur noch eine Sache, meine Schöne«, erklärte er, fischte sein Telefon aus der Hosentasche und tippte eine Nummer ein. »Frau Leitner? Hier spricht Lovis, Lorenz Lovis. Ich habe Ihren Auftrag erledigt.«

»Ja?« Ihre Stimme klang skeptisch.

Lovis holte tief Luft, und dann erzählte er ausführlich, was Erik in der Zeit trieb, in der sie ängstlich mit dem Mittagessen auf seine Rückkehr wartete. Er trug ein bisschen dicker auf, als er über das Engagement der Jungen bei der Rettung des Winklerwaldes berichtete, und schob Erik eine tragende Rolle bei der Recherche zum Vortrag von Hans-Wolfgang Niederegger zu. Natürlich sparte er auch die tatkräftige Mithilfe im Weinberg nicht aus.

»Kein Mobbing?«, fragte seine Auftraggeberin nach.

»Kein Mobbing. Nur ganz normale Freiheitsbestrebungen eines Mittelschülers.«

Frau Leitner schwieg. Nach einer Weile meinte sie: »Der Lausebengel … dem werd ich was erzählen.«

»Wenn ich Ihnen einen Rat geben darf«, begann Lovis vorsichtig. »Erik scheint ein verantwortungsbewusster Bub zu sein – soweit ich das beurteilen kann. Und er macht nichts Verbotenes, im Gegenteil … Ich glaube, Sie können ihm ein bisschen mehr Freiheit zugestehen. Immerhin ist er bereits dreizehn und kommt nächstes Jahr schon in die Oberschule …«

»Und wenn was passiert?«, fragte die Frau erstickt. »Wenn er in diesem Wald irgendwo hinunterfällt oder sich verirrt? Immer wieder hört man von solchen Unfällen.

Ich habe vor Jahren meinen Mann verloren, er war bei der Bergrettung, ein Felssturz. Ich weiß, wovon ich rede.«

»Das tut mir sehr leid. Ich kann Ihre Sorge verstehen, wirklich. Aber er ist ja nicht allein. Und Sie können ihn nicht schützen, indem Sie ihn aus Sorge einsperren.« Lovis bereute sofort seine letzten Worte. Statt sie zu beruhigen, machte er ihr Vorwürfe. Doch zu seiner Erleichterung schien er genau das Richtige gesagt zu haben.

»Sie haben ja recht … Und Sie sind sicher, dass er vorsichtig ist?«

»Er ist ein toller Junge, Frau Leitner, das kann ich Ihnen versichern«, sagte Lovis. »Und er hat eine gute Kinderstube mitbekommen. Er weiß genau, was richtig ist und was falsch. Auch wenn Sie nicht dabei sind. Ich bin sicher, Sie können sich auf ihn verlassen.«

Frau Leitner zögerte noch einen Augenblick. »Dann schicken Sie mir bitte Ihre Rechnung.«

Lovis' Herz machte einen Freudensprung. Seine erste Rechnung! Seine erste Rechnung als Privatdetektiv. Beinahe hätte seine Freude ihn dazu verleitet, ihr als seiner ersten Kundin den Betrag zu erlassen. Diesmal konnte er seine Zunge aber gerade noch im Zaum halten. Der Stapel Rechnungen würde es ihm danken, der seit seiner Entscheidung, den Hof zu übernehmen, nur noch höher geworden war.

»Das werde ich machen, Frau Leitner«, sagte er. »Und danke für Ihr Vertrauen.« Dann legte er auf. Er hatte das dringende Bedürfnis, jemanden zu umarmen.

Lovis fand sie auf dem Reitplatz. Angelika stand einfach nur da und ließ den Platz auf sich wirken. Beinahe traute er sich nicht, sie zu stören. Es wirkte, als ob der Anblick sie zutiefst glücklich machte. Doch sie hörte ihn und drehte sich zu ihm um. Ein Strahlen erfüllte ihr ganzes Gesicht.

»Du hast es geschafft«, sagte sie und kam auf ihn zu. »Danke.« Sie legte ihren Kopf an seine Brust und umschlang ihn fest mit ihren Armen. Lovis' Herz schlug höher. Durfte er ihr mit der Hand übers Haar streichen? Unschlüssig ließ er sie in der Luft hängen, da löste sich Angelika wieder von ihm.

»Es gibt noch eine andere gute Nachricht: Wir haben Interessenten für die Stellplätze. Du kriegst den Stall voll, Lovis, wenn du willst. Ein sicheres Einkommen ...«

»... und jede Menge fremder Leute auf dem Hof.«

Er krauste die Nase. Gerade erst heute Morgen waren die Schmidts wieder abgereist, endlich kehrte wieder so etwas wie Ruhe auf dem Hof ein.

»Nette Leute, die Tiere lieben«, stellte Angelika richtig. »Die anderen nehmen wir einfach nicht.«

»Wir?«, wiederholte Lovis glücklich.

»Ja, wir.« Angelika grinste. »Ohne uns schmeißt du den Laden doch nie und nimmer!«

»Ich bin gekommen, um dich an dein Versprechen zu erinnern.« Scatolin streckte den Kopf aus dem Alfa Romeo und grinste seinen Freund an, der in Gummistiefeln und Overall aus dem Stall kam. »Puzzi, signor Lovis!«

»Melde dich das nächste Mal vorher an, dann stinke ich auch nicht«, meinte Lovis gleichgültig und setzte sich auf die Motorhaube von Scatolins Heiligtum. Das brachte den Ispettore schnell dazu auszusteigen.

»Vorsicht! Komm da gefälligst wieder runter! Ich wollte dir auch das hier geben.« Er überreichte ihm einen Umschlag.

Neugierig wendete Lovis den Brief und zog erstaunt die Augenbrauen hoch, als er den Absender las. »Was will die Cavagna von mir?«

»Mach es einfach auf«, sagte Scatolin.

Lovis brach das Kuvert auf. Ein einziger Zettel war darin. Sein Herzschlag beschleunigte sich, als er verstand, worum es sich handelte. »Der Schuldschein?«

Scatolin grinste über beide Ohren. »Zuerst wollte sie dir nur die erste Rate berechnen, weil du den Uhu-Fall geklärt hast. Sie meinte, du hättest das mit ihr und ihrem Mann vereinbart.« Lovis nickte bestätigend. »Als ich ihr dann aber erklärt habe, dass es nur dir zu verdanken ist, dass nicht mehr sie an der Spitze der Verdächtigenliste steht, hat sie … na ja.«

Lovis fehlten die Worte. Von allen Seiten schien plötzlich das Glück auf ihn einzuregnen. »Danke«, brachte er nur heraus. »Danke, Scatolo.«

Der grinste hinterhältig. »Nichts zu danken, amico. Nur zu treten. Morgen gehörst du mir. Pack dir warme Sachen für die Talfahrt ein. Auf den Pässen liegt noch Schnee.«

Lovis seufzte ergeben. »Versprochen ist versprochen.«

»Ich warte immer noch«, schnaufte Lovis, als er Scatolin in der vierten Kehre endlich eingeholt hatte. Die Straße gehörte ihnen, der Sellapass war für den Verkehr noch gesperrt, und außer ein paar Murmeltieren trieb sich noch niemand in diesen Höhenlagen herum. Vom wolkenlosen Himmel strahlte die Sonne herunter, hatte aber noch nicht genügend Kraft, um die letzten Schneefelder wegzulecken. Lovis war dankbar um die lange Thermohose und die Jacke, in der er schwitzte wie ein Schwein, doch er fand, der Ausblick war die Anstrengung wert. Vor ihm ragte das gewaltige Felsmassiv des Sellastocks auf, davor grüne Almwiesen, auf denen zwischen Schneefeldern die ersten Anemonen blühten. Ein Adler kreiste am blauen Himmel und ließ von Zeit zu Zeit seinen hellen Ruf ertönen.

»Mir kommt es so vor, als wäre ich derjenige, der ständig auf dich warten muss. Worauf genau wartest *du* denn?« Scatolin war dabei, sich die Nase mit Sonnenschutz einzucremen. Sein Atem ging ruhig und regelmäßig. Keine Spur von Anstrengung.

»Auf eine Entschuldigung!« Lovis nahm den Helm ab und wischte sich den Schweiß von der Stirn. Von hier aus hatte man einen herrlichen Ausblick auf das Grödner Tal. Sie hatten sich bereits auf 1400 Meter hochgestrampelt, und ihm war schmerzlich bewusst, dass noch ungefähr 800 Höhenmeter vor ihnen lagen, bevor es wieder bergab ging.

Scatolin grinste. »Wofür sollte ich mich denn deiner Meinung nach entschuldigen?«

Lovis antwortete nicht, sondern schaute seinen Ex-Kollegen nur herausfordernd an. Der gab klein bei. »O. k., ich entschuldige mich«, sagte er. »Zufrieden?«

»Nicht ganz.«

»Was willst du denn sonst noch hören?« Scatolin verstaute die Sonnencreme wieder in seinem Rucksack. Lovis wartete schweigend.

»Du bist ein hervorragender Detektiv und hättest den Job nicht an den Nagel hängen dürfen?«, riet der Ispettore.

»Und?« Lovis war noch nicht vollauf zufrieden.

»Du sollst auf keinen Fall Wahrsagerei in dein Programm aufnehmen.« Scatolin grinste. »Obwohl das eindeutig eine Marktlücke in der Stadt wäre.«

Lovis boxte ihn in den Oberarm. »Ich fahre keinen Meter weiter, wenn du dich nicht entschuldigst!«

Sein Freund grinste. »Das käme dir gerade recht, nicht wahr? Nein, amico mio: Ich bitte hochoffiziell um Verzeihung für alles, was ich gesagt habe. Nur für eine Sache nicht.«

»Und die wäre?«, fragte Lovis und stemmte drohend beide Hände in die Seiten.

»Dass du eine verdammt miserable Kondition hast und es dringend notwendig ist, dass du weniger hinter deinem Huhn herrennst und dafür öfter mal in die Pedale trittst!« Mit diesen Worten klickte er die Radschuhe wieder ein und radelte los.

Na warte, du …!, dachte Lovis grimmig. Er setzte eilig den Helm auf und machte es Scatolin nach. Schweigend versuchte er, das Tempo seines durchtrainierten Freundes zu halten. Irgendwann fand er den richtigen Rhythmus, und sein Atem beruhigte sich.

Sein Spaziergang im Wald mit Niederegger kam ihm in den Sinn. Er musste immer noch schmunzeln, wie ihm der Alte sein Indianerehrenwort darauf gegeben hatte, das nächste Mal besser abzuwägen, welche Geheimnisse er wirklich für sich behalten musste. Auch an die Jungs dachte er und an ihr Geheimversteck und dass sie in Zukunft umsonst darauf warten würden, dass Angelika ihren Oberkörper entblößte. Angelika, die ihn angestrahlt und ihn umarmt hatte … Lovis fühlte, wie sich Wärme in seiner Brust ausbreitete, die nichts mit der Steigung zu tun hatte, die er gerade bewältigte. Er warf einen Blick auf das Display seines Smartphones. Als die drei Jungs von der bevorstehenden Radtour erfahren hatten, hatten sie ihm eine Mountainbike-App installiert, auf der zurückgelegte Kilometer, Höhenmeter, Steigung und sogar der Kalorienverbrauch angezeigt wurden. Lovis kontrollierte die Daten alle paar Minuten.

»16 Prozent!«, rief er seinem Freund zu, der schon wieder einen ziemlichen Vorsprung gewonnen hatte.

»Lo so«, rief der über die Schulter zurück.

»Jetzt haben wir die 1600 Meter geknackt!«

»Molto interessante.«

»Ich habe 1834 Kalorien verbraucht!«

Scatolin ließ sich zu Lovis zurückfallen und drehte ihm belustigt den Kopf zu. »Noch was?«

»Wir fahren einen Schnitt von …«

»… gibst du jetzt endlich Ruhe?« Er deutete auf einen Punkt hoch oben am Himmel. »Vedi l'aquila lassù? E là ce ne un altra!« Er deutete auf zwei Adler, die weit oben am Himmel ihre Kreise zogen.

Solange es keine Uhus sind, dachte Lovis. Da vibrierte sein Smartphone. Eine unbekannte Nummer schien auf dem Display auf. Er hielt an.

»Ja?«

»Spreche ich mit Lovis?«, fragte eine Männerstimme. »Dem Privatdetektiv Lovis?«

»Der bin ich.«

»Ich brauche Ihre Hilfe. Heute wurde uns zum dritten Mal in vier Wochen ein Pferd vergiftet. Haben Sie Zeit vorbeizukommen?«

»Natürlich«, antwortete Lovis und wendete sein Fahrrad. »Wo genau befindet sich Ihr Reitstall?«

Und während Scatolin nichts ahnend weiter Richtung Sellajoch strampelte, bretterte der Privatdetektiv seinem nächsten Fall entgegen.

Danke!

Früher habe ich Bücher immer als Werke eines oder einer Einzelnen gelesen. Erst seit ich selbst schreibe, weiß ich, wie viele Menschen daran beteiligt sind, und ich finde, dass auch sie ihren Platz in dem Buch verdienen.

Lorenz Lovis kam als Schreibübung im Rahmen des Autorenkurses von Lea Korte auf die Welt. Ihr möchte ich dafür danken, dass sie mich beim Entstehen der Geschichte begleitet hat, an den Lovis geglaubt und meine immer wiederkehrenden Selbstzweifel aus dem Weg geräumt hat. Den Autor*innen, die mit mir den Kurs gemacht haben, danke ich für die kritischen Rückmeldungen und die aufbauenden Worte. Ich halte euch den Daumen, dass der Traum von einer Veröffentlichung auch bei euch wahr wird.

Ich habe einmal gelesen, dass jede*r zweite Italiener*in ein fertiges Buch in der Schublade hat. Dass mein Manuskript es aus der Schublade in die Buchregale geschafft hat, habe ich in erster Linie meiner Agentin Gudrun Hebel zu verdanken, die sofort von Lovis begeistert war und mit Benevento einen wunderbaren Verlag gefunden hat. Meine Lektorin Katrin Trometer habe ich zwar nicht unter SSSSchatzi in meinem Telefon eingespeichert, aber ein Schatz ist sie trotzdem, und die Zusammenarbeit mit ihr war immer angenehm.

Vielen Dank auch den Menschen, die den Lovis bereits in einem Frühstadium gelesen haben – darunter

Bianca Weirauch, die als erste unabhängige Testleserin vorhergesagt hat, dass er das Zeug zur Veröffentlichung hat.

Meiner Freundin Annalisa Cimino danke ich dafür, dass sie die Brixner Polizei für Recherchezwecke mobilisiert und die italienischen Textpassagen überprüft hat – und dass sie bei jeder sich bietenden Gelegenheit anderen Menschen von meinem Krimi erzählt.

Auch meiner Familie möchte ich danken, und dabei lasse ich mir von Erich Fried helfen: Nicht nichts ohne euch, aber nicht dasselbe. Danke, dass ihr mich tragt und stützt und euch mit mir freut!

Besonders ein Mensch trägt ganz viel Mitschuld an der Entstehung von *Feuertaufe:* Mein Mann Thomas war es nämlich, der sich gewünscht hat, dass ich die ganze Geschichte dieses Lovis erzähle. Er hat nicht lockergelassen, jeden Abend gefragt, ob es wieder was zu lesen gibt, und auf unseren Spaziergängen meine Verzweiflung über unlogische Erzählbögen über sich ergehen lassen. Danke für deine Ruhe und Geduld, dass ich mich bei dir anlehnen darf, wenn ich's brauche, dass du immer für mich da bist!